GRAMMATICA LATINA

scripserunt

KATSUHIKO HIGUCHI
et
NOBORU FUJII

IN AEDIBUS KENKYUSHA

は　し　が　き

　ラテン語を学ぶことが西欧文化の理解にきわめて大切なことは今更言うまでもない．言語学的には，現代フランス語，イタリア語，イスパニア語，さらにはルーマニア語など，いわゆるロマンス諸語の祖として，インド・ヨーロッパ語族の重要な一支脈であるし，フランス語の影響を多分に受けた現代英語の理解に当っても，多少なりともラテン語の知識のあることは益するところが多いと思われる．古代ローマの文化的遺産はそれほどに大きなものであって，文学の領域で言えば，たとえばフランス古典劇を本当に理解するためにはローマの劇作家の作品に触れていなければならないと言っても過言ではないし，法律の世界また，かのローマ法に溯ることなしにはこれを学問的に論ずることはできまい．

　本書ははじめてラテン語を学ぶ人たちのために，できるだけやさしく「初級から中級まで」の手ほどきをしたものである．基準としたのはいわゆる黄金時代 (80 B.C.～A.D. 14) の古典期ラテン語であるが，本書を一応マスターすれば，更に古い時代のラテン語や中世ラテン語の研究に，読者それぞれの専門に従って，歩を進めてゆくのに，さして苦労を覚えずにすむと思う．教室で教科書として用いるためにも，また独習者用にも，いずれにも便利なようにと工夫し，学習事項の配列にはことに注意を払ったつもりである．たとえば，現代語に比べて頻用度の高い「接続法」（英 *subjunctive*）の説明を，形容詞・副詞の比較級・最上級の説明より先に出したのはその一例である．ただラテン語に限らず，古典語の学習というものは，語尾変化などを一つ一つ確実に覚えてゆかなければ先へ行って必ず判らなくなるから，読者におかれては，前章をしっかり頭に入れたのちに次章に進んでゆくという方針だけは堅持していただきたい．また，ページ数の都合上，[注] [注意]

といった項目の中に，相当大切な文法の説明を送りこまなければならなかったので，とにかく，第一章から，小活字の部分もとばさずに学んでいっていただきたい．

　この書を作るにあたっては十分誤なきを期したつもりであるが，それでもなお訂正を加うべき個処があったら，ご教示をたまわりたい．最後になったが，ラテン語の教科書という，わが国ではあまり需要の多くない書物の出版を快く引き受けて下さった研究社出版株式会社，種々わずらわしい労をたまわった外山滋比古氏，高木順氏，ならびに坪井光雄氏に深い感謝の意を表するものである．

　1963 年 4 月 1 日

樋口勝彦

藤井　昇

On dit que le bonheur nous fuit toujours. Cela est vrai du bonheur reçu, parce qu'il n'y a point de bonheur reçu. Mais le bonheur que l'on se fait ne trompe point. C'est apprendre, et l'on apprend toujours. Plus on sait, et plus on est capable d'apprendre. D'où le plaisir d'être latiniste, qui n'a point de fin, mais qui plutôt s'augmente par le progrès. (*Alain*)

目　　次

	はしがき	iii
I.	字母と発音	1
II.	動詞の活用 (1)	8
III.	名詞の変化 (1) 語順	11
IV.	名詞の変化 (2)	16
V.	形容詞の変化 (1)・序数詞・所有形容詞 ...	18
VI.	動詞の活用 (2)	22
VII.	前置詞, 動詞の活用 (3), 場所の表現	25
VIII.	疑問文, 動詞の活用 (4), 記述的属格・奪格..	29
IX.	名詞の変化 (3)	32
X.	動詞の活用 (5)	37
XI.	人称・再帰代名詞	42
XII.	形容詞の変化 (2), 副詞, 動詞の活用 (6) .	45
XIII.	動詞の活用 (7)	49
XIV.	指示代名詞と idem, ipse；場所の副詞 ...	52
XV.	完了分詞・動詞の活用 (8)	55
XVI.	動詞の活用 (9)・禁止の表現	59
XVII.	対格＋不定法, 間接話法 (1)	61
XVIII.	同格・名詞の変化 (4)　付 supinum. 時間の表現	63
XIX.	関係・疑問・不定代名詞(形容詞), 与格の用法	67
XX.	代名詞型形容詞・その他	73
XXI.	非人称構文	75
XXII.	現在分詞・分詞の用法	77
XXIII.	不定法完了・未来, 間接話法 (2)	79
XXIV.	ABLATIVUS ABSOLUTUS	84

XXV.	動詞の活用 (10) — 接続法 —	86
XXVI.	接続法の一般的な意味 (1), Cum の用法その他	90
XXVII.	数　詞	96
XXVIII.	間接話法 (3)	102
XXIX.	ut と nē (ut nōn) の文句	104
XXX.	比較；属格の用法	107
XXXI.	関係詞と接続法	113
XXXII.	主文に用いられる接続法	116
XXXIII.	**quōminus** と **quin**	118
XXXIV.	**gerundium** と **gerundivum**	120
XXXV.	接続法の一般的な意味 (2), 非現実の願望・条件文	124
XXXVI.	**Ōrātiō Oblīqua**	127

単語集 131
索　引 176

語尾変化表 . . . . 別冊

I. 字母と発音

§1. ラテン語の字母は次のようである.

大文字	小文字	大文字	小文字
A	a	N	n
B	b	O	o
C	c	P	p
D	d	Q	q
E	e	R	r
F	f	S	s
G	g	T	t
H	h	U	u
I	i	V	v
J	j	X	x
K	k	Y	y
L	l	Z	z
M	m		

(1) **字母の名称** 古典期ラテン語[1]の発音を基礎として,以上の25 文字[2]に ā, bē, kē 等の名称が与えられているが,実際には,英語,フランス語,ドイツ語等の字母の名称をそれぞれ当てて用いている場合が多いので,本書では特に名称を示さない.

(2) K は Kalendae〈朔日〉, Karthāgō〈カルターゴー〉のほか用いられることは極めて稀である[3]. [k] 音は c で示す.

---

1. 紀元前一世紀ローマ黄金時代のラテン語で, Cicerō, Caesar の散文をその範とする.
2. w のないことに注意せよ.
3. Karthāgō は Carthāgō とも書かれた.

[1]

§2. 発音 ―母 音―

(1) 母音 **a, e, i, o, u** は大体日本語のア，エ，イ，オ，ウに相当する．[1] **y** はフランス語 u，ドイツ語 ü の音価 [y] をもつ．

(2) すべての母音には長短がある．長音は ā, ē のように，短音は ă, ĕ のように，表記して区別される．しかし本来のラテン文にはこのような符号はなかった．本書では長音のみを示し，[2] 短音は特に注意すべき場合以外には示さないことにする．

ā, a	**ā**ra, am**ā**ta, am**ā**t**ā**
ē, e	m**ē**, t**ē**, fer**ē**
ī, i	m**ī**lit**i**a, d**ī**c**i**s
ō, o	sor**ō**ris, d**ō**n**ō**, **o**ccid**ō**
ū, u	**ū**s**u**s, **ū**va, **u**t
ȳ, y	S**y**rac**ū**sae, P**ȳ**thia, or**ȳ**za

(3) 二重母音

ae[3]	ār**ae**, **ae**ternus
au	**au**rum, **au**diō
ei	d**ei**nde *cf.* me-ī[4]
eu	Orph**eu**s, rh**eu**matismus *cf.* de-us[4]
oe	Ph**oe**bus, f**oe**dus
ui	f**ui**t, mon**ui**t *cf.* fu-it, mo-nu-it[5]

―子 音―

b	英語 but の b [b]： fa**b**a, amā**b**am
bs, bt	[ps], [pt]： a**bs**tulī, o**bt**ineō
c	常に英語 cat の c [k]： **c**anō, **c**ēna, **c**itō

---
1. ただし u は，日本語ウより更に唇を前に突き出して発音しなければならない．
2. ただし練習問題では一切長短の符号を示さない． 「かれた．
3. ae は，古くは ai, のちに e と発音され，中世ラテンではしばしば e と書
4. meī, deus では音節 (§3(1)) が切れるので，二重母音を形成しない．
5. これは詩法上の必要などから，音節を切る場合と切らずに扱う場合がある例．

d	英語 do の d [d]:	dens, dedī, adde[1]
f	英語 father の f [f]:	ferō, fit, afficiō[1]
g	英語 gate の g [g][2]:	glaeba, gerō, gigās

gu+母音のとき, gu は [g^w]: lingua, tinguō

h	英語 hat の [h]:	humī, haud, nihil

i (j とも書かれる)[3] 英語 young の y [j], ドイツ語 ja の
　　　 j: iam, iecur, iubēs

　　母音間の **i**: māior (=măjjor), pēius (=pĕjjus), hūius
　　　 (=hŭjjus)

k=c (§ 1 (2)): Kalendae

l	英語 look の l [l]:	laudō, puella,[1] mel
m	英語 man の m [m]:	mē, mihi, docēbam
n	英語 not の n [n]:	nōn, nauta, nix
p	英語 pay の p [p]:	spērō, appellō[1], parva
q	常に **qu** の形であらわれ, 英語 queen の qu [k^w]: aqua, quiēs, quō, quem	
r	イタリア語の r 音に近い.	
	[ɹ]: rosa, terra[1], amāris	

rh はギリシァ語 ρ を写したもので r と同じに発音してよ
　　 い: myrrha[1], rhētor

s	常に英語 sit の s [s]:	sē, causa, sciō

su+母音のとき, su は [s^w]: suāvis, suescō

t	英語 tea の t [t]:	tangit, salūtātiō, tē

v (u とも書かれる)[3] 英語 warm の w [w]: parvus, vix,

---

1. 二重子音は文字通り発音しなければならない. 従って, 日本語の促音のように
なる.　　2. gn は [ŋn]: dignus
3. 子音の [j], [w] をそれぞれ i, v で表記することは, The Loeb Classical
Library の採っている方法に従った. しかし, 今日学問的なテクストでは大文字に
I, V, 小文字に i, u を用いることがある. これは古典時代の表記法に近づけよう
という試みであるが, ラテン語の学習は, 近代語のよりよき理解のためになされる場合
が多いので, 本書では i, v の方式に従った.

rosamve

| x | 英語 fox の x [ks]: texērunt, axis, nox |

z (<ζ) 英語 deeds の ds [dz]: orȳza, zāmia

ch	χ	[kh] > [k] > [x]	これらは前二世紀ごろまでは, c, p, t と写されていた. 古ラテン語にエトルーリア系の帯気音があったかどうかには定説がない.
ph	φ	[ph] > [p] > [f]	
th	θ	[th] > [t]	

ch, ph, th はそれぞれ右に記したギリシァ文字を写したもので, 時代により, 上記のような変遷があった. 本書では [k], [p], [t] を採用する.

[注意] ここには, 古典時代の発音に近いと思われるものを述べたのであるが, 従来, それぞれの国の言語の発音をあてる習慣があった. 例えば Cicerō は, 正しくはキケローであるが, 英語スィセロゥ, 独ツィツェローのように. またカトリック教会ではイタリア語に近い音韻組織をあてて, チチェローのように, よんでいる. (cf. 英 'cicerone')

§3. 音節とアクセント(強弱)

(1) **音節** アクセントの所在を知るために必要な音節の切り方は大体次のようである.

(A) 子音は次の母音につく. no-va, e-rō, re-pō-nō, spē-rō, a-mat

(B) 二つの子音が母音の間に来るとき, 前の子音は前の母音に, 後の子音は後の母音につく. pu-el-la, ter-ra, par-va, for-tis

(C) ただし, $\left.\begin{array}{l} \text{p, t, c} \\ \text{b, d, g} \end{array}\right\}$ +l, r の結びつきは分かれずに後の母音につく. la-cri-ma, frā-tris, mem-brum, ni-grō, tem-plum

(D) 合成語は要素に従って切る. ab-est, in-eō (ab-, in- は接頭辞)

(2) **アクセントの所在**

(A) 一音節の語はその音節にアクセントのあることはいうま

でもない．tú, séd, víx（前置詞などは無アクセントのことが多い．）

(B) 二音節の語は最初の音節にアクセントがくる．rósa, fába, ámās, ăra, térra, ádde

(C) 三音節以上の語は，

(a) amábō, tenḗmus, applaudō のように，最後から二番目の音節（**paenultima**）の母音が長いとき，[1]

(b) honĕstus, amăntur, appéllō のように，最後から二番目の音節の母音が事実上は短くても，次に子音が二つ以上並ぶときは，これを〈位置によって長い〉(long by position)[2] と見なして，

いずれも最後から二番目の音節にアクセントが来る．

(c) vocávĕris, philosóphia, dómĭnam のように，最後から二番目の音節が短音節のときは，更にその前，すなわち最後から三番目の音節（**antepaenultima**）にアクセントが 〔くる．

以上を図示すれば次のようになる．（○は音節を示す）

oóo óŏo

そして，ラテン語の単語は，これ以上前にアクセントが溯ることはない．

(D) **-que**〈及び〉, **-ve**〈あるいは〉, **-ne**〈か？〉のような後倚辞——アクセントを持たず接尾辞のように語の後につく小辞——が語の後についた場合は，その直前の音節にアクセントがくる．rosáque, terráve, amābóne

(E) 合成語は要素に従ってアクセントの位置がきまる．trans-ĕo, in-íbit

---

1. applaudo の au のような二重母音も長音と同じ扱いをうける．
2. 今，例えば，pĕtō の pĕ- と ap-pĕl-lō の -pĕl- とを比較してみると，-pĕl- の場合次の -lō に移るまでに，-pĕl- の方が pĕ- よりも -l- 一個分だけ時間がかかることになる．ここから〈位置によって長い〉という観念が発生した．（本来の長音は long by nature という）．このことはアクセントの所在を知る場合のほかに，詩法上大切なことである．また，x, z の前の短母音も〈位置によって長い〉とみなされる．

[注意] 1. アクセントの符号は以下注意を要する場合にのみつける.
2. -nct, -gn, -nf, -ns, -nx の直前の母音はラテン語では必ず長音であり, 本書では, 多くの書に做って, 特に長音符号をつけない. 大抵の辞書は, 動詞の直現一単 (能)(§7) の語尾 -ō の長音符号をすらつけないのが普通である (例えば, 代表的な Lewis & Short: *A Latin Dictionary*, Oxford など). 動詞以外で注意すべきは egŏ (=英 "I") で, ギリシァ語 (ἐγώ) と違って, -o が短いのが古典期ラテン語の正則な発音である.

§4 基 数 詞[1]

1	I	ūnus, ūna, ūnum	17	XVII	septendecim
2	II	duŏ, duae	18	XVIII	duodēvīgintī
3	III	trēs, tria	19	XIX	ūndēvīgintī
4	IV, IIII	quattuor	20	XX	vīgintī[2]
5	V	quinque	21	XXI	ūnus et vīgintī
6	VI	sex	30	XXX	trīgintā
7	VII	septem	40	XL	quadrāgintā
8	VIII	octō	50	L	quinquāgintā
9	IX	nŏvem	60	LX	sexāgintā
10	X	decem	70	LXX	septuāgintā
11	XI	ūndecim	80	LXXX	octōgintā
12	XII	duodecim	90	XC	nōnāgintā
13	XIII	trĕdecim	100	C	centum
14	XIV	quattuordecim			
15	XV	quindecim			
16	XVI	sēdecim			

---

1. 数詞の用法などについては後述する (§121). 今は発音練習として音読せよ.
2. 20 のみが 30, 40 以下と異って -ī で終っているのは古い双数 (*the dual number*) の名残り.

§5. 発音練習

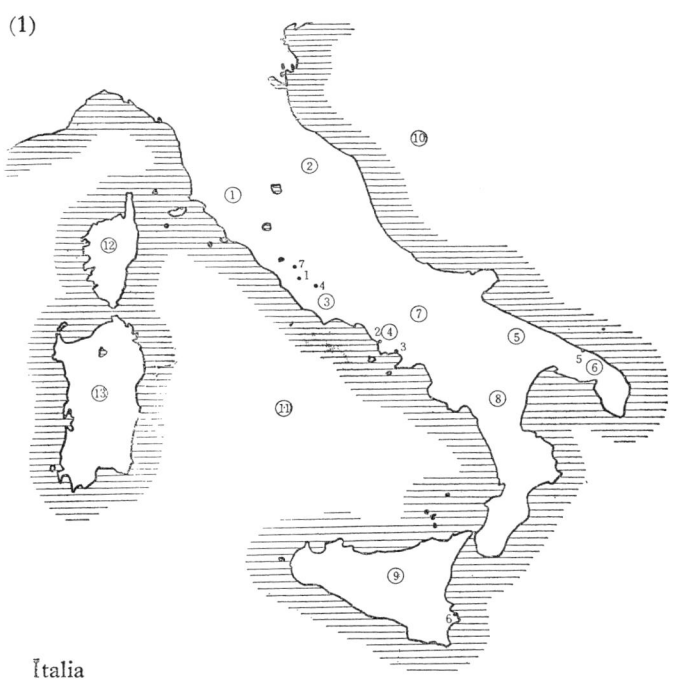

(1)

Ĭtalia

① Tuscia　② Umbria　③ Latium
④ Campānia　⑤ Āpūlia　⑥ Calabria
⑦ Samnium　⑧ Lūcānia　⑨ Sicilia
⑩ Mare Hadriāticum　⑪ Mare Tyrrhēnum
⑫ Corsica　⑬ Sardinia
1. Rōma　2. Cūmae　3. Neāpolis
4. Tusculum　5. Brundisium　6. Syracūsae
7. Vēiī

(2) apud quōs lyrā personat, nervōsque ad verba movens
ōrat ut uxor sibi reddātur. interim, dulcēdine cantūs
captae, umbrae undique flēbant. quīn etiam Tantalus
nōn diūtius aquam captāre cōnātus est, et Ixīōn vultū
rīsit invītō. hīs precibus resistere nec Prōserpina neque
ipse Plūtō poterat, et Eurydicē vocāta est. accessit uxor
adhūc dē vulnere tarda; quam Orpheus laetus recēpit.
sed dīmissus est cum mandātō ut abīret statim, nēve
prius respiceret quam ē regnō inferōrum esset ēgressus;
aliter irritum dōnum futūrum.

II. 動詞の活用 (1)

§ 6. 規則動詞には**第一活用**から**第四活用**[1]まであり，その**不定法現在**（能相）は下のようである．

I	am-áre	〈愛する〉	語尾	**-áre**
II	mon-ére	〈忠告する〉	〃	**-ére**
III	rég-ĕre	〈支配する〉	〃	**-ĕre**
IV	aud-íre	〈聞く〉	〃	**-íre**

§ 7. 規則動詞の直説法現在（能相）

第一活用 amāre

単	1.	(ego)	ám-ō	〈私が愛する〉	語尾	**-ō**
	2.	(tū)	ám-ās	〈君が愛する〉	〃	**-ās**
	3.	(is)	ám-at	〈彼が愛する〉	〃	**-at**

---

1. 以下 I～IV を以って示す．

複	1.	(nōs)	am-ámus	〈我々が愛する〉	， **-ámus**
	2.	(vōs)	am-átis	〈君たちが愛する〉	， **-átis**
	3.	(eī)	ám-ant	〈彼らが愛する〉	， **-ant**

[注意] 1. 動詞の活用に際しては，英語，フランス語などにおいては，I am, you are; j'aime, tu aimes のように，いちいち主語の人称代名詞をつけて，活用を記憶するのを普通とするが，ラテン語ではこれを略する．それは，たとえば amō と言えば，既に 'I love' の意味であることがはっきりしているからであって，これを特に ego amō. と言った場合は〈(君ではなく)この私が愛しているのだ〉'It is I who love.' のような強調を示していることになる．

2. また，ラテン語の辞書は，動詞の直説法現在一人称単数能相の形を見出語として記載するのが普通である．従って〈愛する〉は amō で引かねばならない．また，敬称の二人称は特にない．

第二活用	第三活用	第四活用
単 1. món-eō	単 1. rég-ō	単 1. áud-iō
2. món-ēs	2. rég-ĭs	2. áud-īs
3. món-et	3. rég-it	3. áud-it
複 1. mon-émus	複 1. rég-ĭmus	複 1. aud-ímus
2. mon-étis	2. rég-ĭtis	2. aud-ítis
3. món-ent	3. rég-unt	3. áud-iunt

語尾	-eō	-ō	-iō
	-ēs	-ĭs	-īs
	-et	-it	-it
	-émus	-ĭmus	-ímus
	-étis	-ĭtis	-ítis
	-ent	-unt	-iunt

[注意] 第三活用では語尾にアクセントが来ることはない．

§ 8. ラテン語の **現在形の用法** は，ほぼ英語のそれに準じて考えてよい[1] が，そのほかに現在進行形の機能をも有している．

---

1. したがって歴史的現在の用法もあり，英語よりむしろ頻繁である．

canit. (<canō III) 'He sings.' 'He is singing.'

§9. 不規則動詞 sum 〈(私が)[1] ある〉

不定法現在　　　　esse

直説法現在　　単 {1. sum　2. es　3. est}　　複 {1. sumus　2. estis　3. sunt}

sum の活用に準ずる**合成動詞**[2] absum 〈不在である〉, adsum 〈そばにいる〉, dēsum 〈欠けている〉, insum 〈中にいる〉, intersum 〈介在する〉, obsum 〈邪魔する〉, praesum 〈監督する〉, subsum 〈下にいる〉, supersum 〈残っている〉は sum のように,

prōsum 〈役立つ〉 (不現 prōdesse) は

単 {1. prōsum　2. prōd-es　3. prōd-est}　　複 {1. prōsumus　2. prōdestis　3. prōsunt}

possum 〈できる〉 (**不現** posse) は

単 {1. possum　2. potes　3. potest}　　複 {1. possumus　2. potestis　3. possunt}

と活用する. (それぞれ母音の前では -d-, -t-, があらわれる.)

§10. 否定の **nōn** は, 否定される語の前に置かれる.

nōn moneō. 〈私は忠告しない.〉
nōn potes[3] regere. 〈君は支配することができない.〉
nōn audīre 〈聞かないこと〉(名詞用法 §153)

---

1. §7 [注意] 1. に述べた理由によって, 以下〈(私が)〉は省略する.
2. 以下, 合成動詞については, 重要な語, 特に注意を要する場合のみ説明することにする.
3. possum は英語 can のように, 不定法と共に用いることができる.

§ 11. 練習問題

(1) 次の動詞の活用形を書け.
  1. mitto III 〈送る〉　　2. sum
  3. studeo II 〈努める〉　4. probo I 〈是認する〉
  5. scio IV 〈知っている〉

(2) 〔和 (英, 仏等) 訳しなさい (以下練習問題には特に指定を付さない).〕 1. legit.　2. non scribimus.　3. abest.　4. pluit.[1]　5. inesse　6. canitis.　7. das.[2]　8. sumus.　9. laudamus.　10. possum.　11. nescis.[3]　12. si vales, bene est ; ego valeo.　13. non clamant.　14. manemus.　15. non adest.　16. rides.　17. flemus.　18. ignoramus. (*cf.* 英 'ignoramus')　19. cogito ergo sum. (Descartes)　20. *Quo Vadis?* (書名)

III. 名詞の変化　(1) 語　順

§ 12.
ラテン語の名詞は, ドイツ語やロシヤ語などと同様に, 男・女・中の三性を有し, 数, 格に従って変化する. 変化は第一変化から第五変化まである.

(1) 性
男性 (*masculīnum*) *m.*[4] vir 〈男〉,　　nauta 〈水夫〉,　　liber 〈本〉,　sōl 〈太陽〉

---

1. 天候・気象に関する非人称動詞: 英語などと同じく三・単に置かれる. ほかに, ningit. 〈雪が降る.〉, lūcescit. 〈明るくなる.〉 など.
2. dō 〈与える〉 の活用: 不現 *dăre* 直現(能): dō, dās, dat, *dămus*, *dătis*, dant (不規則な短母音に注意).
3. sciō の否定には nōn sciō でなく, nesciō か haud sciō を用いる. もっとも haud (*adv.*) は haud procul 〈遠からず〉 のように, 多く *adj.* や *adv.* の否定に用いる.
4. 以下 *m. f. n. sg. pl.* および格名の略号 (後述 § 14) を用いることがある.

女性 (*fēminīnum*) *f.* mulier〈女〉, fīlia〈娘〉, mensa〈卓〉, lūna〈月〉(*cf.* 仏 lune の「y」はケルト語の影響による)

中性 (*neutrum*) *n.* bellum〈戦争〉, corpus〈体〉, ōtium〈閑〉, mare〈海〉

(2) 数は単数 (*singulāris*, *sg.*) と複数 (*plūrālis*, *pl.*) であって, 英語などと同様である.

(3) **格**は, 主格, 呼格, 属格, 与格, 対格, 奪格, 地格の七つであるが, これについては後述する (§14).

[注意] 日本語, ロシヤ語などと同じく, ラテン語には冠詞が存在しない.

§13. 名詞の第一変化 puella *f.*〈少女, 若い女〉

	単		複	
主・呼[1]	puell-a	-a	puell-ae	-ae
属	puell-ae	-ae	puell-árum	-árum
与	puell-ae	-ae	puell-īs	-īs[2]
対	puell-am	-am	puell-ās	-ās
奪	puell-ā	-ā	puell-īs	-īs[2]

第一変化に属する名詞は, 単数主格が **-a** で終り[3], ほとんどすべてが女性である.

[例外] agricola〈農夫〉, athlēta〈競技者〉, aurīga〈馭者〉, nauta〈水夫〉などは男性.

---

1. 呼格は第二変化以外では, 単数・複数において, それぞれ主格と同形であるので, 上の表中にも別に示さない. 従って puella, puellae の形はそれぞれ〈少女よ〉,〈少女たちよ〉ともとれるわけである.(格の意義 §14 参照).

2. fīlia〈娘〉, dea〈女神〉の複数与格・奪格は例外的に fīliābus, deābus となる. これは fīlius〈息子〉, deus〈神〉(いずれも第二変化 §18) の同数・格形との混同を避けるためである.「ただし. *cf.* duābus fīliīs (§176)」

3. ただし, -a で終るすべての名詞が第一変化とは言えない. 特に第二変化中性複数主格の語尾も -a で終るから注意を要する. また, 単数奪格 -ā は, 実際のテクストでは, 特に長音であることを示さないことが多いから, これも注意が必要である. 次に, ギリシア語源の名詞には -ē で終る女性名詞があり, やや変則な変化をもつが, これらは辞書によって知られたい.

§14. 格の概観

　　rosās,　agricola,　fīlia rēgīnae Cornēliae dat.

この文章の各々の語を §13 で学んだ変化表に照らしてみると，次のように整理することができる．

rosās	*pl.*	対格	〈バラを〉
agricola	*sg.*	呼格	〈農夫よ〉
fīlia	*sg.*	主格	〈娘は〉
rēgīnae	*sg.*	属格	〈女王の〉
Cornēliae	*sg.*	与格	〈コルネーリアに〉
dat ＜ dō	(p. 11 注 2)		〈与える〉

[訳]〈農夫よ，女王の娘はバラ (*pl.*) をコルネーリアに与える．〉

以上の分解をもとに，各々の格の意義を略述すると，

(1) 主格 (*cāsus nōminātīvus*) *nom.* N. 〈は〉,〈が〉の格であることは英文法などの場合と同じ．また, agricola es.〈君は農夫である．〉のような，英文法のいわゆる主格補語の場合にももちろん主格が用いられる．

(2) 呼格 (*cāsus vocātīvus*) *voc.* V. 〈よ〉の格，呼び掛けの語に用いられる．なお，呼格は通常文頭に置かない．

(3) 属格 (*cāsus genitīvus*) *gen.* G.[1] 〈の〉を示す英文法の所有格，ドイツ文法の二格，ロシヤ文法の生格, fīliae rēgīnae〈女王の娘たちが〉のように後置が普通である．

(4) 与格 (*cāsus datīvus*) *dat.* D. 〈に〉を示す英文法の間接目的格，ドイツ文法の三格．

(5) 対格 (*cāsus accūsātīvus*) *acc.* A. 〈を〉を示す英文法の直接目的格，ドイツ文法の四格．

(6) 奪格 (*cāsus ablātīvus*) *abl.* Ab.

---

1. 辞書には，主格の見出語の次に，属格(多く語尾のみ)が示される．例 mensa, -ae *f.*

puellam *culpā* līberāmus. 〈我々は少女を罪から自由にする.〉

feram *hastā* vulnerās. 〈君は野獣を槍で傷つける.〉

奪格は上の culpā 〈罪から〉のように〈から〉,〈より〉のような分離[1]の観念や, hastā 〈槍で〉のように〈で〉,〈を以て〉のような手段の観念を示す.[2]

(7) 地格 (*cāsus locātīvus*) loc. L. 〈において〉を示すこの格は, 特殊の名詞にのみ格形を存するので, 変化表の中に入れない. これについては後述する (§34. [注意] 3. (α)(ハ))

なお, 以上は格の用法の代表的なものを挙げたのであって, それぞれの前置詞の要求する格など, このほかにもいろいろ用法があるが, 追って述べることにする.

§15. **練習問題** 次の名詞の変化形を書け.

 1. agricola *m.* 2. cura *f.* 〈心づかい〉 3. dea *f.*
 4. epistula *f.* 〈書簡〉 5. terra *f.* 〈大地〉 6. toga *f.* 〈トガ〉 7. mensa *f.* 8. scriba *m.* 〈書記〉

§16. **語順について**

(1) ラテン語の文章の語順はかなり自由である. それは, 語形変化によって, それぞれの語の文法的機能がはっきりしているため, 語順によってこれを示す必要がないからである. 特に韻文の場合は, 作詩法上の要請によって, 語順が決定されることが多い. けれども, そうは言っても, 散文においては, 自ら大体の語順があって, これを図示すると次のようになる.

主語——主語を修飾する語——間接目的語——直接目的語——

---

 1. §34 [注意] 1.
 2. 〈から〉の方が本来の奪格で,〈で〉の方はインド・ヨーロッパ語に本来あって, 今なおロシヤ語に存する造格 (*cāsus instrūmentālis*, твори́тельный паде́ж) が, 本来の奪格に合流して生じた意義である.

副詞 ―― 動詞

例　fīlia nautae Cornēliae rosās semper dat.
　　〈水夫の娘はコルネーリアにバラをいつも与える.〉

(2)　文中の各語の重要度は概ね次のようである.

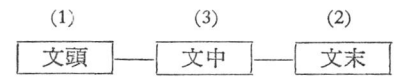

(1)	(3)	(2)
文頭	文中	文末

puella rosās amat.　〈バラが好きなのは少女なのだ.〉
rosās puella amat.　〈少女が好きなのはバラなのだ.〉
amat rosās puella.　〈少女はバラを好きなのだ.〉

[注意]　現代の学術的なテクストでは，文頭の語も小文字で書きはじめることが多いので，本書でも，固有名詞及び固有名詞に因む形容詞以外には，大文字で書きはじめることをしない．けれども，詩文を転記して書き流す場合，改行を示すために，各行の第一語を大文字で書きはじめる習慣もある.

§ 17.　練習問題

1. regina puellam, puella reginam laudat.　2. nautae epistulas poetarum habent.　3. Iuliam filiam nautae non amas.　4. scribae pecunia deest.[1]　5. poeta sum. Musas novem[2] semper laudo.　6. poenas deae damus.[3]　7. mimam cura liberas.　8. veniunt quattuor[2] incolae Siciliae.　9. lunam videt et canit.　10. epistulam non bene legere potes.　11. insulam colimus et saepe navigamus.　12. terră iam procul abest.　13. fabulam

---

1. dēsum〈欠けている〉(§ 9)は，dat.の〈人〉を取り，〈その人に〉欠けていることを示す. (p. 71 注 2)
2. § 4.
3. poenās dare は〈罰を与える〉のではなくて〈罰せられる〉．この奇妙な意義は，古代における刑罰が一種の補償の観念から発生していることを考えればうなづける.

audimus.　14.　stellas filiabus nautarum agricolae monstrant.　15.　vitam regit fortuna, non sapientia. (Cic. *Tusc.* V, ix, 25)

IV.　名詞の変化　(2)

§18.　名詞の第二変化

(1)　男性名詞 **dominus** 〈主人〉, **puer** 〈少年〉, **liber** 〈本〉

単	主	domin-us	puer	liber	**-us,** 語尾ゼロ[1]	
	呼[2]	domin-e	puer	liber	**-e**	〃
	属	domin-ī	puer-ī	libr-ī	**-ī**	
	与	domin-ō	puer-ō	libr-ō	**-ō**	
	対	domin-um	puer-um	libr-um	**-um**	
	奪	domin-ō	puer-ō	libr-ō	**-ō**	
複	主・呼	domin-ī	puer-ī	libr-ī	**-ī**	
	属	domin-órum	puer-órum	libr-órum	**-órum**	
	与	domin-īs	puer-īs	libr-īs	**-īs**	
	対	domin-ōs	puer-ōs	libr-ōs	**-ōs**	
	奪	domin-īs	puer-īs	libr-īs	**-īs**	

(2)　中性名詞[3] **dōnum** 〈贈物〉

	単		複	
主・呼	dōn-um	**-um**	dōn-a	**-a**
属	dōn-ī	**-ī**	dōn-órum	**-órum**

1.　語尾ゼロ というのは 言語学的には 正しくなく, puer-, libr- が語幹であり, puer- の -e- はもともとあった e 音, liber の -e- は主格単数の場合にはいった e 音であるわけだが, 変化表を記憶する際に 〈いわば語尾ゼロ〉(-us を欠くから.) と考えたら便利と思う.
2.　呼格に特殊な語尾をもっているのは, 第二変化男性名詞のみである.
3.　すべての変化を通じ, (実はラテン語以外のすべてのインド・ヨーロッパ系言語で), 中性名詞はつねに *sg.*, *pl.* において主格, 呼格, 対格がそれぞれ同形である.

与	dōn-ō	**-ō**	dōn-īs	**-īs**
対	dōn-um	**-um**	dōn-a	**-a**
奪	dōn-ō	**-ō**	dōn-īs	**-īs**

第二変化に属する名詞のうち，単数主格が **-us** で終わるもの[1]はほとんどすべてが男性，**-um** で終わるものは全部中性である．

[注意] 1. 与えられた名詞が，puer, liber いずれの変化に従うかは辞書によらねばならない．

2. 第二変化男性名詞中，**-ius** で終わる名詞の単数属格は，規則的な -iī のほかに，-ī も見られる．filius〈息子〉→ fīl(i)ī. この -ius の語尾は固有名詞にも多く，その単数属格も，この約音された -ī の形がかなりしばしば見られる．Iūlius → Iūlī, Horātius → Horātī. また，単数呼格も，fīli-e, Iūli-e とならず，fīl-ī, Iūl-ī となる．cf Dārīe

§19. 練習問題

(1) 次の名詞の変化形を書け．

1. Vergilius〈ウェルギリウス〉〈有名な詩人〉 2. vir, virī〈男〉 3. negōtium〈仕事〉 4. servus〈奴隷〉 5. ager, -grī〈畑〉 6. bellum〈戦争〉 7. amīcus〈友人〉 8. cibus〈食物〉 9. animus〈精神〉 10. fīlum〈糸〉

(2) 1. puerī servum Agrippae rīdent. 2. fīlius magistrī scrība est. 3. dominum iam diū exspectō.[2] 4. quīnque virī castra Gallōrum vident et laudant. 5. equōs puerīs puellīsque[3] damus. 6. magister puerō negōtium nōn dat. 7. Ariadnē[4] gladium Thēseō dat et fīlum. 8. hīc habitant et servī Iūlī.[5] 9. perīculum adest, domine. 10.

---

1. ただし -us で終わるすべての名詞が第二変化に属するわけではなく，第四変化 (§80.) に属するものもある．
2. この現在形の用法はフランス語などと同じで，英語では現在完了形を使うところ．
3. -que については前にも一寸触れた (§3 (2) (D)) が，ラテン語では〈A と B〉は，A et B, A atque B, A ac B, AB-que などであらわされる．-que は A と B の関連が密接な場合，atque (ac) は〈そしてまた，更に〉のような漸進的な感じが伴う場合に用いられた．
4. p. 12. 注 3.
5. §18 注意 2. なお et は〈もまた〉．

agricola amicorum operam non exspectat.　11.　et dona
et pecuniam[1] servis monstras.　12.　agri silvaeque dona
reginae sunt.　13.　quo, amice, librum portas?　14.　villas
ferro et saxis[2] aedificamus.　15.　Britannia Romanorum
provincia est.　16.　equis cibum aquamque datis.　**17.**
viam Bruto Cassi amico monstro.　18.　et tu, Brute![3]
19.　arma virumque cano. (Verg. *Aen.* I, 1)　20.　nec[4]
liber indicium est animi. (Ov. *Tr.* II, 357)

V.　形容詞の変化 (1)・序数詞・所有形容詞

§20.　別冊の §166 によって形容詞の第一・二変化 **bon-us, -a, -um** 〈よい〉を学べ.

この変化に属する形容詞は,

　　　⎧男性[5]……第二変化男性名詞　dominus
　　　⎨女性　……第一変化女性名詞　puella
　　　⎩中性　……第二変化中性名詞　dōnum

に準じて変化する.

　[注意] **miser, -era, -erum** 〈哀れな〉は, 例えば男性で puer に準じて単 G. miser-ī　D. miser-ō　A. miser-um *etc.* のように変化する. また **piger, -gra, -grum** 〈怠惰な〉は liber に準じて, 男単 G. pigr-ī, D. pigr-ō　A. pigr-um *etc.* のように変化する.

1.　et...et は 〈も...も...〉. *cf.* 仏. *Et* le riche *et* le pauvre...vont tous à la mort. (田辺: 現代フランス文法 §733)
2.　§14 (6).
3.　Caesar が殺されたときこう言ったと古来伝えられているが, 確証はない.
4.　=et nōn. 詩人 Ovidius (英 Ovid) が流罪の原因になった有名な *Ars Amātōria* 〈恋愛術〉の筆禍を弁解しているところ.
5.　形容詞の〈性〉とは, 言うまでもなく, その形容詞が修飾する(代)名詞の〈性〉である.〈数〉〈格〉についても同様.

§21. 序数詞

prīm-us, -a, -um 〈第 1 の〉	sext-us, -a, -um 〈第 6 の〉
secund-us, -a, -um 〈第 2 の〉[1]	septim-us, -a, -um 〈第 7 の〉
terti-us, -a, -um 〈第 3 の〉	octāv-us, -a, -um 〈第 8 の〉
quart-us, -a, -um 〈第 4 の〉	nōn-us, -a, -um 〈第 9 の〉
quint-us, -a, -um 〈第 5 の〉	decim-us, -a, -um 〈第 10 の〉

これらは bonus と同じ変化をする形容詞である．

§22. 所有形容詞

英語の人称代名詞所有格 (my, your *etc.*) に相当するラテン語の**所有形容詞**は，英語ほど頻繁には用いられず，従って英語の場合より所有の観念が強い．その形は次のようである．

〈私の〉	me-us, -a, -um	〈我々の〉	noster, -tra, -trum[3]
〈君の〉	tu-us, -a, -um	〈君たちの〉	vester, -tra, -trum
〈自分の〉	su-us, -a, -um[2]	〈自分たちの〉	su-us, -a, -um[2]

これらは，所有されるものの性数格に従って変化し，[4] meus,[5] tuus, suus は bonus の変化に，noster, vester は piger[6] の変化に準ずる．

---

1. 〈第 2 の〉には，また，alter, -era, -erum 〈他の〉を用いて，liber alter 〈第 2 巻〉のように言うこともある．alter の変化は §92.
2. **suus** 〈自分(たち)の〉は単・複両方に通じ，〈三人称の主語と同じものの〉の意味である．nauta filium suum laudat. 〈水夫は自分の(すなわち水夫自身の)息子を賞める〉．もし，〈水夫は彼の息子を賞める〉という文中の〈彼〉が水夫自身を指さないならば，そのときは，nauta filium ēius laudat. という．ēius については §50.
3. しばしば〈私の〉の意に用いられる．p. 42 注 2.
4. 所有形容詞の性は，所有されるものの性であって，所有者の性には無関係であることを注意しておきたい．つまり filia mea 〈私の娘〉の mea が女性であるのは，filia が女性であるからであって，この〈私〉が男か女かは判らない．
5. meus の男性単数呼格は me-e でなく，mī (<mihi §50) となる，mī filī〈私の息子よ〉(§18 注意 2). tuus, suus は，呼格を欠き，〈君の...よ〉には iste (§64) を用いる．
6. §20 [注意].

§23. 形容詞の用法

(1) 形容詞は直接名詞についてこれを修飾する場合[1]にも，また sum などの自動詞を介して述語的に用いられる場合にも，すべてその関係する名詞・代名詞と，性数格において一致する．

puer *miser* 〈哀れな少年が〉　puella *bona* 〈よき少女が〉
servōrum *pigrōrum* 〈怠惰な奴隷たちの〉
amīca *mea* est *pulchra*. 〈私の女友だちは美しい．〉

(2) 形容詞はそのまま**名詞**として用いられることが多い．

bonus *m.* 〈善良な男〉，　bona *f.* 〈善良な女〉
bonum *n.* 〈善〉〈よきもの〉，bona *n. pl.* 〈資産〉

じつは amīcus 〈友人〉も本来〈友好的な〉(＜amō) という形容詞であった．従って，女性形 amīca は〈女友だち〉を指し，また，否定の in-[2] がつき，ごく古い時期に単語の第一音節にアクセントがかかったことを契機に，母音の変化[3]を起して in-imīcus 〈仇〉(＞英 enemy) の意となったわけである．

また，さきに出た女の名 Cornēlia なども，じつは Cornēlius 〈コルネーリウス氏族の〉という形容詞の女性形であって，〈コルネーリウス氏族の娘〉の意味であった．ローマの婦人には厳密な意味では個人名がなかった．

§24. 練習問題

(1) 次の変化形を書け．

1. longa epistula 〈長い書簡〉　2. nauta bonus 〈よき水夫〉　3. magister caecus 〈盲の先生〉　4. filia tua 〈君の

---

1. 後置が普通である．(所有形容詞でさえも) *cf.* §16 (1).
2. 英・独 un- ギリシア a(n)- に当る．(*cf.* 仏 *in*certain；英 *un*certain, *a*sexual, *an*archy, 独 *un*bekannt)
3. 合成語において，母音が弱まって i になる傾向がラテン語には著しい．ad+faciō ＞ adficiō ＞ afficiō (*cf.* §31) このことは，単語の理解にあたって，記憶していてよいことである．

娘〉 5. filius noster〈我々の息子〉 6. bellum primum〈第一の戦争〉 7. amicus pulcher〈美しい友人〉 8. vir liber〈自由なる男〉(liber の -i- は長いか短いか調べてみよ.)

(2) 1. pulchrae vos estis; ego caecus atque[1] surdus sum. 2. multa[2] laeta pueris quoque narrare possum.[3] 3. dominus meus multis modis patriam adiuvat. 4. poeta noster deum patrium cotidie adorat. 5. violas liliaque candida filia vestri magistri videt. 6. puer amicos suos semel atque iterum vocat miser.[4] 7. ne umbras quidem[5] mortuorum timeo validus.[6] 8. regina copias suas argento auroque splendidas[7] instruit. 9. prudentiam tuam, mi[8] fili, laudant. 10. gallina alba ramulum lauri rostro tenet. 11. amici servum mei[9] quaero. 12. agricolae bella longa non probant. 13. Romani, viri liberi, magno studio, pugnant. 14. Appia est viarum longarum regina. 15. poeta Horatius silvas magnas agrosque latos amat. 16. primus[10] huc venit servus fidus tuus. 17. meum est[11] terram arare. 18.

---

1. p. 17 注 3.
2. multus は単数では 'much', 複数では 'many' の意味になる (*cf.* 西. mucho と muchos, 伊. molto と molti.). ここは *n. pl. acc.*
3. p. 10 注 3.
4. 〈哀れな〉と puer にかかる形容詞であるが, 副詞的に働いて〈哀れにも〉となる.
5. nē ~ quidem は〈~さえも…ない〉. ~は一語が原則.
6. timeō の語尾から察せられる, かくれた主語 ego にかかり,〈たくましい〈私は〉〉→〈たくましいので〉. 注 4 参照.
7. cōpiās にかかり, 英文法でいう目的補語.
8. p. 19. 注 5. 9. amīcī にかかる. 10. 注 4. 参照.
11. meum が中性なのは, 主語 arāre に一致しているのであって, 動詞の不定法は中性名詞として扱われ, 主格と対格にのみ用いる. meum est〈私のものである〉とは〈私のなすべきことである〉〈私のつとめである〉の意. 同様の表現に関しては p. 115 注 6.

regina gloriosā victoriā contenta[1] est.　19.　magna di[2] curant, parva neglegunt. (Cic. *N.D.* II, 66).　20.　quo properas, ingrata[3] viris, ingrata puellis? (Ov. *Am.* I xiii 9)　21.　si bonus es, casu[4] vivere, Sexte, potes. (Mart. III xxxviii 14)

VI.　動詞の活用　(2)

§25.　規則動詞の直説法過去(能相)を学べ(別冊 §§177〜180 のそれぞれ (1) (B)).

§26.　不規則動詞 sum の直説法過去

単 { 1. éram　2. érās　3. érat }　複 { 1. erámus　2. erátis　3. érant }

prōsum:　prōd-eram, prōd-erās, prōd-erat *etc.*
possum:　pot-eram, pot-erās, pot-erat *etc.*

§27.　過去は，フランス語動詞の半過去 (*imparfait*) に相当する (英語では過去進行形にやや通ずるものがある). 即ち，ある動作・状態の 完了を問題とせず，その動作・状態そのものの中に，

---

1. contentus+*abl.* で〈に満足せる〉. このように，奪格を取る形容詞は, dignus〈に値する〉, indignus〈に相応わしからぬ〉, frētus〈に信を置ける〉, praeditus〈を備えた〉など.

2. deus の不規則な複数主格.

3. ingrātus〈不快な〉〈喜ばれない〉は，〈〜にとって〉を意味する与格を取る. ここの ingrāta は女性単数呼格で, 暁の女神 Aurōra に呼びかけ, きぬぎぬのつらさをうたったもの. 確証はないが Provençal の *alba* の遠い起源かもしれない.

4.〈偶然に〉. 第四変化名詞 cāsus *m.*〈偶発事〉の *abl.* から出来た副詞 (§54, (2), (B)). これは, 毒舌の詩人 Mārtiālis が, ローマの社会の腐敗をうたったもの.

話者の意識が集注される場合の表現であって，しばしば**反復・持続・始動**の感じを伴う．

> servī cibum et aquam carrīs *portābant*.
> 〈奴隷たちは食物と水を車で運びつつあった．〉
> iamque *rubescēbat* Aurōra. (Verg. *Aen*. III, 251)
> 〈そしてはや暁が紅みがかろうとしていた．〉

§ 28. 規則動詞の直説法未来(能相)を学べ(別冊 §§ 177〜180 のそれぞれ (1) (C))．

§ 29. 不規則動詞 sum の直説法未来を学べ(別冊 § 183, (1)(C))．

§ 30. 未来の用法は，大体近代ヨーロッパ語の未来に準じて理解してよいであろう．(但し, 英. if he *comes* tomorrow. は，ラ. sī crās *veniet*. となる．)

§ 31. **capiō** (不定法現在 **cap-ĕre**) (III 活用変則)〈捕える〉の**活用(能相)**のうち，直説法現在・過去・未来を学べ(別冊 § 181, (1), (A) (B) (C))．

capiō や **faciō**〈なす，作る〉のように，直・現・一・単(能)の語尾が **-iō** で終る第三活用の動詞は，過去と未来が第四活用と同形になり，やや不規則である．なお，capiō, faciō は合成動詞では -cipiō, -ficiō となり (p. 20 注 3)，多数の重要な動詞を作る．accipiō〈受ける〉[1]，dēcipiō〈欺く〉，afficiō〈働きかける〉，sufficiō〈手渡す，補う〉など．

§ 32. **練習問題**

(1) 次の動詞の直説法現在・過去・未来，不定法現在(いずれも能相)の形を書け．

---

1. 英 receive は＜ラ. recipiō であるが，recipiō は〈取戻す〉意味が強く，英 receive のラテン語訳は accipiō が正しい．accipiō は形の上では，仏 accepter を経て，英 accept の語源となった．*cf*. 英. *approve*=ラ. **comprobō**, *preserve*=conservō, *hesitate*=dubitō, *prepare*=comparō, *compare*=conferō など．

1. tego III 〈掩う〉 2. facio (§ 31) 3. possum (§ 9, § 26, § 29) 4. fleo II 5. ferio IV 〈打つ〉 6. clamo I 7. adsum (§ 9, § 26, § 29)

(2) 1. pueri male esuriebant[1] miseri. 2. servus fidus poenas non dabit[2] domino suo. 3. nec[3] lunam nec stellas caeci videre poterimus. 4. semper, Galla mea, ancilla fida eris.[4] 5. puella flebat et maesta sedebat. 6. non exspectabimus sed properabimus. 7. athleta validus puero Marco sex gladios monstrabit. 8. semper nautae stellas spectabant. 9. Catilina Manlium et Cethegum consiliorum nefariorum socios habebat. 10. multă memoriă tenebant[5] oppidani et domestica et externa bella. 11. incipit vita nova. (Dante) 12. nauta ero et navigabo. 13. Pompeio cras subsidium mittemus. 14. oppidum expugnabit et capiet multos Gallos. 15. nostrae victoriam patriae cantabamus. 16. inimici[6] callidi insidias vitae tuae faciebant.

---

1. male *adv.* 〈悪く, ひどく〉. male ēsuriō 〈ひどく空腹である〉
2. dō の直・未 dăbō, dăbis, dăbit *etc.* 過 dăbam, dăbās, dăbat *etc.*
3. neque A neque B, nec A nec B は 〈A も B も…ない〉 *cf.* p. 17 注 3.
4. 未来は二人称ではおだやかな命令にも用いられる.
5. memoriā teneō 〈記憶している〉
6. 英 enemy の語源だが, 戦争の敵には adversāriī か hostēs (第三変化 *m. pl.* (*cf.* 英 hostile)) を用いる.

VII. 前置詞, 動詞の活用 (3), 場所の表現

§ 33.　ラテン語の前置詞は, その意義のほかに, それが何格の名詞代名詞と共に用いられるか——即ち何格を支配するか——ということもあわせ覚えなければならない. そして, ラテン語では, 前置詞が支配する格は必ず対格か奪格だけである.

§ 34.　次に挙げる前置詞は最も基本的なものである.

(1)　**ad** (対格支配)　大体英語 to, フランス語 à に相当する.
　　　ad *oppidum* 〈町の方へ〉,　**ad** *caelum* 〈天に向って〉, litterās **ad** *Cornēliam* scrībō. 〈私はコルネーリアにあてて手紙を書く.〉

(2)　**ā** (主に子音の前), **ab** (主に母音の前)[1] (奪格支配) 語源上は英語の off, ドイツ語の ab に相当し, 〈……から (離れて)〉の意味に用いられる.
　　　puer **ab** *oppidō* venit.　〈少年が町からやって来る.〉　**ab** *hōrā* septimā ad vesperum 〈第七時[2] から夕方まで〉, **ab** *altō* ad altum 〈高きより高きへ〉

(3)　**ē** (主に子音の前), **ex** (主に母音の前) (奪格支配) 英語の *e*-ducation, *ex*-port に見られる ē, ex で, 〈… (の中) から (外へ)〉を意味する.
　　　ex *oppidō* 〈町 (の中) から (出て)〉, **ex** *librīs* Erasmī 〈エラスムス蔵書〉, **ē** *caelō* 〈天から〉

1.　ā, ab のほかに, c, q, t の前に **abs** という形もあらわれることがある. 特に abs tē 〈君から, 君によって〉(tē は tū の *abl.*) *cf.* 英 *a*vert, *ab*duct, *abs*tract
2.　ローマ時代の時刻の区分については p. 65 注 1.

(4) **dē**（奪格支配） 英語 of〈の〉に相当する仏・伊語などの de, di はこれから来ているのであるが、ラテン語では〈…から、について〉（原意 down from）の意味であった．

　　dē *amīcitiā*〈友情について〉, multī **dē** *librīs meīs*〈私の本のうちの多数が〉, **dē** *factō*〈事実について、事実上〉

(5) **in** 英語の in よりも意味がひろく, at, on などにも相当する〈場所〉,〈時〉などに関する前置詞で,対格と奪格を支配する．

　(A) **対格支配の場合**．ドイツ語の in＋四格の場合に似て、運動の観念を伴う．（英 into ただし, *cf.* 'She put the letter *in* an envelope.'）また 'against' の意味もある．
　　in *oppidum*〈町の中へ（向って）〉, **in** *aquam*（水中へ）, **in** *multōs annōs*〈多年にわたって〉

　(B) **奪格支配の場合**．ドイツ語の in＋三格の場合に似て、運動の観念を伴わない．（英 in, on）
　　in *oppidō*〈町（の中）において〉, **in** *iūdiciō*〈裁判に際して〉, **in** *populō*〈公然と〉, *cf.* S.P.Q.R.

(6) **cum**[1]（奪格支配） 英語 with に相当する．
　　puer **cum** *amīcō* venit.〈少年が友人と共にやって来る．〉, **cum** *dōnō*〈贈物をもって〉, **cum** *gaudiō*〈喜びをもって〉[2]

[注意] 1. 既に §14(6) で述べたように、奪格にはもともと〈から〉や〈をもって〉の意味があった．だから, magnō gaudiō のように, 名詞に形容詞がついたりして、句としての重さをもってくると、前置詞 cum を用いなくても、奪格〈をもって〉の意味が表現できた．けだし,

---

1. cum は前置詞のほかに, when, as の意味の接続詞 quum を通常 cum と記すため, この接続詞の cum (§114 *etc.*) と混同しないように注意する必要がある.

2. もし, gaudiō に形容詞がついて, たとえば, magnō cum gaudiō〈大いなる喜びをもって〉となると, この cum を省略して, magnō gaudiō とすることができる. なお, magnō cum gaudiō のように, 形容詞が前置詞より前に出ることは, ラテン語ではむしろ普通な構造で, magnō in oppidō〈大きな町の中で〉, gelidam in aquam〈冷い水中へ〉などとすることによって, この前置詞の句に, まとまった感じを与えるわけである.

手段の奪格(〈槍をもって〉傷つける)と**様態の奪格**(〈大いなる喜びをもって〉)との差は紙一重だからである. 一方,〈から〉を示す奪格にしても, §34 (3) に挙げた ē caelō〈天から〉と並行して, 詩の表現ではあるが, columbae caelō vēnēre.〈鳩たちが天から来った.〉(vēnēre は veniō〈来る〉の直・完・三・複 §44) のような, ē を用いていない例がある. 一般に〈から〉〈より〉を示す奪格を**分離の奪格**と呼ぶが, このような分離奪格の如何なる場合に ā (ab), ē (ex) 等の前置詞が必要か, また必要でないかは, それぞれの表現について辞書により確かめるほかはない. ただ, ある種の動詞は, 前置詞なしの分離奪格を取るので, この程度は熟語的に記憶しておく方がよいであろう. それは spoliō〈奪う〉, nūdō〈剝ぐ〉, līberō〈解放する〉(§14(6)) などの〈除去〉の観念を伴う動詞, careō, egeō〈欠く〉, vacō〈…がない〉など〈欠乏〉に関するもの, 更に dēsistō〈やめる〉, prōhibeō〈禁ずる〉, interclūdō〈妨げる〉などである. また, 形容詞 līber も, 奪格を伴って〈から自由な〉をあらわす.

2. in iūdiciō〈裁判に際して〉のような表現から容易に想像されるように, **in+奪格**はしばしば時を示すのに用いられた. bis in hōrā〈一刻に二度〉, in adulescentiā〈青春時代に〉など. そして, こうした奪格の名詞に形容詞がついた場合, 及びいくつかの慣用的な表現にあっては in なしの, **単独の奪格が時を示す**ことができた. prīmā pueritiā〈ごく子供のとき〉, bellō Persicō〈ペルシァ戦役のとき〉, annō tertiō〈第三年に〉, hieme〈冬に〉(hiems *f.* の *abl.* §41), aestāte〈夏に〉(aestās *f.* の *abl.* §41) など. なお, 時の表現については §83.

3. 場所の表現には, 以上のような, さまざまな前置詞が用いられたが, これを用いない場合がある.

(α) 都市や, 一単位として都市同様にみなされる小島の名.
  (イ)〈～へ〉(方向) は単に *acc*. Rōmam〈ローマへ〉, Dēlum〈デーロス島へ〉
  (ロ)〈～から〉(分離) は単に *abl*. Rōmā〈ローマから〉Dēlō〈デーロス島から〉
  (ハ)〈～において〉(所在) は地格. Rōmae〈ローマにおいて〉, Rhodī〈ロドス島で〉

地格 (*cāsus locātīvus*) *loc*. L. は, 第一・二変化名詞では *sg*. で *gen*. と, *pl*. で *abl*. と, また第三変化名詞 (§41) では単複とも *abl*. と同形である. Athēnīs〈アテーナィで〉, Brundisiī〈ブルンディスィウムで〉, Carthāgine〈カルターゴーで〉.

(β) 名詞 **domus**〈家〉(*cf*. p. 64, 注 1), **rūs**〈田舎〉, **humus**〈地〉.

domum〈家へ〉, domō〈家から〉, domī (*loc.*)〈家において〉, domī et mīlitiae〈家にあっても，戦争に出ても〉, rūs〈田舎へ〉, rūre〈田舎から〉, rūrī〈田舎において〉, humī〈地上に〉

§35. 不規則動詞 eō (不定法現在 ire)〈行く〉の活用のうち, 直説法現在・過去・未来を学べ (別冊 §187, (1), (A), (B), (C)).

[注意] 合成動詞: abeō〈立去る〉, adeō〈に行く〉, ineō〈はいる〉, transeō〈横切る〉, pereō〈滅びる〉, redeō〈帰る〉なども同様に活用する.

§36. 練習問題

1. patriam suam summa iustitia regunt. 2. sic pereunt validi quoque. 3. Ovidius olim otiosus in foro ambulabat. 4. cras meis cum filiis ad oppidum ibo. 5. Roma in silvam redis. 6. tres legati Roma Carthaginem (*acc.*) veniunt. 7. templum magna cura custodient. 8. ego magistro obviam[1] eo; vos autem hic manebitis.[2] 9. servi fidi oppidanos de ira dei monebunt.[3] 10. si paucis verbis contenti eritis,[4] de septem stellis fabulam narrabo. 11. liberi per prata ludebant laeti. 12. dominus noster mane in agris praesto[5] erat. 13. statim e silva veniunt ursae et pueros dilaniant. 14. quo abis, Philoxene? -ad lautumias redeo. 15. Iulia e fenestra stellas aspiciebat. 16. euripum, magnam fossam aquae plenam[6] haud procul a via vide-

---

1. *adv.* obviam は ~ eō+*dat.* で〈会いにゆく〉. *cf.* ~ properō〈急いで会う〉, ~ veniō〈会う, 姿を現わす〉
2. p. 24 注 4.
3. moneō は *acc.*+dē+*abl.* の構造を取って〈…に…について忠告する〉.
4. 英語 if と違って, ラテン語の sī は, 以下が未来に関することなら, 未来形の動詞を取る (§30).
5. praestō は *adv.* ~ sum〈出ている〉.
6. plēnus〈に満ちた〉*adj.* は, **gen.** を取る (*cf.* 英 full *of*). このように, 属格を取る形容詞には, ほかに, cupidus〈を欲している〉, avidus〈を貪る〉, studiōsus〈に熱心な〉, perītus〈に熟達せる〉, imperītus〈に不慣れな〉, まだ学んでいない第

bamus.　17. Romanum imperium a Romulo exordium habet. (Eutropius)　18. aestate pueri si valent, satis discunt. (Mart. X, lxii, 12)

VIII.　疑問文, 動詞の活用 (4), 記述的属格・奪格

§37.　ラテン語の**疑問文**は, 英語などと同じように, 疑問詞 quis 〈誰が〉, quid 〈何〉, quō 〈何処へ〉, cūr 〈何故〉などによって示される[1]ほかに, 日本語の 〈か?〉 に相当する **-ne** や, **nōnne, num** などの副詞を用いて示される. その用法は大体次のようである.

(1) **-ne** は, 文の最初の語につく[2]. §16 (2) で既に述べたように, 最初の語は文の中で最も重要度の高いものであるから, -ne のついた場合も, そこに疑問の中心が置かれる.

　　puellam**ne** amat poēta?　〈詩人が愛しているのは少女なのか?〉

　　poēta**ne** puellam amat?　〈少女を愛しているのは詩人なのか?〉

(2) **nōnne** は, nōn+-ne であって, 〈ではないのか?〉の意味であり, 文の最初に用いられる. 肯定の答を予期するものである.

　　nōnne equōs vidēs?　〈君は馬を見ないのか?〉 (〈きっと君には馬が見えるだろうね?〉)

三変化の形容詞だが, memor 〈を忘れない〉, immemor 〈を心にかけない〉, patiens 〈を忍ぶ〉 など.

1. §11, (2), 20; §24, (2), 20 など.
2. -ne のついた語のアクセントについては, §3, (2), (D). (また ad rēgīnamne dūcis? や usque adeōne? のように第一語に独立性が薄いときは -ne は第二語につくことがある.)

(3) **num**[1] は nōnne と反対に，否定の答を予期する疑問文の最初に用いられる．

　　num agricolam castīgābās?〈(いったい)君は農夫をこらしめていたのかね?〉〈こらしめるはずがなかろうに)〉

なお，ラテン語には厳密には英語の yes, no に相当する語がなく[2]，疑問文中の動詞を繰返して答えるのが原則である．

　　vidēsne rosās? — (nōn) videō.〈君はバラを見ているのか?— 見ています(いません).〉

[注意] 以上のほかに，A か B か?を問う選択疑問があり，これは後述する(p. 103 注 2)．

§38. 不規則動詞 **ferō**（不定法現在 **ferre**）〈運ぶ〉の活用（能相）のうち，直説法現在・過去・未来を学べ（別冊 §186, (1), (A), (B), (C)）．

[注意] 合成動詞： afferō (adferō)〈持って来る〉，auferō (ab+ferō)〈運び去る〉，referō〈持帰る〉，sufferō (subferō)〈耐える〉なども同様に活用する．

§39. **記述的属格・奪格**　形容詞を伴った名詞は，属格または奪格において，記述的（英 *descriptive*）に用いられる．

$$\begin{cases} \text{vir } \textbf{summae audāciae} \text{ 〈大いなる勇気の男〉（記述的属格）} \\ \text{vir } \textbf{summā audāciā} \text{ 〈大いなる勇気をもてる男〉（記述的奪格）} \end{cases}$$

[注意] puer decem annōrum〈十歳の少年〉のように数詞を伴うときは属格，est ēgregiā statūrā.〈(彼は)群を抜いた丈の高さだ．〉，bonō animō es.〈君は大いに元気だ．〉のように，身体の状態や一時的な精神状態には奪格が用いられる．

---

1. num は nunc〈今〉と語源上結びつき，〈何を今さら〉という気持があった．
2. もっとも ita〈然り〉，sīc〈その通り〉，nullō modō〈決して〉，minimē〈少しも〉のような副詞（句）を用いる場合もあった．

§ 40.　練習問題

1. estne Marcus servus tuus? -ita.　2. num Romanis bellum inferemus?　3. nonne piger otioso animo semper est?　4. dabisne veniam, Bacche?　5. nonne vitam vestram cura magna custodiebatis?　6. suntne in patria tua templa deorum magnifica?　7. habetne magister filium decem annorum? -habet.　8. semper magno animo erat dominus.　9. nonne litteras nostram ad reginam saepe affers?　10. num argentum ad puerum referebas?　11. quis Catilinae superbiam ferre potest?　12. num laudabitis victoriae avidum[1] aurigam?　13. Aristoteles[2] vir summo ingenio, scientia, copia[3] erat.　14. num aurum abs te[4] auferet servus meus?　15. cur non venies? ne amicitia quidem dignus[5] es.　16. emisne cibum vinumque de nauta? -non emo.

---

1. p. 28 注 6　2. 第三変化名詞主格.
3. summō はここまで及んで, summā scientiā, summā cōpiā の意. こうした場合, ラテン語では一番近くにある ingeniō に一致して, summō と中性奪格になる (これを *attractiō* という).
4. p. 25 注 1.　5. p. 22 注 1.

IX. 名詞の変化 (3)

§41. 名詞の第三変化

(1) 第一類 **pēs** *m.* 〈足〉, **nōmen** *n.* 〈名前〉

単	主・呼	pēs	——	単	主・呼	nōmen	——
	属	ped-is	**-is**		属	nōmin-is	**-is**
	与	ped-ī	**-ī**		与	nōmin-ī	**-ī**
	対	ped-em	**-em**		対	nōmen	——
	奪	ped-e	**-e**		奪	nōmin-e	**-e**
複	主・呼	ped-ēs	**-ēs**	複	主・呼	nōmin-a	**-a**
	属	ped-um	**-um**		属	nōmin-um	**-um**
	与	ped-ibus	**-ibus**		与	nōmín-ibus	**-ibus**
	対	ped-ēs	**-ēs**		対	nōmin-a	**-a**
	奪	ped-ibus	**-ibus**		奪	nōmín-ibus	**-ibus**

(2) 第二類 **nūbēs** *f.* 〈雲〉, **mare** *n.* 〈海〉

単	主・呼	nūbēs	——	単	主・呼	mare	——
	属	nūb-is	**-is**		属	mar-is	**-is**
	与	nūb-ī	**-ī**		与	mar-ī	**-ī**
	対	nūb-em	**-em**		対	mare	——
	奪	nūb-e	**-e**		奪	mar-ī, -e	**-ī, -e**
複	主・呼	nūb-ēs	**-ēs**	複	主・呼	mar-ia	**-ia**
	属	nūb-ium	**-ium**		属	(mar-ium)[1]	**-ium**
	与	nūb-ibus	**-ibus**		与	mar-ibus	**-ibus**
	対	nūb-īs, -ēs	**-īs, -ēs**		対	mar-ia	**-ia**
	奪	nūb-ibus	**-ibus**		奪	mar-ibus	**-ibus**

---

1. この形は mare の場合古い文献に見出されない.

§42. 第三変化に関する注意

(1) 第三変化に属する名詞は数多く,その性も男・女・中三性にわたる.[1] 中性名詞については, p. 16 注 3 に述べた原則(主呼対格同形)がこの場合にもあてはまる.

(2) 一般に第三変化の名詞においては,その単数属格形から -is を取り去った形を語幹として求め,[2] これにそれぞれの語尾をつけて変化が行なわれる.即ち,

単主	単属	語幹
pēs	pĕd-is	pĕd-
nōmen	nōmin-is	nōmin-
nūbēs	nūb-is	nūb-
mare	mar-is	mar-

は,それぞれ pĕd-, nōmin-, nūb-, mar- に格語尾がつき,単数主格は種々特殊な形をとっている.従ってこの変化に属する名詞にあっては, pēs, pĕdis; nūbēs, nūbis というように,単語を覚える際に,**単数属格の形を必ずあわせて記憶しなければならない**.

(3) 第一類と第二類との大きな相違は,

	単 主	複 属
I	pēs nōmen	ped-**um** nōmin-**um**
II	nūbēs mare	nūb-**ium** mar-**ium**

---

1. §41 の変化表にはないが,勿論第一類にも女性名詞が,第二類にも男性名詞があるわけである.
2. これは便宜的な意味の語幹であって,言語学上のものとは違う. (3) [注意] 参照.

のように，複数属格が，第一類 **-um**，第二類 **-ium** に終ることである．

更に中性名詞においては，

	単主	複主
I	nōmen	nōmin-a
II	mare	mar-ia

のように，複数主格に，第一類 **-a**，第二類 **-ia** の相違が見られる．

[注意] 第二類のこの i 音は特徴的である．これは nūbēs, mare などの語幹が，言語学的にはじつは nūbi-, mari- であったためで，そのため第二類は i 音幹と呼ばれる．(けれども，変化表を覚える上には，nūb-, mar- までを語幹と考えた方が便利であろう．) 従って，第二類では，

$$\begin{cases} \text{単数奪格} & \text{-e, -ī} \\ \quad \text{〃 対格} & \text{-em, -im} \quad (m.\ f.\ のみ) \\ \text{複数対格} & \text{-ēs, -īs} \quad (m.\ f.\ のみ) \end{cases}$$

の両形があって，mare は marī (*abl. sg.*), turris *f.* 〈塔〉は turrim (*acc. sg.*), ignis *m.* 〈火〉は ignīs (*acc. pl.*) などがむしろ普通である．

(4) 第三変化の名詞のうち，どれが第一類に属し，どれが第二類に属するかは，厳密には一々記憶しなければならないが，大体次のようにして見分けることができる．

(A) pēs → pe-dis, nō-men → nōmi-nis のように，単数主格から単数属格に移る際に，**音節の数がふえ**，かつ**語尾 -is の直前の子音の数が一つ**であるものは第一類に属する．

  victor *m.* 〈勝者〉 単属 victōr-is 複属 victōr-*um*
  tempus *n.* 〈時〉 単属 tempor-is 複属 tempor-*um*

ただし単数主格が **-al, -ar** で終る中性名詞は，同属格がそれぞれ -ālis, -āris となって，一音節ふえるけれども，例外で，第二類に属する．*cf.* sāl, sălis (*m.*); lār, lăris (*m.*) などと混同せぬよう．

animal *n.*〈動物〉　単属 animāl-is　　複属 animāl-*ium*
calcar *n.*〈拍車〉　単属 calcār-is　　複属 calcār-*ium*

(B) (A) に述べた条件に合致しないものは第二類に属する．
ignis *m.*〈火〉　　単属 ign-is　　　複属 ign-*ium*
rēte *n.*〈網〉　　単属 rēt-is　　　複属 rēt-*ium*

音節の数はふえるけれども，-is の前に子音が二つ来るため，(A) の条件に合致せず，第二類と判断される名詞としては，

urbs *f.*〈都〉　　単属 urb-is　　　複属 urb-*ium*
ars *f.*〈技術〉　　単属 art-is　　　複属 art-*ium*
fons *m.*〈泉〉　　単属 font-is　　　複属 font-*ium*

[注意] もっとも以上は大体の目安であって，たとえば，**-tās**（英 -ty, 仏 -té）に終る女性名詞などは，条件から言うと (A) であって，たしかに複数属格 -um の語尾を持つが，言語学的には i 音幹（第二類）であって，-ium の形も並行して有していた．

cīvitās *f.*〈国家〉　　　単属 cīvitāt-is　　複属 cīvitāt-(*i*)*um*
aetās *f.*〈時代・年齢〉　単属 aetāt-is　　複属 aetāt-(*i*)*um*

§43. 練習問題

(1) 次の名詞の変化形を書け．

1. homo, -minis *m.*〈人〉　2. mulier, -eris *f.*〈女〉　3. turris, -is *f.*〈塔〉　4. corpus, -poris *n.*〈体〉　5. nox, noctis *f.*〈夜〉　6. ignis, -is *m.*〈火〉　7. tempus, -poris *n.*〈時〉　8. rete, -is *n.*〈網〉　9. victor, -oris *m.*〈勝者〉, 10. calcar, -aris *n.*〈拍車〉

(2) 1. Marcus Tullius Cicero[1] clarus orator erat.　2. in

---

[1]. ローマの男性の名は Marcus（個人名 praenōmen）+Tullius（氏族名 nōmen）+Cicerō（家名 cognōmen）の順をもってあらわされ，これに勲功などをあらわした異名 agnōmen がつけられることもあった．女性の名は氏族名の女性形である（§23, (2)）．

summo monte[1] senem barba longa[2] videmus.　3.　saepe de avibus scriptores Latini mentionem faciunt.　4.　in Asia morbo homines ut[3] muscae pereunt.[4]　5.　praedium vestrum satis longe ab urbe aberat.　6.　agricola prope segetem humi[5] iacebat supinus.　7.　sic horas longas sermonibus variis terebamus.　8.　ruri[6] ab insidiis tutus vitam meam quieta mente[7] ago.　9.　Dionysius tyrannus saepe domi[8] quoque carmina sua recitabat.　10.　ad tribunal imperatoris hostium veniunt Romani.　11.　in caelo apparebit nubes insolita magnitudine.[9]　12.　philosophi sua securitate timorem ceterorum leniunt.　13.　etiamne ab initio erat urbs Roma tam magnifica?　14.　silent leges inter arma. (Cic. *Mil.* iv, 10)　15.　lupus est homo homini, non homo. (Plaut. *Asin.* 495)　16.　si latet ars, prodest.[10] (Ov. *A. A.* II, 313)　17.　cantabit vacuus coram latrone viator. (Iuv. X, 22)　18.　numquam enim nisi navi plena tollo vectorem. (Macr. *S.* II, 5)[11]　19.　frugalitas miseria est rumoris boni. (Gell. XVII, xiv, 4)

1.　**summus** は〈最高の〉であるが, in summō monte は〈山の頂上に〉である. こういう特殊な意味をもつ形容詞はほかに, prīmus〈の始〉, extrēmus〈の終〉, īmus, infimus〈の底〉, medius〈の中間〉, tōtus〈の全体〉, reliquus〈の残り〉. 例 prīmō vēre〈春の始に〉, in mediō colle〈丘の中腹に〉など.

2.　§39.　3.　ut は〈のように〉.　4.　§35.

5. 6.　§34 [注意] 3. (β).

7.　*adj. f.*+mente (mens *f.*〈心〉の *abl.*). この用法が近代ロマンス諸語の副詞語尾 -ment(e) を生んだ.

8.　§34 [注意] 3. (β).　9.　§39.　10.　§9.

11.　乱行で知られた Augustus の娘 Iūlia が, あるとき, 〈貴女は浮気をなさるわりに, お子さまたちは皆お父様似ですね.〉と言われて, こう答えたという.

X. 動詞の活用 (5)

§44. 規則動詞の直説法完了 (能相)

I amō
完了幹 amāv-

単 { 1. amāv-ī
2. amāv-ístī
3. amāv-it

複 { 1. amāv-imus
2. amāv-ístis
3. amāv-érunt, -ére[1]

II moneō
完了幹 monu-

単 { 1. monu-ī
2. monu-ístī
3. monu-it

複 { 1. monu-imus
2. monu-ístis
3. monu-érunt, -ére[1]

III regō
完了幹 rex-

単 { 1. rex-ī
2. rex-ístī
3. rex-it

複 { 1. rex-imus
2. rex-ístis
3. rex-érunt, -ére[1]

IV audiō
完了幹 audīv-[2]

単 { 1. audīv-ī
2. audīv-ístī
3. audīv-it

複 { 1. audīv-imus
2. audīv-ístis
3. audīv-érunt, -ére[1]

上の活用において,

I amāv-

II monu-

---

1. -ére は詩など (散文でも Sallustius など) にあらわれる形.
2. audi- という -vi- の約音された完了幹もこのほかにあって, audiī, audīstī etc. の活用形をもつ.

III rex-

IV audīv-

までを完了幹と称する．この形は一々辞書によって求めなければならない[1]が，第三活用を除き，I -āv-, II -u-, IV -īv-, -i- が多い．

そして，直説法完了は，四つの活用を通じて，この完了幹に，

単 $\begin{cases} 1. & \text{-ī} \\ 2. & \text{-ístī} \\ 3. & \text{-it} \end{cases}$ 複 $\begin{cases} 1. & \text{-imus} \\ 2. & \text{-ístis} \\ 3. & \text{-érunt, -ére} \end{cases}$

の語尾をつければよいわけである．[2]

§ 45. 完了は，大体英語の過去および現在完了に相当する．即ち，

(1) あることが単に過去において起った，ということを，いわば歴史上の一事件として述べる．

agricola hastā leōnem interfēcit.〈農夫は槍でライオンを殺した．〉

(2) あることがすでに終って，その結果が現在に何らかの意味で関わりをもつこと．[3]

---

1. 辞書の見方 たとえば，regō を辞書で引くと，regō, rēxī, rēctum, regere の四形が記されている．（順序は regō, regere... のこともある．）これは順に，直・現・一・単(能)——同完了・一・単(能)——*supīnum* I——不定法現在(能) の四形であって，われわれは二番目の rēxī の形から -ī を取って，rēx- が完了幹であることを知るわけである．*supīnum* I は後述する（§ 81）が，完了分詞（§ 69. 大体英語の過去分詞のようなもの）の中性単数対格と同形で，そう記憶しておいてもよく，また辞書によっては *supīnum* I のかわりに，完了分詞男性単数主格（たとえば rēct-us）が記されている場合もある．また，parō〈用意する〉などの規則動詞は，parō 1 と記されているだけのことがあるが，その場合は第一活用 amō の要領で活用させればよい．

2. capiō, faciō, eō, ferō の完了幹はそれぞれ cēp-, fēc-, īv-(i-), tul- となるが，以下の語尾は規則的である．また．eō を含む合成動詞（§ 35）では，主に約音形 -i- の完了幹が用いられる．pereō>periī．また incipiō の完了には coepī を用いる．

3. 従って noscō〈識る〉の完了 nōvī〈識った〉結果は〈知っている〉となり，意味は現在的となる．その他 ōdī〈憎む〉，meminī〈覚えている，思いだす〉も，活用は完了で，意味は現在である（従って過去の意味には過去完了形を用いる）．

Cornēliam vīdistī. 〈君はコルネーリアに会った(ことがある)→(だからコルネーリアを見知っている).〉

いずれにしても，完了は§27に述べた過去と違って，話者の意識が過去に集注されず，いわば，話者がどこまでも現在という観点に立って，過ぎたことをふりかえっている感じがある．

§46. 規則動詞の直説法過去完了・未来完了(能相)を学べ (別冊 §§177〜180 のそれぞれ (1), (E), (F))

(1) 過去完了……既に学んだ完了幹(§44)に

単 { 1. -eram 2. -erās 3. -erat 複 { 1. -erámus 2. -erátis 3. -erant

の語尾[1]をつければよい．

(2) 未来完了……同じく完了幹に，

単 { 1. -erō 2. -eris 3. -erit 複 { 1. -érimus 2. -éritis 3. -erint

の語尾[2]をつければよい．

過去完了と未来完了[4]の用法は，大体英語のそれに準じて考えてよい．

§47. 規則動詞の不定法完了(能相)は，完了幹に -isse をつけて作られる．[3]

  I   amāv-isse 〈愛したこと〉(約音形 amāsse)
  II monu-isse 〈忠告したこと〉
  III rex-isse 〈支配したこと〉

---

1. この語尾は sum の過去(§26)と同形である．
2. この語尾は三・複 -erint を除き，sum の未来(§29)と同形である．
3. eō の不定法完了 īsse は i-isse であるから ī が長い．
4. ただし，*cf*. If [When, After] we *arm* (armāverimus) the inhabitants, we *shall conquer* (superābimus) the Romans.

IV　audīv-**isse**　〈聞いたこと〉

これらの用法は後述する (§ 105 (2)).

§ 48. 不規則動詞 **sum** の活用のうち，直説法完了・過去完了・未来完了・不定法完了を学べ (別冊 § 183, (1), (D), (E), (F), (4)). したがって

prōsum	完了幹	**prōfu-**	以下規則的
possum	完了幹	**potu-**	以下規則的

§ 49. 練習問題

(1) 次の動詞の直説法完了(能相)の形を書け(それぞれの完了幹は「単語集」によって得られる).

1. refero 〈持帰る〉　　2. narro 〈物語る〉
3. ago 〈駆る〉　　　　4. condo 〈建てる〉
5. quaero 〈求める〉　　6. maneo 〈とどまる〉
7. do 〈与える〉　　　　8. oro 〈願う〉
9. absum 〈離れている〉 10. adeo 〈に行く〉

(2) 次の動詞の直説法現在一人称単数(能相)の形を指摘し，ここに挙げられている形の法・時・人称・数を言え.

1. dilaniaverat　　2. emi
3. inieritis　　　　4. fuit
5. lusisse　　　　6. pugnavimus
7. abstulit　　　　8. cecinerant
9. flemus　　　　10. vidit

(3) 1. puella litteras haud invita protulit.[1] 2. servusne iam e villa rediit? -brevi aderit. 3. ad tuas epistulas rescripseram[2] pridie. 4. in Agro Falerno Hannibali oc-

---

1. p. 38 注 2.
2. この文章をかりに返信の手紙の中のものとすれば，この過去完了は単に過去の

currit Q.¹ Fabius Maximus, dictator Romanus. 5. Caesar copiās suās praemīserat. 6. cūr nōn temperī redistī?² 7. dē sapientiā et dīximus multa et saepe dīcēmus; nunc librum ad Atticum amīcum dē amīcitiā mittimus. 8. medicus meus, sī vēnerit, citō puerum sānābit. 9. multīs cum lacrimīs incolae miserī lēgātōrum verba audīvērunt. 10. nōnne lūsērunt aliquamdiū līberī post cēnae tempus? 11. nōn aeris acervus et aurī dēdūxit corpore febrīs. (Hor. *Ep.* I, ii, 47)³ 12. vēnī, vīdī, vīcī. (Suet. I, 37)⁴ 13. fuimus Trōes,⁵ fuit Īlium.⁶ (Verg. *Aen.* II, 325) 14. ōdī profānum vulgus et arceō. (Hor. *C.* III, i, 1) 15. Ancus Mārcius apud ostium Tiberis cīvitātem suprā mare sextō decimō mīliāriō⁷ ab urbe Rōmā condidit. (Eutr.)

ことを示すにすぎず，prīdiē〈前日〉は herī〈昨日〉の，eō diē は hodiē の，意味になる．ラテン語には〈書簡上の時称〉(*epistolary tenses*) と言って，現在のことを完了や過去の形で，過去のことを過去完了の形で表現する場合があった．これは受取人の立場になって考えるところから来る時間のずれである．

1. Quintus の略．M. (Marcus), P. (Pūblius) など，個人名には一定の略字があった．
2. ＜redi-istī.
3. 財産の空しいことを言ったもの．なお，ここの dēdūxit は，格言的表現にあらわれるいわゆる **gnomic perfect** で，英語にも，Men were deceivers ever. のような例を見る．これは完了には〈回想〉という *aspect* の上での機能があるからである．
4. 有名な Caesar の言葉．
5. Trōēs *m. pl.*〈トローヤ人たち〉(*gen.* は Trōum).
6. §45 に述べたように，完了のもつ，fuit〈あった〉という回想的気分は〈従って今はないのだ〉という感慨を与えることになる．
7. 差異の *abl.* mīliārium *n.* (=1.5 km) は本来は「里程標石」のこと．ここは〈16 里離れた所に〉．

XI. 人称・再帰代名詞

§50. 人称代名詞 ego 〈私〉, tū 〈君〉[1], nōs 〈我々〉[2], vōs 〈君たち〉

主	ego	主	tū
属	meī	属	tuī
与	mihi (mī)[3]	与	tibi
対	mē	対	tē
奪	mē	奪	tē
主	nōs	主	vōs
属	nostrī, nostrum	属	vestrī, vestrum
与	nōbis	与	vōbis
対	nōs	対	vōs
奪	nōbis	奪	vōbis

以上は第一・二人称の単・複数であるが，日本語と同じように，ラテン語には本来第三人称の人称代名詞というものは存在しなかった．そこで，第三人称には指示代名詞 is *m.* ea *f.*, id *n.* 〈それ〉[4] を以て代用した．次にその変化を記す．

---

1. 本書では便宜上 tū の訳語を〈君〉に統一したが，フランス語やイスパニア語と違って，tū は目上の相手にも用いた．vōs を単数の〈あなた〉に用いることはない．
2. 時に謙遜の情を以て，ego のかわりに用いた．従って所有形容詞 noster も meus の代用をつとめた．
3. ( ) 内は約音形．
4. これらは英語 that と同様，名詞を伴った場合は指示形容詞〈その〉としても用いられた．id oppidum 〈その町〉, is cīvis 〈その市民〉, ea mīma 〈その踊り子〉．

		男	女	中
単	主	is	ea	id
	属	三性ともに	ēius	
	与	三性ともに	eī	
	対	eum	eam	id
	奪	eō	eā	eō
複	主	eī, iī (ī)[1]	eae	ea
	属	eōrum	eārum	eōrum
	与	三性ともに	eīs, iīs (īs)[1]	
	対	eōs	eās	ea
	奪	三性ともに	eīs, iīs (īs)[1]	

[注意] 1. 既に §7 [注意] 1. で述べたように，ラテン語では，特に強調する場合を除いては，主格形を用いない． 2. **nōs, vōs** には，それぞれ (1) **nostrī, vestrī** (2) **nostrum, vestrum** という属格形があるが，このうち (2) は〈我々のうちの〉，〈君たちのうちの〉という意味に用いられるいわゆる配分的属格であって，たとえば multī **nostrum**〈我々のうちの多数の者〉，paucī **vestrum**〈君たちのうちの少数の者〉のように用いられ，それ以外の場合[2]には (1) の形が用いられた．しかし英 'all of us' は nōs omnēs（属格は omnium nostrum）である．

§51. 再帰代名詞 suī〈自分〉

主	――	
属	**suī**	
与	**sibi**	単複同形
対	**sē** (sēsē)[3]	
奪	**sē** (sēsē)[3]	

---

1. ( ) 内は約音形．
2. **nostrī, vestrī** の形は，他の meī, tuī と並ぶものであって，これらは，属格を要求する動詞や形容詞とともに，例えば，*meminī* **vestrī**.〈私は君たちのことを覚えている．〉，*memor* es **meī**.〈君は私のことを忘れずにいる．〉のように用い，決して所有の意味に用いない．（〈私のバラ〉は必ず rosa mea であって，rosa meī ではない．）従って cūra **nostrī** は〈我々に対する心配〉であって，〈我々の（我々が抱いている）心配〉ならば cūra nostra というべきである．けれども，三人称の指示代名詞の属格は所有を示すことができた．(p. 19 注 2)
3. ( ) 内は強調形．

再帰代名詞は〈自分(たち)(を, に等)〉の意味であって，フランス語の se,[1] ドイツ語の sich などに相当し，原則として主語（三人称のみ)[2] と同じものを指す．従って主格形はない．

　sē laudat.　〈(彼は)自分をほめる，自讚する．〉[3]
　puerī sē amant.　〈少年たちはわが身を愛する．〉

§ 52. 練習問題

1. mene odit is tyrannus? 2. id saltem quondam apud Ciceronem legi. 3. tu, uxor, statim cum liberis et servis ad avunculum te conferes.[4] 4. nonne mecum[5] Roma venisti, Tibulle? 5. equites aemuli inter se saepe pugnabant. 6. domina ea in conclave cum liberis servisque se recepit. 7. pestis dira in eos incidit. 8. latro secum[5] pecuniam portabit. 9. eum nusquam video. 10. hic manebunt pauci nostrum et ad mortem se offerent pro patria. 11. num nobis vobisque misit nuntios rex? 12. cur vos sic languidos video, pueri? 13. Germani cum Gallis cotidianis proeliis contendunt et eorum agros vexant. 14. nos patriam fugimus caram. 15. ego et[6] Tullia valemus. 16. fuitne Marcus tibi amicus? 17. semper amica mihi, semper et uxor eris.[4] (Prop. II, vi, 42) 18. otium, Catulle, tibi molestum est. (Cat. 51A) 19. enim vero di[7] nos quasi pilas homines habent. (Plaut. *Capt. Prol.* 22).

---

1. ただし，フランス語の相互的代名動詞にあたる sē の用法はなく，〈相互に〉は inter sē で示された．puerī **inter sē** amant. 〈少年たちは互に愛し合う．〉

2. 一・二称においては，人称代名詞を用いる．mē laudābam. 〈私はよく自分自身をほめていたものだ．〉

3. これに対して，eum laudat. は〈(彼は)その人をほめる．〉（ほめる人とほめられる人と別人).

4. p. 24. 注 4.

5. **cum** (*prep.*) は人称代名詞と結ぶとき，mēcum, tēcum, sēcum, nōbīscum のような形になる．(*cf.* 伊 meco, teco; 西 conmigo＜cum＋mēcum)

6. 英語では you and I が，ラテン語では ego et tū になる．

7. p. 22. 注 2.

XII. 形容詞の変化 (2), 副詞, 動詞の活用 (6)

§53.
形容詞の第三変化 **prūdens**〈先見の明ある〉, **fortis**〈強い〉, **ācer**〈鋭い〉を学べ（別冊 §167).

この変化の要点を示すと,

		男	女	中
単	主・呼	─	─	─
	属	三性ともに	**-is**	
	与	三性ともに	**-i**	
	対	**-em**	**-em**	主格に同じ
	奪	三性ともに	**-ī (-e)**	
複	主・呼	**-ēs**	**-ēs**	**-ia**
	属	三性ともに	**-ium**	
	与	三性ともに	**-ibus**	
	対	**-ēs (-īs)**	**-ēs (-īs)**	**-ia**
	奪	三性ともに	**-ibus**	

上の表でわかるように, 第三変化に属する形容詞は, その大部分が名詞の第三変化第二類 (§41 (2)) に類似した変化をする. (ただ, 単数主格が三性同形の形容詞に, 若干複数属格 **-um** の語尾を有するものがある. 例. vetus (*sg. gen.* veter-is, *pl. gen.* veter-um)〈古い〉, iuvenis (*sg. gen.* iuven-is, *pl. gen.* iuven-um)〈若い〉)[1]. また, 単数奪格は **-ī** が普通で, **-e** の形は形容詞

---

1. この場合, 語幹末尾の母音が短いことが特徴的である. vetĕr-um, iuvĕn-um *cf.* fēlix〈幸福な〉→ fēlic-ium, prūdens → prūdent-ium (-nt- の前 §3, (2), (C), (b)).

が名詞的に用いられるときに[1]あらわれることが多い.

§54. 副詞の作りかた

(1) 形容詞から副詞を作るには,

(A) 第一・第二変化の形容詞では語幹に **-ē** をつける.
cārus〈親しい〉→ **cār-ē**〈親しく〉
amīcus〈友好的な〉→ **amīc-ē**〈友好的に〉

(B) 第三変化の形容詞では, 単数属格語尾 -is を取り去った後に **-iter** をつける.(*cf.* 英 ob*iter* dictum)
brevis〈短い〉→ **brev-iter**〈短く〉
ācer〈鋭い〉→ **ācr-iter**〈鋭く〉

[注意] prūde*ns*〈先見の明ある〉→ prūde*nt*-er〈先見の明をもって〉

(2) 名詞・代名詞・形容詞の中性単数**対格**や**奪格**が副詞的に用いられることも多い.

(A) **対格** multum〈大いに〉, prīmum〈先ず〉, facilĕ〈容易に〉, quid〈何故?〉[2]

(B) **奪格**[3] multō〈はるかに〉[4], citŏ〈速かに〉[5], ūnā〈一緒に〉, forte〈偶々〉[6], vērō〈実に, 却って〉[7], cāsū〈偶然に〉[8], iūre〈正当に〉, silentiō〈ひそかに〉, vī〈無理に, 力ずくで〉

§55. 規則動詞の命令法現在(能相)を学べ (別冊 §§ 177〜180 の, それぞれ (3) (A)).

---

1. § 23, (2).
2. quid〈何〉(§ 86) の *sg. acc. cf.* 日本語〈何を君はいそいでいるのだ?〉
3. これらは本来様態の奪格 (§ 34 [注意] 1) と見るべきである.
4. § 139.
5. -ŏ はもと長いものが短くなったもの.
6. これは fors, fortis *f.*〈偶然〉の *abl.* であって, 形容詞 fortis〈強い〉(§ 53) とは関係がないから, 混同しないように.
7. 形容詞 vērus〈真の〉には, 正則の vērē〈本当に〉という副詞形もある. また, 対格 vērum は〈しかし〉の意味に用いられる. まぎらわしいものとして, vēr *n.*〈春〉の *abl.* vērĕ〈春に〉がある.
8. p. 22. 注 4.

[注意] -iō に終る第三活用では faciō が fac, facite となり, fac のみが不規則である. capiō は cape, capite, sufficiō 等合成動詞も suffice, sufficite とすべて規則的である. なお, dō は dā, dăte この外, dīcō の dīc, dūcō の dūc, ferō の fer など不規則な形がある.

§56. 不規則動詞 sum, ferō, eō の命令法現在（他動詞は能相のみ）を学べ（別冊 §183 (3); §186, (3), (A); §187, (2)).

[注意] sum の命現二単 es は直現二単 es と同形であることに注意せよ. 上記 sum, ferō, eō を含む合成動詞はすべて同様の活用をするが, possum は命令法を欠く.

§57. §§55～6 に見る通り, 命令法現在は単複とも二人称のみ[1]で, その用法は大体英語などに準ずる. ただし, 禁止（否定命令）には命令法の形を用いない.[2]

[注意] このほかに, ラテン語は, 命令法未来をもっている. その形態は,

		I amō	II moneō	III regō	IV audiō	sum
単	2.	amātō	monētō	regitō	audītō	estō
	3.	amātō	monētō	regitō	audītō	estō
複	2.	amātōte	monētōte	regitōte	audītōte	estōte
	3.	amantō	monentō	reguntō	audiuntō	suntō

等で, 行為の実現を未来に予定する場合（三人称は〈彼が……せんことを → 彼をして……せしめよ〉といった意味になる), sī nuntius advēnerit, statim eum ad mē **mittitō**.〈もし使者が着いたら, すぐに彼を私の所へよこすように.〉のほか, 法律の条文などにあらわれるもので, 特定の個人に対してでなく, 一般的にその実行を要請する場合にも用いられる. 次に, **sciō** は命令法現在 scī(te) の形は普通用いられず, 命令法未来 scītō(te) を用い, **meminī** (p. 38 注 3) の命令法には mementō(te) を用いるが, これは形態的には命令法未来である. ōdī には命令法がない.

---

1. 英語の let us にあたる命令法一人称や, let him にあたる三人称は, **接続法**を以てこれにあてる. (§146 (1)). *cf.* 西 *Subamos* a mi carro.

2. もっとも, 詩などには nē＋命・現で禁止をあらわす言い方があった. **禁止**については §74.

§58. 練習問題

(1) 次の変化形を書け.
 1. facilis, -e〈容易な〉 2. par, *gen.* par-is〈等しい〉 3. dives, *gen.* divit-is〈富んだ〉 4. pauper, *gen.* pauper-is〈貧しい〉 5. grandis, -e〈大きな〉 6. iuvenis, *gen.* -is〈若い〉 7. aura levis *f.*〈軽やかな微風〉 8. iter breve *n.*〈短い道程〉

(2) 次の形容詞より副詞を作れ.
 1. fortis〈強い〉　　　　2. liber〈自由な〉
 3. longus〈長い〉　　　　4. miser〈哀れな〉
 5. facilis〈容易な〉[1]　　6. sanus〈健康な〉
 7. sapiens〈賢い〉[2]　　8. levis[3]〈軽い〉
 9. par〈等しい〉　　　　10. pulcher〈美しい〉

(3) 次の動詞の命令法現在を書け.
 1. mitto〈送る〉　　　　2. laudo〈ほめる〉
 3. maneo〈とどまる〉　　4. condo〈建てる〉
 5. prosum〈役立つ〉[4]　6. confero〈運び集める〉
 7. duco〈導く〉　　　　8. adeo〈に行く〉
 9. venio〈来る〉

(4) 1. pater sine dubio omnia per iocum fecit. 2. peccavi. veniam da, obsecro. 3. ite nobiscum[5] ad regem divitem Persarum. 4. tranquillo, mater, es animo.[6] 5. abi, me ludis, serve. 6. agricolae Romani suos agros bene[7] colebant. 7. equi morae impatientes[8] libenter

---

1. §54. (2), (A).　2. §54, (1), (B) [注意].
3. これは lĕvis. ほかに lēvis〈滑らかな〉という *adj.* もある.
4. §9. を参照して考えよ.
5. p. 44 注 5.　6. §39. なお, es は命令法として解釈せよ.
7. bonus〈よい〉の副詞は不規則で bene, malus〈悪い〉は male (p. 24 注1)
8. impatiens〈を忍耐できぬ〉も *gen.* を取る形容詞 (p. 28 注 6) の一つ.

raedas ducebant. 8. 'aqua gelida,' inquit medicus, 'puero pedes[1] lavato.' 9. fortes Fortuna adiuvat. 10. in muro titulus sic apparebat: CAVE CANEM, ac ultra murum canes latrabant. 11. id oppidum a via nimis longe abest, et celeritati studeo.[2] 12. difficile est saturam non scribere.[3] (Iuv. I, 30) 13. iustitia omnium est domina et regina virtutum. (Cic. *Off*. III, vi, 28) 14. facile omnes cum valemus recta consilia aegrotis damus. (Ter. *And*. 309) 15. frangit fortia corda dolor. (Tib. III, ii, 6)

XIII. 動詞の活用 (7)

§ 59. 規則動詞の直説法現在・過去・未来（所相）を学べ（別冊 §§ 177～180 のそれぞれ (1) (A) (B) (C)).

[注意] 1. すべて，二人称単数における別形 -re の形は古形. 2. **capiō** の活用： 現 capior, caperis(-ere) capitur, capimur, capiminī, capiuntur. 過去と未来は audiō に準ずる. capiō を含む合成動詞もこれと同じ. 3. **faciō** は所相に **fīō**〈なる〉をあてる. 現 fīō, fīs, fit, [4](fīmus), (fītis), fīunt 過 fīēbam, fīēbās, fīēbat *etc*. 未 fīam, fīēs, fīet *etc*. ただし, faciō を含む合成動詞は規則的な所相を持つものが多い. 4. **dō** 現 —, daris(dare), datur, damur, daminī, dantur 過 dabar 未 dabor 5. **ferō** 現 feror, ferris (-re), fertur, ferimur, feriminī, feruntur 過 ferēbar, ferēbāris *etc*. 未 ferar, ferēris *etc*. ferō を含む合成動詞もこれに準ずる.

§ 60. 規則動詞の命令法現在，不定法現在（所相）を学べ（別冊 §§ 177～180 の，それぞれ (3), (4)).

---

1. puerō pedēs 文字通りには〈少年に (*dat*.) 足を (*acc*.)〉だが，日本語では〈少年の足を〉こうした与格については § 90,(1) の関与者の項参照.

2. studeō〈に努力する〉は *dat*. を取る動詞.

3. p. 21 注 11. 4. こういう欠除動詞 *defective verb* は，しばしば senēscĕre〈老いる〉のような起動動詞 *inceptive v*. によって補われた.

[注意] 1. **capiō**: 不現 cap-ī　命現 cap-ere, cap-iminī.
2. **fīō**: 不現 fierī　命令法は fī(te) があるが，古典期には稀である.
3. **dō**: 不現 darī　命現 dare, daminī
4. **ferō** 不現 ferrī　命現 ferre, feriminī
5. 既に学んだうちで，同形になるものがあるから，注意を要する. すなわち

$\begin{cases} \text{amāre}……(1)　不現(能)，　(2)　直現二単(所)の別形　(3)　命現二単(所) \\ \text{amāminī}……(1)　直現二複(所)　(2)　命現二複(所) \end{cases}$

となる. このことは第一活用に限らない.
6. 所相にも命令法未来があった. その形は次のようである.

		I amō	II moneō	III regō	IV audiō
単	2.	am-**ātor**	mon-**ētor**	reg-**itor**	aud-**ītor**
	3.	am-**ātor**	mon-**ētor**	reg-**itor**	aud-**ītor**
複	3.	am-**antor**	mon-**entor**	reg-**untor**	aud-**iuntor**

§ **61.** **行為者の奪格**　動詞が所相のとき，その動詞の動作の行為者——英語であると by の後に来るもの——は，ラテン語では **ā, ab**＋奪格によって示される.

　　aper hastā **ab agricolā** *necātur*. 〈猪は槍で農夫によって殺される.〉

　　puellae patientiā **ā rēgibus** *laudantur*. 〈少女たちは忍耐のゆえに王たちからほめられる.〉

[注意] 行為者を示す ā, ab＋*abl.* と，上例の hastā, patientiā の奪格の用法とを混同してはならない. 日本語では，それぞれ〈槍によって〉，〈忍耐によって〉とも訳し得るので，特に注意を要する. 上例の hastā は手段の奪格 (§ 14), patientiā は観点の奪格と呼ばれるもので，〈槍〉や〈忍耐〉が〈殺す〉,〈ほめる〉の行為の主体ではないことに注意しなければならない.

§ **62.** **Dēpōnentia** (形式所相動詞)　これは活用形式が所相でありながら，意味は能相を示す一群の動詞を言う. 例を挙げると

　　I　hortor〈励ます〉，　cōnor〈試みる〉

　　II　vereor〈恐れる〉，　fateor〈打明ける〉

III loquor 〈話す〉, sequor 〈従う〉
　　　　morior 〈死ぬ〉, patior 〈蒙る，耐える〉(→ 英 passive,
　　IV mentior 〈嘘をつく〉, experior 〈試す〉　　└passion)
などで，第一活用から第四活用まで，それぞれ既に学んだ規則
動詞の所相 amor, moneor, regor (capior), audior (§ 59) に準
じて活用する。[1]

　quis hīc **loquitur**?　〈誰がここで話しているのだね?〉
　ēgredere ex urbe.　〈都から出よ.〉(ēgredior 〈出る〉III)

§ 63. 練習問題

(1) 次の動詞を（　）内に指定してある形に活用させよ.

　1. ludo 〈からかう〉（直過（所））　2. fio 〈なる〉（直現）　3. vereor 〈恐れる〉（直現）　4. rapio III 〈強奪する〉（不現（所））　5. affero 〈持って来る〉（命現（所））　6. deleo 〈抹殺する〉（直未（所））

(2) 1. dolis mercatorum interdum ira incendor.　2. dulce et decorum est pro patria mori. (Hor. C. III, ii, 13)　3. vix turpe fuit a tanto imperatore vinci.　4. egregius poeta Romanus Horatius appellabatur.　5. quando rursus pace fruemur?[2]　6. libenter apud te paulisper morabimur.　7. miserere, precor, meque ex malo eripe.　8. deus Pan nymphis teneris carmina fistula modulatur.　9. iam diu in oppido exspectamini.　10. luna stellaque ab astrologis pauperibus spectantur.　11. cibus vinumque

---

　1. 普通の動詞の所相と，Dēpōnentia の活用と，形式上異る点は，**不定法未来** (§ 104) のみである. (§ 182 参照)

　2. **Dēpōnentia** の中には，若干の奪格を取る動詞がある. fruor III 〈享受する〉, ūtor III 〈用いる〉 (*e.g.* multīs verbīs), fungor III 〈果す〉 (*e.g.* officiō), potior IV 〈所有する〉 (*e.g.* oppidō), vescor III 〈食料とする〉 (*e.g.* pāne) など.

in foro a servis ementur.　12.　uror amore mei. (Ov. *M.*
III, 464)¹　13.　carmine formosae, pretio capiuntur avarae.
(Tib. III, i, 7)　　14.　pueris merum dare conaris.
15.　equi nostri, rex magne, tibi statim dabuntur.　16.
difficile est, sed experiar.　17.　vina parant animos fa-
ciuntque caloribus aptos;／cura fugit multo diluiturque
mero. (Ov. *A. A.* I, 237〜8)

XIV.　指示代名詞と idem, ipse; 場所の副詞

§ 64.　指示代名詞² には hic, iste, ille, is があり，そのあらわ
す意味は大体次のようである．

> **hic**　〈これ，この〉（話者に近いもの）
> **iste**　〈それ，その〉³（聞き手に近いもの）（＞西. este, -a）
> **ille**　〈あれ，あの〉（第三者に近いもの）（＞仏. il, elle; le
> 　　　la; leur＜ラ. illōru(m)）
> **is**³　最も意味が弱く，第三人称の人称代名詞に充てられる
> 　　　ことは既に §50 に述べた通りである．

別冊 §169 によって，hīc, ille の変化³ を学べ．

§ 65.　**idem** 〈同じ(もの，人)〉も，代名詞または形容詞として
用いられ，-dem は変化せず，ī- の部分が is と似た変化形を
取る．別冊 §170 によって変化を学べ．

---

1. 有名な Narcissus の話を語る一行．amore mei については p. 43 注 2. cūra nostrī を参照．
2. 下の訳語〈この，その，あの〉でも判るように，四つの指示代名詞はすべて，指示形容詞としても用いられる．(p. 42 注 4)
3. iste の変化は ille のそれと同じ．is の変化は §50.

[注意] そして，〈…と同じ〉の〈と〉は，通常 atque (ac)[1] か，または関係代名詞[2]であらわされる.
nam et vītast[3] **eadem et animus tē ergā īdem ac** fuit. (Ter. *Heaut.* 265)
〈暮しぶりもあなたに対する心持も前とおんなじなんですから.〉

§ 66.　ipse 〈自身〉 は多く tū ipse 〈君自身〉のように，他の語と共に用いられて強意を示す. この語の変化は中性主格・対格が ipsum になる以外には，ille の変化と同形である. (§ 171)
　　ego **ipse** eum vīdī.　〈この私が——私がこの眼で——彼を見たのだ.〉

§ 67.　場所の副詞

	に	へ	から	の方に
ここ (hīc)	hīc	hūc	hinc	hāc
そこ (is)	ibi	eō	inde	eā
そこ (iste)	istīc	istūc	istinc	istā
そこ (ille)	illīc	illūc	illinc	illā(c)[4]
どこ	ubi	quō	unde	quā

〈ここ〉,〈そこ〉は ( ) 内に示したように，指示代名詞に対応する. また，〈どこ〉は疑問副詞であるが，また関係副詞としても用いられる.

その他，**ibidem**〈同じ場所に〉(略 *ibid.*)，**eōdem**〈同じ場所へ〉，**alibī**〈他の場所に〉，**ubique**〈至る所に〉など.

§ 68.　練習問題

---

1. こうした atque (ac) の用法は，日本語〈と〉と比較して興味ふかい. また pār〈等しい〉, aequus〈等しい〉, similis〈同様の〉, alius〈別の〉のような比較を示す語も，同じく atque (ac) を取る.

2. 関係代名詞はまだ学んでいないので，例は略すが，英語 'same...that' を考えれば理解できよう

3. ＝vīta est.　　4. この -c (<-ce) は，ギ. γέ, 梵. ki と同系の，強めの *suffix* で，〈月〉lūna (<*luc-na) も，de luxe の luxe (<仏. <lūc-) に当然結びつく.

1. hic (*adv.*) est liber lepidus poetae Ovidi.   2. vix credibilia haec mihi videntur.   3. Domitianus vero crudelitate ipsa gaudebat.   4. his de scriptoribus multa modo legi in epistula Plini.   5. haec eodem tempore in eadem provincia tu ipse fecisti.   6. mater vestra parem sapientiam habet ac formam.   7. non erit ista[1] amicitia, sed mercatura. (Cic. *N.D.* I, xliv, 122)   8. oratio splendida et grandis et eadem[2] in primis[3] faceta esto.   9. venit mihi obviam tuus puer; is mihi litteras abs te reddidit. (*Cic. Att.* II, i, l)   10. nullam virtus aliam mercedem desiderat praeter hanc[4] laudis. (*id. Arch.* 28)   11. ignavia corpus hebetat, labor firmat; illa[5] maturam senectutem, hic[5] longam adulescentiam reddit. (Celsus I, i)   12. haec omnia oppida urbem cingunt. (Eutr.)   13. non amo te, Sabidi, nec possum dicere quare: / hoc tantum possum dicere, non amo te. (Mart. I, xxxii)   14. difficilis facilis, iucundus acerbus es idem: / nec tecum possum vivere, nec sine te. (*id.* XII, xlvii)   15. quantum defuerat pleno post oscula voto? / ei[6] mihi, rusticitas, non pudor ille fuit. (Ov. *A. A.* I, 672-3)   16. verum nec tu illum satis noveras nec te ille. (Ter. *Adelph.*)   17. est quaedam flere voluptas. (Ov. *T.* IV)

---

1. iste は〈(お前の)その〉という所から, 非難, 軽蔑の感じを含むことがある.
2. こういう eadem は〈しかも〉の意. 〈その同じ人(もの)が〉という所から, idem には〈しかも〉とか〈それにもかかわらず〉を意味することがある.
3. in prīmīs〈特に〉
4. *scil.* mercedem
5. 通常 ille が〈前者〉, hīc が〈後者〉を示すが, 心理的な影響でこの関係が逆になることもある. 　　　　　　　　　　　　　　　　　　「〈そのことは〉.
6. 与格を取る間投詞. なお, ille は pudor に影響せられて *m.* だが, 意味は

XV. 完了分詞・動詞の活用　(8)

§69.　完了分詞

(1)　四種の規則動詞の完了分詞は次のようである．

I	amō →	amāt-**us, -a, -um**
II	moneō →	monit-**us, -a, -um**
III	regō →	rect-**us, -a, -um**
IV	audiō →	audīt-**us, -a, -um**

これらの完了分詞の形は辞書によって[1]求めなければならないが，第三活用以外では I **-ātus**, II **-itus**, IV **-ītus** の形が多い．

[**注意**]　III の変則 **capiō, faciō** はそれぞれ **captus, factus**（合成動詞では **-ceptus, -fectus**）となる．**dō** は **datus**, **ferō** は **lātus** という全く異った形を取る．

(2)　これらの完了分詞は，形容詞 bonus, -a, -um と同様に変化し，その意味するところは，英語などの過去分詞と大体同じで〈…されたる〉という所相[2]の形容詞である．

　　puella ā nautā **amāta**　〈水夫に愛されている少女〉
　　liber saepe **lectus**　〈しばしば読まれる本〉（lectus＜legō III）
　　templum ā rēge **aedificātum**　〈王により建てられた神殿〉

[**注意**]　英語やフランス語では be (être)＋*p.p.* によって所相を作るが，ラテン語では §59 で述べたように，直説法[3]現在・過去・未来，不定法現在，命令法現在などには独立した所相の活用形があるから，たとえ

1.　辞書の引き方については，p. 38 注 1．
2.　ただし，自動詞にあっては能相となる．また，抽象的表現をラテン語は好まず，英 before the *rout* of the Romans は，ante Rōmānōs *fugātōs* と表現される．*cf*. §98
3.　このことは接続法の場合にもあてはまる．(§§109～11)

ば I am loved. や Je suis aimé. を amātus sum と訳しては誤になる.[1]
その場合は必ず amor(§ 59) という独立した所相形を用いねばならない.

(3) **Dēpōnentia** (§ 62) では，完了分詞も意味は能相になる.

　　hortātus〈励ましたる〉, veritus〈おそれたる〉, passus〈耐えたる〉(＜patior)

§ 70. 規則動詞の直説法完了，過去完了，未来完了(所相) (附 **Dēpōnentia** の同時称活用) 　　これらの時称は，第一活用から第四活用まで，すべて下の要領で作られる．

　　　完　　了……完了分詞＋sum の現在
　　　過去完了……完了分詞＋sum の過去
　　　未来完了……完了分詞＋sum の未来

従って，I amō に例を取ると，

完了

単 ┌ 1. amāt-**us, -a, -um** sum
　 │ 2. amāt-**us, -a, -um** es
　 └ 3. amāt-**us, -a, -um** est

複 ┌ 1. amāt-**ī, -ae, -a** sumus
　 │ 2. amāt-**ī, -ae, -a** estis
　 └ 3. amāt-**ī, -ae, -a** sunt

となる．この活用においては，**完了分詞は主語の性数に一致する**[2]

---

1. しかし amātus sum. という形がないのではない. amātus sum. は I am loved. でなく，次に述べる完了の I was (have been) loved. を意味するのである. Caesar の *Dē Bellō Gallicō*〈ガルリア戦記〉の冒頭に Gallia *est* omnis *divisa* in partēs trēs〈ガルリアは全体として三つの部分に分れる.〉という文がある. この文の *divisa* は dividō〈分ける〉の完了分詞 *f*. で, *est* と合して，完了所相を形作るようにみえるが，こういう場合には完了分詞が独立した形容詞としてはたらいていると考えて，〈分れた状態で (divisa) ある (est, *cf*. イスパニア語 está)〉の意に取り，従って時称は現在と見なすべきであろう.

2. 自動詞が所相の形を取り，三人称単数に活用する非人称構文がラテン語には時にあらわれた: pugnātur.〈戦がある.〉など. この完了は pugnātum est.〈戦があった.〉, ventum est.〈やって来た.〉のように，完了分詞は中性単数となる. こうした非人称の文では，動詞の動作そのものに重点が置かれた. *cf*. 独. Es klopft.＝pulsātur.; *Indon.* Di-*angkat*-nja peti itu.

のであって,

> *Cornēlia* ā patre **laudāta** est. 〈コルネーリアは父にほめられた.〉
>
> *Gallī* ā Caesare **victī** sunt. 〈ガルリア人たちはカェサルに破られた.〉

のようになる．そして，上記 amāt-us (-a, -um) sum *etc.* の表の sum の活用を，過去にして，

> ⎰amāt-**us (-a, -um)** erām, erās, erat
> ⎱amāt-**ī (-ae, -a)** erāmus, erātis, erant

とすれば，**過去完了**(所相)ができるし，また sum の活用を未来にして，

> ⎰amāt-**us (-a, -um)** erō, eris, erit
> ⎱amāt-**ī (-ae, -a)** erimus, eritis, erunt

とすれば，**未来完了**(所相)ができる．第二活用以下も全く同様であって，

	II moneō	III regō	IV audiō
完了	monit-us, **-a, -um** **sum** *etc.*	rect-us, **-a, -um** **sum** *etc.*	audīt-us, **-a, -um** **sum** *etc.*
過去 完了	**eram** *etc.*	**eram** *etc.*	**eram** *etc.*
未来 完了	**erō** *etc.*	**erō** *etc*	**erō** *etc.*

となる．[1] つぎに，**Dēpōnentia** の完了，過去完了，未来完了も

---

1. dō, ferō, capiō なども，完了分詞の形 (§69 (1) [注意]) さえ求めれば以下は規則的である．また，faciō も同様に，factus sum *etc.* が完了所相ということになるが，faciō の現在所相は fiō (§59 [注意] 3.) であったから，factus sum *etc.* は fiō の完了とも考えられるわけである．

同様の要領で作られる.[1] ただし意味は勿論能相である.

dux mīlitēs **hortātus est**. 〈将軍は兵士たちを励ました.〉

§71. 練習問題

(1) 次の動詞を ( ) 内に指定してある形に活用させよ.[2]

1. accipio 〈受ける〉　　（直　完　所. 主語は男性）
2. cano 〈歌う〉　　　　（　〃　　　〃　女性）
3. afficio 〈働きかける〉 （　〃　　　〃　男性）
4. tollo 〈上げる〉　　　（　〃　　　〃　中性）
5. do 〈与える〉　　　　（　〃　　　〃　〃 ）
6. hortor 〈励ます〉　　 （直　完.　　〃　男性）
7. vereor 〈恐れる〉　　（　〃　　　〃　女性）
8. scribo 〈書く〉　　　（直未来完所.　〃　男性）
9. mitto 〈送る〉　　　 （直 過 完 所.　〃　〃 ）
10. pono 〈置く〉　　　 （直　完　所.　〃　〃 ）

(2) 1. nonne nomen magnum populi Romani veriti estis? 2. hisne in regionibus pugna navalis umquam commissa est? 3. de hac pugna numquam audivi. quid factum est, obsecro? 4. haec me admonent de carmine a poeta Catullo scripto. 5. nonne haec est regio Italiae, ubi[3] Horatius natus est? 6. litterae ducis a militibus fortibus allatae[4] sunt. 7. ab omnibus interrogatus sum de itineribus meis. 8. secunda hora noctis in vicum perventum est. 9. omnes cenati[5] sedebant otiosi. 10. nobis

---

1. **audeō** 〈思い切って…する〉, **gaudeō** 〈喜ぶ〉, **soleō** 〈…を常とする〉などは, 完了がそれぞれ ausus sum, gāvīsus sum, solitus sum と所相活用する. これらを **semi-dēpōnentia** (半形式所相動詞) という.

2. これらの中には, あまり現実には用いられぬ形, たとえば直・完・所・主語が中性の場合の一人称単数など, がある. いまはただ活用を覚えるために機械的にやってほしい. 3. 関係副詞 §67. 4. allātae は <adlātae である. ここから考えよ.

5. 自動詞の完了分詞には 'having+*pp.*' の意味に用いられるものがある.

ab amicis persuasum est.¹ 11. iacta est alea. 12. Graecia capta ferum victorem cepit et artes / intulit agresti Latio. (Hor. *E.* II, i, 156-7) 13. forsitan et nostrum nomen miscebitur istis, / nec mea Lethaeis scripta dabuntur aquis. (Ov. *A.A.* III, 339-40) 14. aucta forma puellae fuga est. (Ov. *Met*, I, 530, *adapted*)

XVI. 動詞の活用 (9)・禁止の表現

§72. **volō**〈欲する〉, **nōlō**〈欲しない〉, **mālō**²〈寧ろ……の方を欲する〉の活用のうち, 直説法・不定法・命令法の各時称を学べ (別冊 §185).

[注意] **sī vīs** (vīs は volō の直・現・単・二)〈もし君が欲するならば〉は, しばしば **sīs** の形に約されて,〈どうぞ〉の意味になる. 他に〈どうぞ〉をあらわす表現には, **quaesō**〈希う〉, **obsecrō**〈懇願する〉, **ōrō** (**rogō**) **tē**〈君に頼む〉, **amābō** (**tē**)〈君を愛するであろう〉, **sōdēs** (<sī audēs)〈君がもし敢てするなら〉, **age**〈なせ〉などがある. つぎにこの vīs は関係代名詞について, quīvīs ' any one you like ' 等の不定代名詞をつくる (§89, (3), (A))

§73. 既に学んだ possum と同様,³ volō, nōlō, mālō なども, 不定法とともに用いることができる.⁴

---

1. persuādeō〈説得する〉は自動詞であって, 与格を要求する. 従って, 所相を作る場合には, 動詞を非人称におき, 与格はそのままとなる. 同様の構造を取る与格支配動詞には,

    crēdō〈信ずる〉, faveō〈支援する〉, ignoscō〈赦す〉, invideō〈羨む〉, noceō〈傷つける〉, parcō〈容赦する〉, pareō〈従う〉, resistō〈抵抗する〉など (p. 71 注 2).

2. < magis (p. 107 注 5 (C))+volō.
3. p. 10 注 3.
4. その他, 不定法とともに用いられる主な動詞は, cōnor〈…しようと努める〉, timeō, vereor (§128)〈恐れる〉, statuō, constituō〈決める, 決心する〉, audeō〈敢てする, 思い切ってする〉, soleō〈…を常とする〉, cupiō〈望む, 欲する〉, discō

potāre ego hodiē tēcum **volō**. (Plaut. *Aul.* 569)
〈わしは今日あんたと飲みたいのだ.〉

mālō *īre* quam[1] *manēre*. 〈私はとどまっているより行く方がよい.〉

§74. 禁止の表現　**nōli**(**nōlite**)＋不定法現在は禁止(否定命令)をあらわす.

nōli mē *tangere*. 〈私に触らないで.〉

nōlī quaerere.＝quid quaeris? (='in short')

nōlite ad mē *adīre*. 〈私のところへやって来るな.〉

[注意] 禁止の作り方は，これと，以下 §146, (4) に述べる作り方が正則である．命令法現在は普通には用いない (§ 57).

§75. 練習問題

1. amicus alter ego esse[2] dicitur.　2. hoc vel hodie vel[3] cras facere volo.　3. noli ita facere, amabo.　4. pater scilicet filium tanto periculo obicere noluit.　5. tace, sis, Marce. videmur errare.　6. subito nubes atrae e mari oriri visae sunt.　7. malum[4] mihi videtur esse mors.　8. noli de monstris talibus dicere, obsecro.　9. cur, obsecro, ruri misere vivere mavis?　10. vincere scis, Hannibal, sed victoria uti[5] nescis.　11. prima luce demum oppido ex-

---

〈学ぶ〉, dēsinō (完了には dēstitī [dēsistō の完了] を用いることが多い)〈やめる〉, sciō 〈…(すべを)知っている〉, parātus sum 〈…する用意がある〉, animō habeō 〈…するつもりである〉, dīcor 〈…と言われる〉, videor 〈見える〉, incipiō 〈始める〉, coepī 〈始めた〉(所相の不定法とともに用いる時には coeptus sum となる) など.

1. 〈より〉 この quam は英 'than' にあたり, 比較級とともにしばしば用いられる. (§ 136)　2. アリストテレースに 'Ο φίλος ἐστὶν ἄλλος αὐτός の言がある.

3. vel A vel B は〈A か B か〉の意であるが，どちらでも構わない，といった気分がある. 従って，〈勝つか死ぬか何れかに覚悟をきめた.〉というような場合には，強意の aut A aut B を用いて, aut vincere aut mori constituimus. という. このほか -que に似た用い方をする -ve があるが，これは対には用いず, 内容は vel の意味をもつ.　4. 名詞と考えてよい.　5. p. 51 注 2.

cedere visum est.¹   12. bello Athenienses undique premi sunt coepti.² (Nep. XIII, iii, 1)   13. non ignara mali, miseris succurrere disco. (Verg. *Aen.* I, 630)³

XVII. 対格＋不定法，間接話法 (1)

§76. 対格＋不定法

われわれは英語で，

I command **you to go**. / Mother taught **us to read**.

のような構文を知っているが，こうした構文はラテン語にもあって，上の二文をラテン訳すると次のようになる．

tē īre iubeō. 〈私は君に行くことを命ずる．〉

māter **nōs legere** docuit. 〈母は我々に読むことを教えた．〉

このような対格＋不定法（以下 *acc.*＋*inf.* としるす）を従える動詞は，上の iubeō〈命ずる〉, doceō〈教える〉のほか，主なものに，vetō〈禁ずる，…せぬよう命ずる〉(*cf.* 英，'veto'), sinō〈許す〉, patior〈許す，止めない〉, prohibeō〈…させない〉, cōgō〈強いる〉などがある．この *acc.*＋*inf.* において，*acc.* は *inf.* の意味上の主語になって，いわゆる *nexus* を形成するわけである．⁴

§77. さて，この **acc.**＋**inf.** は，さらに，間接話法（平叙文）を

---

1. **vidētur** には 'it seems good, proper.' の意味がある (非人称). cf. ut vidētur＝" as you will " prīmā lūce は §83 (1) を見よ．   2. p. 59 注4.

3. ignārus〈を知らぬ，未経験の〉も，p. 28 注6に挙げた属格を取る形容詞の一つである．因にこれは Carthāgō の女王 Dīdō の言葉である．discō の現在形は，'more modest than perfect' (Page) と説明されている．

4. 従って，tē īre iubeō. māter nōs legere docuit. も，ラテン語としては〈君が行くことを私が命ずる〉，〈母は我々が読むことを教えた〉のように了解すべきである．

作る場合にも用いられる．英語では，たとえば

 He says that *Julius is* an orator.

のように，that-*Clause* を用いるのであるが，古典ラテン語（のちには
英 *conj.* that に当る用法を quia や quod が持つことになった．quod から仏・西の que が出た．）にはこうした構文がないため，
Julius is の部分を *acc.*+*inf.* であらわして，

 dīcit **Iūlium esse** ōrātōrem.

とする．ōrātōrem が対格になるのは Iūlium と一致しているのである．同様に，

 tibi dīcit **Iūlium** Cornēliam **amāre**.
 〈彼はユーリウスがコルネーリアを愛していると君に言う．〉
 mihi dīcit **Iūlium** ā dominō **amārī**.
 〈彼はユーリウスが主人から愛されていると私に言う．〉

も容易に理解しうるであろう．

 この場合，amāre, amārī の不定法がともに現在であるのは，主動詞 **dīcit** と同時であることを示しているのであって，かりに dīcit が完了 dīxit や未来 dīcet になって，

 tibi **dīxit** *Iūlium* tē *amāre*. 〈彼はユーリウスが君を愛していると君に言った．〉
 mihi **dīcet** *Iūlium* ā patre *amārī*. 〈彼はユーリウスが父親に愛されていると私に言うだろう．〉

となっても，文中の amāre, amārī はそれぞれ主動詞 dīxit, dīcet と同時であることを示すにすぎない．

 もし，He says that he is an orator. という文の二つの he が同一人を指す場合には，第二の he は〈自分が〉の意味であるから，再帰代名詞（§ 51）を用いて，

 dīcit **sē esse** ōrātōrem.

となる．

 [注意] 1. dīcō はこのように間接話法を引出すことができるが，**in-quam** (3. *sg.* inquit)〈言う〉はつねに直説話法を引出すことは既に練

習問題の中に見た通りである.

2. dīcō の否定〈言わない，…でないと言う〉には **negō** を用いる. 従って，dīcit Iūlium tē nōn amāre.〈彼はユーリゥスが君を愛していないと言う.〉とは言わずに negat Iūlium tē amāre. と言う.

3. dīcō のほか，間接話法を引出す主な動詞は，(tibi) affirmō〈明言する〉，(tibi) respondeō〈答える〉，(tē) certiōrem faciō〈報らせる〉，(tibi) nuntiō〈伝える〉，audiō〈聞く〉，putō, existimō, arbitror〈思う〉，crēdō〈信ずる〉，sciō〈知っている〉，cognoscō〈知る〉，spērō〈望む〉，intellegō〈判る〉，meminī〈記憶している〉，dīcunt, ferunt〈噂である〉，discō〈学ぶ〉，prō certō habeō〈確信する〉など.

§78. 練習問題

1. puto nos nunc redire posse. 2. pater liberos ad se adduci[1] iusserat. 3. non debes pati hunc canem fidelem mori. 4. longe et late terra marique iter solebat facere, ac multa iucunda et mirabilia narrare poterat. 5. negaverunt se esse Christianos. 6. quis nescit Fortunam semper fortes adiuvare? 7. dixisti te hic mecum manere velle. 8. periculi ignoti timor nos prohibuit silvam ingredi. 9. quando certior factus es comites tuos tutos esse? 10. tu mihi, tu certe, memini, Graecine negabas / uno posse aliquem tempore amare duas[2]. (Ov. *Am.* II, x, 1–2)

XVIII. 同格・名詞の変化 (4)
附 **supīnum.** 時間の表現

§79. 同格 puella mensam rosīs semper ornābam.〈少女のとき私は机をいつもバラで飾ったものだ.〉のような文章にあっては，puella (*sg. nom.*) は ornābam の隠れた主語 ego と同格に

---

1. līberōs addūcī〈子供たちを連れて来るように〉は，ラテン語では〈子供たちが連れて来られることを〉と表現するのが普通.

2. §176 (=duas puellas) aliquem は amare の主語で〈およそ人が〉(§89)

なり，puella 一語で，英 'when I was a little girl' のような節の代用をなす場合があるから注意を要する．

[注意] *Cornēliam fīliam* amīcī laudō のような同格は特に説明を要しない．また，古典期のラテン語では，英語の同格の **of** に見られるような表現はなく，〈ブリタンニアの島〉は必ず insula Britannia である．次に〈として〉も同格で表現できるが，特にはっきりさせたいときは **ut**（=英 'as'）を用いる．*canem ut deum* colunt.〈彼らは犬を神として崇めている．〉

§80. 名詞の第四変化 **exercitus** *m.*〈軍隊〉，**genū** *n.*〈膝〉を学べ．（別冊 §164）

第四変化に属する名詞は，男性名詞が -us，中性名詞が -ū で終り，単数属格が -ūs に終るのが特徴である．[1]

§81. 動詞の完了分詞男性単数主格から，-us を取り去った後に

-um をつけると，	supīnum I[2]	
-ū をつけると，	supīnum II	ができる．

この *supīnum* も，本来第四変化名詞に準ずる変化形の対格と奪格であった．**supīnum I** は〈…しに（行く，など）〉という目的の観念を示す：lāvātum eō.〈私は洗いに（入浴に）行く〉．また，**supīnum II** は，形容詞と共に用いられることが多く，〈…するのに〉の意味である．mīrābile vīsū〈見るのに（見るも）驚くべき〉，dictū facilis〈言うのに易しい〉など．

---

1. 単数与格には **-uī, -ū** の両形があった．また複数与格・奪格は，-ibus のほかに，古形 **-ubus** が見られることがあった．lacus *m.*〈湖〉→lacubus のごとく．次にこの変化に属する女性名詞は少いが，manus〈手〉，domus〈家〉，tribus〈部族〉のような重要な語があり，特に **domus** は第二変化風の形を交えて，次のような変化形を持つ．

	単	複
主・呼	dom-us	dom-ūs
属	dom-ūs (dom-ī)	dom-uum, -ōrum
与	dom-uī (dom-ō)	dom-ibus
対	dom-um	dom-ūs, -ōs
奪	dom-ō (dom-ū)	dom-ibus
地	dom-ī (§34)	

2. *supīnum* I は，前述のように (p. 33 注 1)，辞書を引くとき，見出語の中に記載されるのが普通である．regō, rexī, *rectum*, regere.

§82. 名詞の第五変化 diēs *m.* (*f.*) 〈日〉, rēs *f.* 〈こと, もの〉 を学べ(別冊 §165).

この変化に属する名詞は大部分が女性であり, また diēs, rēs 以外には全格形が完全に備わった名詞がない. fidēs *f.* 〈信〉, spēs *f.* 〈希望〉などには複数形がない.

§83. 時間の表現

(1) 'time when' は奪格を用いる (§34 [注意] 2. 参照). eō annō 〈その年に〉, prīmā lūce 〈夜明けに〉, quotā hōrā 〈何時に〉[1]

(2) 'time for which' 〈…のあいだ〉は対格を用いる.[2]

  decem annōs mansērunt Rōmae. 〈彼等は十年のあいだローマにとどまっていた.〉

  tertiam iam **hōram** exspectō. 〈もう私は三時間待っている〉(*v.* の *tense* が英語と異ることに注意)

(3) いろいろな表現

  herī 〈昨日〉, hodiē 〈今日〉, crās 〈明日〉, prīdiē 〈前日に〉, posterō diē, postrīdiē 〈翌日に〉, māne 〈朝に〉, merīdiē 〈昼に〉, vesperī 〈夕に〉, noctū, nocte 〈夜に〉, interdiū 〈日中は〉, quotīdiē, cotīdiē 〈毎日〉, quotannīs 〈毎年〉, quandō? 〈いつ〉[3], nunc 〈今〉, tunc (tum) 〈そのとき〉, mox 〈間もなく〉, iam 〈既に〉, dein(de) 〈それから〉, umquam 〈かりにも, かつて〉(英 ever), numquam 〈決して…

---

1. ローマでは日の出から日没までを 12 等分し, 第6時を merīdiēs *f.* と呼んだ. 従って hōra 〈一刻〉は季節によって長短が生じた. 英 'noon' (<nōna hōra) は午後 3 時ごろだったが, のちにカトリックの祈禱の習慣が早まり, 〈正午〉を指すことになった. 夜も 12 等分したが, 軍隊では 4 つの vigilia *f.* に分けた.

2. この対格が空間に適用されると, いわゆるひろがりを示す対格となる. fossās **quindecim pedēs lātās** (Caes. *B.G.* VII, 72) 〈15 ペースだけひろい(の幅の)堀を〉. なお, p. 100, 注 2 参照.

3. 接続詞 'when' は cum (§114) である. quandō を接続詞に用いると, 古典ラテンでは 〈…であるからには〉の意になる. (§117 (1))

ない〉（＞西 nunca＝英 never), semper 〈常に〉, aliquandō 〈いつか〉, ōlim 〈いつか〉, dēnique 〈結局〉, nōndum 〈まだ…ない〉, saepe 〈しばしば〉, ūsque 〈ずっと〉

§84. 練習問題

(1) 次の名詞の変化形を書け．

1. impetus *m.* 〈襲撃〉 2. faciēs *f.* 〈外観〉(*sg.* のみ) 3. cornu *n.* 〈角〉 4. solis occāsus *m.* 〈日没〉 5. spēs *f.* 〈希望〉(*sg.* のみ)

(2) 1. per multos annos[1] res[2] ita se habēbat. 2. ille adhuc iuvenis insulam Rhodum adīre volēbat. 3. interim comitēs Romam dimissī sunt pecūniam quaesītum. 4. Lucius iam patrem aspexerat, manusque statim ad eum tendēbat. 5. Catullus versūs lepidōs paene cotīdiē fēcit. 6. Herculēs manibus ipsīs leōnem dīlaniāvit. 7. tuō vitiō perīs; spem omnem salūtis dīmitte. 8. pullī nōndum volāre potuērunt; quāre māter cotīdiē cibum quaesītum abīre solēbat. 9. Nerō imperātor puer arte musicā imbūtus est. 10. solis occāsū viātōrēs nōndum Rōmam pervēnēre.[3] 11. re vera, obsecrō, imāginēsne mortuōrum per tenebrās volitant et a mortālibus aspicī possunt? 12. omnia huic philosophō mīranda et vīsū aut audītū digna vidēbantur. 13. victor praemium cēpī.

---

1. 〈…のあいだ〉は §83(2) に述べたように，単なる *acc.* で示されるが，〈…のあいだ連続して〉の感がつよいときは **per+acc.** が用いられる．biennium 〈二年間〉や，triennium 〈三年間〉 *etc.* という中性名詞は 〈(連続して)…年間(というまとまった一期間)〉の意味で per biennium 〈(まる)二年間(連続して)〉などという．この per+*acc.* は，さらに空間のひろがりを示す場合にも用いられる．equitēs **per ōram maritimam** dispositī sunt. (Caes. *B.G.* III, xxiv, 4)〈騎兵隊は海岸線に沿ってずっと配置された．〉(ただし，距離を示す名詞のような時には **per** 不要 p. 65 注 2)

2. rēs はしばしば〈境遇，事情〉，問 11 の rē vērā は〈ほんとうに〉．

3. p. 37 注 1.

14. amicus certus in re[1] incerta cernitur. (Cic. *Lael.* XVII, 64) 15. discite, o miseri, et causas cognoscite rerum. (Pers. III, 66) 16. una salus victis nullam sperare salutem. (Verg. *Aen.* II, 354)

XIX. 関係・疑問・不定代名詞(形容詞), 与格の用法

§ 85. 関係代名詞 qui の変化を学べ．（別冊 § 172)
関係代名詞の用法は，英語などの近代語の場合とほぼ同様．[2]
ōrātor, ā **quō** laudātus es, frāter meus est. 〈その人によって君がほめられた弁論家は私の兄弟である．〉
pulchrī sunt *flōrēs*, **quōs** vidētis. 〈君たちが見ている花々はうつくしい．〉

§ 86. 疑問代名詞は，関係代名詞と類似した変化を持つ．巻末 § 173 (黒字体のみが関・代と異る）によってこれを学べ．
quis veniet? — veniet mīles, **quī** ā Pompeiō semper laudātur. 〈誰が来るだろうか？〉—〈ポンペィウスによっていつもほめられている兵士が来るだろう．〉

[注意] この疑問代名詞や次項に述べる疑問形容詞に **-nam** 〈一体〉, **ec-** 〈そも〉がついて，強意の疑問詞になる．quisnam 〈一体誰が〉, ecquid 〈そも何が〉. ec- のついた形は，否定の答を期待する．

§ 87. 関係形容詞 **qui**, 疑問形容詞 **qui?** は関係代名詞 **quī** (§ 85) と全く同形である．

---

1. p. 66 注 2 *cf.* rēs secundae [adversae] 〈順〔逆〕境〉
2. ただし，先行詞は省略されることがある．(*is*) quī cupiet, metuet quoque. 〈欲求する者はまた恐れもする．〉また，日本語と同じように，先行詞がじつは後行詞とでも言うべき位置，つまり関係代名詞より後にあらわれることもある．

quī *amīcus* litterās scrīpsit, (*is*) veniet. 〈手紙を書いたその友人が来るであろう.〉. (関・形)

   in **quā** *urbe* vīvimus? **quam** *rem pūblicam* habēmus? 〈何たる都にわれらは暮しているのだ. 何たる国家をわれらは持っているのだ.〉 (疑・形)

§88. 不定代名詞（形容詞）quis（quī）〈誰か，何か〉

　§86. に述べた疑問代名詞の変化表（§173）のうち，女性複数主格以外の quae を qua に置きかえると，不定代名詞になる. 同じことを §85 の関係代名詞の変化表（§172）について行えば不定形容詞が得られる. すなわち，

(単)　　　　　　　　　　男　　　　　　女　　　　　　中
主 ｛[不定代] quis（まれに quī），quis（まれに qua(e),）quid
　　[不定形] quī（まれに quis），qua（まれに quae），quod
(複)

	男	女	中
主 [不定代・形]	quī	quae	qua
対 [　〃　]	quōs	quās	qua

となり，**qua** が特徴的. この不定代名詞（形容詞）は **sī**〈もし〉，**nisi**〈もし……でないなら〉，**nē**〈……しないように〉，**num**〈か，かどうか〉などの後に用いる. **sī cui quid** fēcistī, negā. 〈もし君が誰かに何かをしたとしても，否定せよ（しないと言え）.〉また **nesciō** の後に用いて，**nesciō quis**〈誰か知らない（ある人）が〉，**nesciō quō pactō**〈どんな仕方でか知らないが（ある仕方で）〉のように言う.

§89.
以上述べた quī や quis の系統に属する種々の代名詞を下に記す.（　）内は形容詞の形である. これらの語は，quī, quis の部分のみが §§173, 174 に準じて変化する.

(1) 〈あ（或）る（人，物）〉の表現（不定代・不定形）

(A) {**aliquis** *m.f.*, **aliquid** *n.*[1]
　　(**aliqui** *m.*, **aliqua**[2] *f.*, **aliquod**)

存在しているけれども，特定のものを考えない場合．

mitte **aliquem** *servum* ad Lūcium. 〈誰か奴隷をルーキウスの所へ送れ．〉

(B) **quidam** *m.*, **quaedam** *f.*, **quiddam** (**quoddam**) *n.*[3]

特定のものを考えてはいるが言わない(または言えない)場合．

puella **quaedam** mihi haec narrāvit. 〈ある少女が私にこうしたことを語った．〉

(C) **quisquam** *m.f.*, **quicquam** (=**quidquam**) *n.* (不定代のみ) 必ずしも存在の如何を問題にしない．[4] 主として否定文や条件文に用いられる．

nec **quisquam**[5] patientiā nōs superāvit. 〈そして如何なる人も忍耐において，私たちをこえる者はなかった．〉

sī **quisquam**, ille sapiens fuit. 〈もし誰人かありとすれば，彼こそは賢者であった．〉 (Cic. *Lael.* II, 9)

(D) **quispiam** *m.*, **quaepiam** *f.*, **quidpiam** (**quodpiam**) *n.* ごく漠然とした〈あ(或)る〉．

dīcet **quispiam**. 〈誰か言う人もあろう．〉(大してその〈或る

---

1. この aliquis *etc.* は，辞書に dō (alicuī aliquid)〈与える(ある人にある物を)〉のように，格を示すのに用いられる (*cf.* 独 *jm. jn.* のように)．なお，ali- のついた語には他に，aliquantum (＋配分属格 §141 (1))〈若干〉，aliquot (*adj.* 不変)〈若干の〉，alicubi〈何処かに〉，aliquandō〈いつか〉(§83, (3))，aliquamdiū〈しばらくの間〉など．

2. この形を不定代名詞 (*f.*) に用いることがある．

3. -dam の直前の m は n にかわる: quendam, quandam, quōrundam, quārundam.

4. この点は §88 quis も同様である．

5. 英 'nobody' は **nēmō**, 'nothing' は **nihil** である (§93) が，**et nēmō** ('and nobody'), **et nihil** ('and nothing') は絶対に用いられず，代りに **neque** (**nec**) **quisquam** ('nor anybody'), **neque** (**nec**) **quicquam** ('nor anything') が用いられた (nec は子音の前のみ)．また，禁止の文も，nōlī quemquam mittere.〈誰をも送るな〉(Don't send anyone.) が正しい (Send no one. でなく)．

人〉に重きを置いていない)
(2) 英語 -ever の表現 (関係代・関係形)
   (A) **quisquis** *m.f.*, **quidquid** *n.* (主に関係代) (英 whoever, whatever)[1]
   (B) **quicumque** *m.*, **quaecumque** *f.*, **quodcumque** *n.* (主に関係代) (英 whoever, whatever)[1]
(3) 英語 any one you like の表現 (不定代・不定形)
   (A) **quivīs** *m.*, **quaevīs** *f.*, **quidvīs** (**quodvīs**) *n.*
   (B) **quilibet** *m.*, **quaelibet** *f.*, **quidlibet** (**quodlibet**) *n.*
(4) **quisque** *m.*, **quaeque** *f.*, **quidque** (**quodque**) *n.* (不定代・形) 英 **each** に相当する.[2] 主として後置される(形容詞の場合).

   mēns cūiusque, is est quisque. 〈各人の心は各人その人である.〉(Cic. *Rep.* VI, xxiv, 26)

§90. 与格の用法

(1) **所有や関与者を示す与格.**

   英文法の間接目的格に当る rosās **puellīs** dō. 〈私は少女たちにバラを与える.〉(§14, (4)) の puellīs や, **virginibus puerīs**que cantō. 〈乙女らと男子らのためにわれは歌う.〉の virginibus, puerīs (〈……のために〉利害の与格)は特に説明を要しないと思うが, 与格は他に, **rēgīnae** sunt trēs filiī. 〈女王には三人息子がいる.〉, **huic hominī** Lūcius nōmen est. 〈この人にはルーキウスという名前がある(この人はルーキウスという名前である).〉 のように所有を示したり, animus **mihi**

---

1. quisquis と quicumque の区別は非常に delicate である. また, 一般にラテン語では本来名詞と形容詞の区別がなく (*cf.* amīcus), quis (関代) と quī (関形) の区別すら疑っている学者がある.

2. 'every' は omnis, -e (*adj.* 第三変化). なお, この変化である quōque (*m. n. abl. sg.*) と quŏque (*adv.* 〈もまた〉) の相違に注意せよ. quisque+形容詞最上級については p. 113 注 7.

dolet.〈私の心が痛む.〉(〈私にとって心が痛む〉から.), manum **ei** comprehendī.〈私は彼(女)の手を取った.〉のように**関与者**(特に体の部分の表現)を示すことができた.

(2) **目的を示す与格**〈……(のため)に〉

diēs **colloquiō** dicta est.〈会談のために日が決められた.〉, hūc **praesidiō** (**auxiliō, subsidiō**) vēnērunt.〈ここへ彼等は守備(救援)に来た.〉 これと同じ系統で, 慣用的に **sum** と共に用いる表現がある. senectūs mihi **impedimentō** est.〈老年は私にとって妨げになる.〉, illud mihi **magnō ūsuī**[1] **erat.**〈それは私に大いに役に立った.〉

(3) その他, ある種の動詞・形容詞は与格を支配する.[2]

plēbēs cuncta *comitiīs adfuit*.〈全民衆が民会に出席した.〉(Cic. *Planc*. VIII, 21) (plēbēs *f.* は plebs の古形)

canis *similis* **lupō** est.〈犬は狼に似ている.〉(*id. N.D.* I, xxxv, 97)

§91. 練習問題

1. quid est hoc quod a te audio? 2. modo in via obvius fui cuidam homini, qui aere alieno opprimebatur. 3. quid legebas, frater? -libros Suetoni Tranquilli legebam, quibus

---

1. こうした慣用句に出る与格はつねに単数で, magnus, tantus など量を示す形容詞以外には修飾語を取らない. 他に, dētrīmentō sum〈損になる〉, cordī sum〈親しい〉, cūrae sum〈心がかりである〉, odiō sum〈いとわしい〉(ōdī〈憎む〉p. 38 注 3. の所相に代用する) など.

2. 他に与格を取る動詞は §59 注 1 に挙げたもののほか, appropinquō〈近づく〉, īrascor〈に対して怒る〉, nūbō〈嫁ぐ〉(女の場合が普通) (*cf.* uxōrem dūcō+aliquam〈めとる〉), placeō〈喜ばす〉, serviō〈仕える〉, studeō〈に努力する〉(p. 49 注 2) など, また, in-, sub-, ob-, prae- のついた合成動詞や, sum の系統の合成動詞も与格支配. tibi occurrō〈君に偶々会う〉(occurrō〈ob+currō), pecūnia dēest mihi.〈私には金がない.〉(p. 15 注 1)., ars mihi prōdest.〈技術は私に役立つ.〉など. 更に (tibi) auferō〈(君から)持去る〉のような分離を示す与格を取る動詞もあって, この類には, adimō〈奪う〉, ēripiō〈奪い去る〉など. 次に形容詞には idōneus〈適切な〉, ūtilis〈有用な〉, amīcus〈友好的な〉など.

admoneor de eis, quae pater nocte proxima dixit.   4. num quis[1] in foro adest?   5. quibuscum[2] istum agrum arabatis?   6. quidquid minatus erit, efficiet.   7. quod quisque habet, id alii cupiunt.   8. omnia discunt quae civibus Romanis nota esse debent.   9. in eis erat senex quidam, qui lingua latina utebatur.[3]   10. quam terram, soror, iam aspicimus?   11. bovem,[4] quae forte mortua est, in mare iecimus.   12. septem dies aliquos[5] hoc in oppido mansimus.   13. Nero ne ludere quidem[6] sine alicuius damno aut periculo voluit.   14. ecquid locuta est ancilla tua?   15. qua de re miles vobiscum locutus est?   16. hic est mons ille[7] Vesuvius, qui semel atque iterum agros et urbes finitimas magna clade obruit.   17. qua via ab urbe discedimus?   18. quidnam fecisti stultus, fili?   19. diu spectavi, neque quidquam vidi.   20. ille dolet vere qui sine teste dolet. (Mart. I, xxxiii, 4)   21. nox grata puellis, / quarum suppositus colla lacertus habet. (Ov. *Her.* XIII, 105-6)   22. quod fors feret feremus aequo animo. (Ter. *Phorm.* 138)   23. quid est somnus, gelidae nisi mortis imago? (Ov. *Am.* II, 9)   24. bene qui latuit, bene vixit.[8] (*id. Tr.* III, iv, 25)   25. quidquid dicunt laudo. (Ter. *Eun.* 251)   26. quem di diligunt adulescens moritur. (Plaut. *Bac.* 816-7)

---

1. この quis は不定代名詞 (§ 88). 'any' は疑問文では **num quis** であらわされる. この num は必ずしも否定の答を期待しない.

2. p. 44 注 5   3. p. 51 注 2

4. bōs *f.* 〈牛〉の変化. *sg.* bōs, bovis, bovī, bovem, bove; *pl.* bovēs (*nom. acc.*) boum (*gen.*) būbus または bōbus (*dat. abl.*)

5. 数詞と共に用いた **aliquī** の変化は 〈約〉の意.

6. p. 21   注 5

7. こういう **ille** は 〈かの有名な〉 の意.

8. p. 41   注 3

XX. 代名詞型形容詞・その他

§ 92. 次の十種の形容詞は，ほぼ第一・二変化形容詞 (§ 20) に準ずる変化をするが，単数属格 **-ius**, 同与格 **-i** においてのみ，さきに学んだ代名詞 (ille, ipse など §§ 64, 66) 型の語尾を取る．

(1) **alius, -a, -ud**　　英 'another'[1,2]
(2) **alter, -era, -erum**　英 'the other (of two), second'[2]
(3) **uter, -tra, -trum**　英 'which (of two)'
(4) **uterque, -traque, -trumque**　英 'each (of two)'
(5) **neuter, -tra, -trum**　英 'neither (of two)' (*cf.* 英 'neutral')
(6) **ūnus, -a, -um**　　英 'one, alone'[3]
(7) **ullus, -a, -um**　　英 'any'
(8) **nullus, -a, -um**　　英 'no, no one'[4]
(9) **sōlus, -a, -um**　　英 'alone'
(10) **tōtus, -a, -um**　　英 'whole, all'

ūnus の変化を別冊 § 175 によって学べ．

§ 93. **nēmō** 英 'nobody' と **nihil** 英 'nothing'

| 主 | **nēmō** | **nihil** |

---

1. ここでは訳語は英語で示した．その方がはっきりすると思われたからである．
2. alius の単属 alīus は alter の属格形 **alterīus** を以て代用することが多い．一般に, alius, alter は，しばしば混同して用いられているが, liber alter が〈第二巻〉(三巻以上あっても)をあらわしたり, alterī (*pl. nom. m.*) が英 'the others' をあらわしたりする例に見るように, alter には一集団中の〈他方〉を示す傾向があり, alius には別の集団内の〈他者〉を示す傾向があった．
3. ūnus の用法については p. 98 注 1
4. p. 69 注 5 と同様, et nullus 'and no' は用いられず，必ず **neque (nec) ullus** 'nor any' となる．序に et numquam 'and never', et nusquam 'and nowhere' も，それぞれ **neque (nec) umquam** 'nor ever', **neque (nec) usquam** 'nor anywhere' となる．

属	nullīus	—
与	nēminī	—
対	nēminem	nihil
奪	nullō, -ā	—

nēmō は属格と奪格を nullus の変化から借りている. nihil は主格・対格にのみ用いる.（もっとも，これとは別に nihilum という中性名詞があって，これには nihilī, nihilō などという変化形がある.）

§94. 練習問題

1. nullum anguis vestigium ibi inveni. 2. alter[1] consul mortuus est, alter[1] vulneratus. 3. facies urbis totius mutata est. 4. nihil non[2] feci. 5. aliae[3] bestiae aquarum sunt incolae, aliae[3] terrarum. 6. in ipsa curia non nemo[4] hostis est. 7. alii ex aliis urbibus venerant. 8. nihil nisi Latine scit. 9. unus erat homo senectute iam confectus, alter autem admodum iuvenis. 10. pulsabant alii frustra dominamque vocabant: / mecum habuit positum lenta puella caput. (Prop. II, xiv, 21-2) 11. ludunt formosae; casta est quam nemo rogavit. (Ov. *Am*. I, viii, 43) 12. omnibus una quies operum, labor omnibus unus. (Verg. *G*. IV, 184) 13. uterque utrique erat exercitus in conspectu. 14. tam omnibus parcere crudelitas est quam nulli. 15. non continuo sibi vivit, qui nemini. (Sen. *Ep*. LV) 16. qui nunc iacet horrida pulvis, / unius hic quondam servus amoris erat. (Prop. II. xiii)

---

1. **alter...alter** は，英 'one...the other'
2. **nihil nōn** は強い肯定,〈何ものも…ない（なかった）ものはない.〉. 逆に **nōn nihil** は部分肯定になる.
3. **aliī (-ae, -a) ...aliī (-ae, -a)** は英 'some...others'
4. 上の注 2 を参照して考えよ.

XXI. 非人称構文

§ 95. ラテン語には一群の**非人称動詞**[1] およびこれに類する構造があって，英語の It is+*adj.*+to-*inf.* や，助動詞を用いるような表現を，この構造であらわした．

(1) **acc.+inf.** とともに用いるもの……**oportet**〈べきである〉，**decet**〈ふさわしい〉，**dēdecet**〈ふさわしくない〉，**iuvat**〈が楽しい〉，**necesse est**〈必然である〉，**fās est**〈正しい〉，**nefās est**〈許されぬことである〉，**opus est**〈必要である〉[2] など．

> oportet *tē* cum hostium duce *colloquī*.〈君は敵の将軍と会談すべきである．〉
>
> nōn *tē* mihi *īrascī* decet.〈君が私に腹を立てるのはおかしい．〉

(2) 感情に関する動詞 **piget**〈悩ます〉，**pudet**〈恥じさす〉，**paenitet**〈後悔さす〉，**taedet**〈倦きさす〉，**miseret**〈憐れを起さす〉[3] などは，これらの感情を起さしめられた人を対格に，その原因となる事物を属格において表現する．

> *tuī mē* miseret, *meī* piget.〈私は君のことが可哀そうだし，自分のことがいやになる．〉

---

1. 天候・気象に関する非人称動詞については p. 11. 注 1. これは英語などと同じであるから説明は要しないであろう．

2. opus est は，しかし，*acc.*+*inf.* を取ることはむしろ稀であって，普通は必要とされるものの名詞を奪格（時に，主格や属格）において，人を与格におき，*nōbis libertāte* opus est.〈われわれには自由が必要だ．〉のように表現した．従って動詞の場合もこれを完了分詞中性単数奪格において，*properātō* opus est.〈急ぐ必要がある．〉のように言う．

3. 序に，misereor (II *dep.*)〈憐れむ〉も属格を取る．amīcōrum miserēminī.〈友人たちを憐れめ．〉

vōs tālium cīvium **taedet**. 〈諸君はこんな市民たちにうんざりしている.〉

(3) **libet (lubet)** 〈好ましい〉, **licet** 〈許される〉, **placet** 〈喜ばしい, 決心する〉, **vidētur** 〈よいと思われる, 決める〉, **mōs est** 〈習慣である〉 などは人を与格に置いて **inf.** とともに用いる.[1]

mihi īre **libet**. 〈私には行くことが好ましい.〉

aliīs sī **licet**, *tibi* nōn **licet** *loquī*. 〈ほかの人たちにはよいにしても, 君は喋ってはいけない.〉

mihi **vidētur (vīsum est)** *prōgredīrī*. 〈前進することが私には適当と思われる(思われた).〉

(4) **interest, rēfert** 〈重要である〉……これに関わる人は属格で示し, 重要なものは, (A) 中性代名詞 (nom.) (B) **inf.** (C) **acc.+inf.** などで示す.

hōc nihil[2] **interest** *omnium*. 〈このことはみんなにとってすこしも大切なことではない.〉

mē īre magnī[3] **interest** *Cicerōnis*, vel potius *tuā*.[4] 〈私が行くことはキケローに, いやむしろ君にとって大いに重要だ.〉

§96. 練習問題

1. non mihi placet hic manere. 2. illius infelicis me vehementer miseret. -me quoque eius miseret. 3. nonne te pudet tam stulte loqui? 4. nostra magni intererat viris divitibus nubere. 5. aliquando istum scelestum impudentiae suae paenitebit. 6. cum canebat imperator Nero,

---

1. 更に (1) に挙げた iuvat, necesse est もこの構造を取る.
2. 副詞的用法 §54, (2), (A)
3. 〈大いに〉. この属格の用法については §141 (2)
4. 属格に立つ人が人称・再帰代名詞の場合にかぎり, meī, tuī, suī, nostrī, vestrī を用いず, それぞれ meā, tuā, suā, nostrā, vestrā となる.

ne necessaria quidem causa cuiquam theatro excedere licuit. 7. nonne scis puellam dormire aegram, et omnia hic tranquilla esse oportere? 8. Romanis non est mos veneno bella gerere. 9. antiquitus per leges non licuit intra moenia homines sepeliri. 10. haud procul hinc abesse oportet oppidum hostium. 11. sic me vivere, sic iuvat perire. (Mart. XII, xviii, 26) 12. mea mater, tui me miseret, mei piget. (Cic. *Div*. I, 31)

XXII. 現在分詞・分詞の用法

§97. 現在分詞

(1) 四つの規則動詞の現在分詞はそれぞれ

I **am-ans,** *gen.* **-antis**
II **mon-ens,** *gen.* **-entis**
III **reg-ens,** *gen.* **-entis**
 (**cap-iens,** *gen.* **-ientis**)
IV **aud-iens,** *gen.* **-ientis**

となる.

(2) 不規則動詞では,

 dō → **dans, dantis**
 ferō → **ferens, ferentis**
 volō → **volens, volentis**[1]
 eō → **iens, euntis**
 possum → **potens, potentis**[2]

となり, eō の場合が著しく不規則で注意を要する. つぎに,

---

1. **nōlō** は **nōlens** となるが **mālō** には現在分詞がない.
2. **sum** は, 少くとも古典ラテン語では現在分詞を欠き, その合成語も possum 以外に現在分詞を持つのは, absum (absens), praesum (praesens) のみである.

Dēpōnentia は (1) と同様に, I **hort-ans,** II **ver-ens,** III **loqu-ens, mor-iens,** IV **ment-iens** となる.

(3) これらの 現在分詞の変化は, 形容詞の 第三変化 prūdens (§ 53) に準じて行なわれるが, **単数奪格のみは**(既に完全に形容詞として感じられるようになった場合以外には) **-e** が正則である.[1]

(4) ラテン語には所相の 現在分詞がなく, **現在分詞はすべて能相の形容詞**の意味を持つ.

    aeger et **flagrans** *animus* 〈痛みてはげしき心〉(flagrō I *v.* 燃え立つ) (Tac. *A.* III, 54)

    hortantī mīlitēs *ducī* 〈兵士らをはげます将軍に〉

    consuētūdō **valentis** 〈健康な人の習慣〉(*partic.* → *adj.* → *subs.*)

§ 98. 既に § 69 (2) で, 完了分詞が英語などと同様, 動詞的な機能をもあわせ持った形容詞として 用いられることを 述べたが, そのほか, 英語の分詞構文にあたる場合や, 従属節を用いるところを, ラテン語では現在分詞や完了分詞を用いて表現することが多かった.[2]

    mihi **quaerentī** respondit. 〈私が訊ねるのに対して彼は答えた.〉

    litterae ā duce **scrīptae** Rōmam missae sunt. 〈手紙は将軍によって書かれると, ローマへ送られた.〉

    aut **sedens** aut **ambulans** disputābam. 〈坐ったり歩きまわったりしながら私は論じたものだ.〉

§ 99. 練習問題

1. inter eos exortus est dux Lucius appellatus.　2. captivi, ab hostibus liberati, domum regressi sunt.　3. facta talia audiens horresco, pater.　4. equites Gallos

---

1. ab *amante* puerum fīliā / ab *amantī* fīliā
2. *cf.* 'Latin is terse and accurate; it is content with one word where we use three.' (F. K. Smith)

superatos ad castra prosecuti sunt.　5. equites, Gallos secuti, castra eorum ceperunt.　6. servus noster, a spe omni destitutus, caput quassans tristis discessit.　7. viatores ibi fluctus magnos admirantes diu stabant.　8. vox canentis ad nautarum auris allata est.　9. Androcles, qui forte e spelunca exierat, a militibus comprehensus ad dominum Romam missus est.　10. modo in via aliquem ficos vendentem audivi.　11. in saxo inventa est charta, litteris cruentis inscripta, quam servus cursu ad dominum rettulit.　12. mater et filia in lacrimas effusae, mutuo complexu tenebantur.　13. nam neque divitibus contingunt gaudia solis, / nec vixit male, qui natus moriensque fefellit.[1] (Hor, *E.* I, xvii, 9-10)　14. timeo Danaos et[2] dona ferentes. (Verg. *A.* II. 49)

XXIII. 不定法完了・未来，間接話法 (2)

§100. 不定法完了(所相)は，完了分詞対格形[3]+esse で作られる．

(1) 規則動詞

I	amāt-um, -am, -um esse	〈愛されたこと〉
II	monit-um, -am, -um esse	〈忠告されたこと〉
III	rect-um, -am, -um esse	〈支配されたこと〉
IV	audīt-um, -am, -um esse	〈聞かされたこと〉

---

1. < fallō
2. et ferentēs〈よし ferre していても〉．et は〈もまた〉の系統の et である．(p.17 注 5)．dona は有名な「トロイアの木馬」のこと．
3. これは性数によって変化する (§ 105, (2))．

(2) **Dēpōnentia** の不定法完了も，(1) と同じ要領で作られるが，意味は能相である（**hortāt-um, -am, -um esse**〈励ましたこと〉）．また，**fīō** の不定法完了は **fact-um, -am, -um esse** で〈なったこと〉を意味する．[1]

§ 101. 未来分詞

I　amātūr-us, -a, -um
II　monitūr-us, -a, -um
III　rectūr-us, -a, -um
IV　audītū-rus, -a, -um
sum　futūr-us, -a, -um
eō　itūr-us, -a, -um

未来分詞の形は，完了分詞の中性単数対格から，-um を取り去って，代りに -ūrus をつけると，その男性単数主格形が求められる．この未来分詞は形容詞の一種であるから，bonus (§ 20) のように変化する．

Dēpōnentia の未来分詞も，普通の動詞に準じて作られ，それぞれ **hortātūrus (-a, -um), veritūrus, locūtūrus, mentitūrus** となる．[2]

未来分詞はすべて能相の形容詞であって，〈…(す)るであろうところの〉を意味する．

> futūrus〈あるであろうところの〉→ futūrum, -ī n.〈あるであろうところのもの，未来〉(*cf.* 英・仏 'futur(e)')
> ventūrus〈来るであろうところの〉
> puerōs hortātūra vidētur.〈彼女は少年たちを励まそうとしているようだ．〉

---

1. factum esse はまた faciō の不定法完了所相でもあるわけであって，〈作られたこと，…されたこと〉とも訳せる．
2. -ior (*Dep*. III) の morior〈死ぬ〉の完了分詞は mortuus（注意：これから出た *adj*. の mortuus＝英 'dead' もある．）であるが，未来分詞は moritūrus となる．

§ 102. **不定法未来(能相)は,未来分詞対格形+esse で作られる.**
- I amātūr-um, -am, -um esse 〈愛するであろうこと〉
- II monitūr-um, -am, -um esse 〈忠告するであろうこと〉
- III rectūr-um, -am, -um esse 〈支配するであろうこと〉
- IV auditūr-um, -am, -um esse 〈聞くであろうこと〉
- sum futūr-um, -am, -um esse (fore[1]) 〈あるであろうこと〉
- eō itūr-um, -am, -um esse 〈行くであろうこと〉

§ 103. **不定法未来(所相)は, supinum I[2]+irī[3] で作られる.**
- I amātum irī 〈愛されるであろうこと〉
- II monitum irī 〈忠告されるであろうこと〉
- III rectum irī 〈支配されるであろうこと〉
- IV auditum irī 〈聞かれるであろうこと〉

§ 104. けれども, Dēpōnentia の不定法未来(意味は勿論能相)は, 未来分詞対格形+esse で作られる. (p. 51 注1)
- I hortātūr-um, -am, -um esse 〈励ますであろうこと〉
- II veritūr-um, -am, -um esse 〈恐れるであろうこと〉
- III locūtūr-um, -am, -um esse 〈話すであろうこと〉
- VI mentitūr-um, -am, -um esse 〈嘘をつくであろうこと〉

§ 105. **不定法完了・未来の用法**

(1) さきにわれわれは,

tibi dīcit Iūlium Cornēliam amāre. 〈彼はユーリウスがコルネーリアを愛していると君に言う.〉

なる文において, 不定法現在 amāre が**主動詞** dīcit と**同時**であることを示す, ということを学んだ (§ 77).

---
1. 省略形.　　2. § 81. これは変化しない.
3. irī は eō の不規則な不定法所相である.

(2) けれども，もし不定法に示された行為または状態が，**主動詞の示す行為に 先行する** ならば，その時は **不定法完了**（§§ 47, 100）を用いなければならない．

  tibi *dīcit* Iūlium tē **amāvisse**. 〈彼はユーリウスが君を愛していたと君に言う．〉

  dīxit sē Iūlium **laudāvisse**. 〈彼は自分がユーリウスをほめたのだと言った．〉

  dīcet poētās ā rēge venēnō **necātōs** (**esse**). 〈彼は詩人たちが王によって毒殺されたのだと言うであろう．〉（**esse は しばしば省略される**．なお，necātōs の *m. pl. acc.* が poētās に一致していることに注意．）

  mihi *dīcit* sē eōs **hortātam esse**. 〈彼女は自分が彼等を励ましたのだと私に言う．〉（hortātam が *f*., 従って sē, dīcit の主語は女性であることが判る．）

こうした主動詞と不定法完了の関係は上のような**間接話法**ばかりでなく，

  mē **pudet** tālī imperātōrī populum Rōmānum umquam **paruisse**. 〈ローマ国民がこんな皇帝に一度でも従ったなんて私には恥しい．〉

のような文においても同様である．[1]

(3) (2) と反対に，不定法に示された行為または状態が，**主動詞の示す行為より更に将来に属するもの**であるときは，**不定法未来**（§§ 102〜4）が用いられる．

  dīcit sē mensam rosīs **ornātūram** (**esse**). 〈彼女は自分が机をバラで飾るつもりだと言っている．〉

  amīcīs *dīxit* Caesarem mīlitēs **hortātūrum** (**esse**). 〈彼

---

1. § 95, (2) 参照．

は友人たちに、カェサルが兵士たちを励ますであろうと言った。〉

spērō〈望む〉, **prōmittō**〈約束する〉のような動詞[1]は、しばしば**不定法未来**を要求する。(しかし, cf. spērō eōs salvōs Rōmam perventre. のような用法もある.)

prōmittit mihi sē **ventūrum esse**. 〈彼は(自分が)来る(であろう)と私に約束する.〉

sē semper domī **futūram** *prōmīsit*. 〈彼女は(自分が)いつも在宅していようと約束した.〉

spērō mē tē **vīsūrum** (esse). 〈私は君に会えるであろうことを望んでいる.〉

§ 106. 練習問題

1. hostes Romanis bellum illaturi erant.[2] 2. ' videor mihi recordari,' inquit, ' quondam periculosum[3] fuisse in mari Aegaeo navigare propter piratas.' 3. ' suspicor igitur eum me ludificasse,[4] ' inquit mercator ridens. 4. spero de eo supplicium te non sumpturum. 5. tu recte dicis Romanos paene omnes calvitiem odisse.[5] 6. patria Horati erat oppidum Venusia, quo[6] spero nos cras perventuros. 7. Apollo Atheniensibus dixerat eos muris ligneis conservatum iri. 8. ego eum, etsi Poenus erat, hostem generosum fuisse semper putavi. 9. de his rebus tu dic,[7] frater, nam exi-

---

1. 他に, (tibi) polliceor〈約束する〉, (tibi) minor〈脅す〉, iūrō〈誓う〉など. なお, 不定法未来の代りに, **fore ut**＋接続法現在(過去)の形もあった. spērō fore ut veniant.＝spērō eōs ventūrōs esse. こうした不定法未来の使用は時間的な前後関係でなく、やはり *aspect* (§113) から解すべきである. でないと tē īre iubeō. や, pollicentur obsidēs dare. のような文の不・現の説明がつかなくなる.

2. このように未来分詞＋**sum** の各時称でいろいろなニュアンスを示すことができる. amātūrus fuī, erō, fueram *etc*. こうした活用を *coniugātiō periphrastica* という.   3. p. 21 注 11.

4. ＝lūdificāvisse 第一活用の不定法完了能相 -āvisse はしばしば -asse となる.   5. p. 38 注 3   6. § 67.   7. dīcō〈言う〉の命・現・二・単.

stimo te apud Cornelium Nepotem haec nuper legisse.
10. audivistine eum semel atque iterum matrem interficere conatum esse? 11. sperabat se ipsum a militibus imperatorem salutatum iri. 12. inter spem curamque, timores inter et iras / omnem crede diem tibi diluxisse supremum. (Hor. *E.* I, iv, 12-3)

XXIV. ABLATIVUS ABSOLUTUS

§ 107. 英文法で *nominative absolute* と呼ばれる用法[1]に当るのが，ラテン語の **ablātīvus absolūtus**[2] であって，たとえば，

  duce captō, omnēs mīlitēs fūgērunt. 〈将軍が捕えられると，兵士たちは皆逃走した．〉

における **duce captō**（英 'the general captured'）の句をいう．〈将軍が捕えられると〉の意味は，いわば〈捕えられたる将軍をもって〉という**奪格**の意味から来たわけであって，ラテン語ではこの種の表現が好んで用いられた．

  multīs interfectīs, reliquī sē in flūmen praecipitāvērunt. 〈大勢が殺され，残りの者は河に身を投げた．〉

  at **Clōdiō repugnante**, fīēbat consul. 〈ところで，彼は，クローディウスが不承知であったけれど，執政官になろうとしていた．〉 (fīēbat は § 27 に述べた始動を示す過去．)

Ablātīvus absolūtus の構成には，必ずしも分詞を必要としないのであって，

  mātre vīvā, Rōmae mansī. 〈母が生きていた間，私はロ

---

1. たとえば 'The game finished, we returned to school.'
2. 訳せば〈奪格別句〉〈分離奪格〉などとなろう．本書では *abl. abs.* を用いる．

ーマにとどまっていた.〉

mē duce prōgressī estis.　〈私を将軍として，君たちは進軍した.〉

や，更に **Cn. Pompēiō M. Liciniō Crassō consulibus** 〈グナェウス・ポンペイウス，マールクス・リキニウス・クラッススが執政官の時 (70 B.C.)〉のような *Ablātīvus absolūtus* によって，年代を示すことができた.[1]

[注意] もし文中の要素の何れかに分詞を伴わせることができるなら，*abl. abs.* の構造は取らない. mīlitēs *castra capta* dīripuērunt. 〈兵士たちは砦を占領して，これを掠奪した.〉を，*castrīs captīs*, mīlitēs *ea* dīripuērunt と言っては誤である.

§ 108. 練習問題

1. pecunia accepta, Sibylla libros tradidit.　2. quo[2] dicto, ad iuvenem accessit rex.　3. Theseus monstro occiso incolumis rediit.　4. aqua inde hausta, ad regem incolumes se receperunt.　5. mater, filio vocato, 'videsne,' inquit, 'frumentum iam esse maturum?'　6. prima nocte, Nero, galero capiti adaptato, per vias tabernasque vagabatur. 7. Romanis Cannensi pugna devictis, Hannibal urbes complures occupavit et postremo nullo resistente Romam profectus, in propinquis urbi montibus consedit.　8. cera solis ardore mollita, alae Icari, pueri infelicis, solutae sunt. 9. Polydamas, athleta nobilis, dicitur olim tempestate subita in speluncam cum comitibus aliquot refugere esse

---

1. consul 〈執政官〉は一年交代であったから，共和政時代のローマの年代を示すにはこの方法が取られた. このほか，ローマ建国を B.C. 753 においた A.U.C. (annō urbis conditae) 〈建国年〉による記載は 754—A.U.C.＝B.C., A.U.C.—753＝A.D. によって，西暦年を求めることができる.

2. ＝et eō. ラテン語では関係詞がしばしば次の文章にわたることがある.

coactus.　10.　latro, pecunia arrepta, in silvam cum muliere celeriter rediit.　11.　servi ira, aureo viso, paulatim residere coepit.　12.　vesperascente iam die viatores ad quandam villam hospitio accepti sunt.　13.　Q. Ogulnio, C.[1] Fabio Pictore consulibus Picentes bellum commovere, et ab insequentibus consulibus P.[2] Sempronio Ap.[3] Claudio victi sunt. (Eutr.)

XXV.　動詞の活用 (10) ―接続法―

§109.　規則動詞および不規則動詞 **sum, volō, eō** の接続法現在(能・所相)を学べ (別冊 §§ 177〜180, 183, 185 のそれぞれ (2), (A), §187 (1), (A))。

[注意]　1.　二人称単数の am-ēre, mon-eāre, reg-āre, audiāre の形は古形.(§59 [注意] 1)
2.　**ferō** の活用は §186.
3.　**capiō** の活用は audiō に準ずる.ただし,**faciō** の所相 **fīō** は fīam, fīās, fīat *etc.* となって,audiō の能相にひとしい活用をする.
4.　**possum** 等合成動詞も sum に準ずることは言うまでもない.
5.　sī vīs の省略形も sīs (sum の二人称単数と同形となる) (§72 [注意]) から注意を要する.
6.　**nōlō, mālō** の活用も volō に準ずる.
7.　**Dēpōnentia** の活用はすべて上記所相のそれに準ずる (他の時称も同じ).

§110.　接続法過去

		能相		所相
(1)	**amō**	1.　am-ārem		1.　am-ārer
	単	2.　am-ārēs	単	2.　am-ārēris, -re

1.　=Gāius.　ギリシア語の Γ (ガンマ) がはじめ C であらわされたので,ラテン語にはしばしばこうした例をみる.前頁 Cn. も同様
2.　=Pūblius.　　3.　=Appius.

	3. am-āret		3. am-ārētur
複	1. am-ārēmus 2. am-ārētis 3. am-ārent	複	1. am-ārēmur 2. am-ārēminī 3. am-ārentur

　この例をみて判るように，**接続法過去**はすべて不定法現在（能相）の形のあとに，

	能相			所相
単	1. **-m** 2. **-s*** 3. **-t**		単	1. **-r** 2. **-ris,*** **-re*** 3. **-tur***
複	1. **-mus*** 2. **-tis*** 3. **-nt**		複	1. **-mur*** 2. **-minī*** 3. **-ntur**

の語尾をつければよい（* 印では前の -e- が長くなる）．そしてこの原則は，他の動詞にもあてはまるのであって，

(2) **moneō**: 　能　monērem, monērēs, monēret *etc.*
　　　　　　　所　monērer, monērēris, monērētur *etc.*

(3) **regō**　　能　regerem, regerēs, regeret *etc.*
　　　　　　　所　regerer, regerēris, regerētur *etc.*

(4) **audiō**　　能　audīrem, audīrēs, audīret *etc.*
　　　　　　　所　audīrer, audīrēris, audīrētur *etc.*

(5) **sum**:　　　essem, essēs, esset *etc.*[1]

　　possum:　possem, possēs, posset *etc.*

(6) **eō**:　　　　īrem, īrēs, īret *etc.*

(7) **volō**:　　　vellem, vellēs, vellet *etc.*

(8) **ferrō**:　能　ferrem, ferrēs, ferret *etc.*
　　　　　　　所　ferrer, ferrēris, ferrētur *etc.*

---

1. このほかに，別形として forem, forēs, foret *etc.* がある．

となる。[1]

§111. 接続法完了系諸時称

(1) **接続法完了**(能相)は，完了幹 (§44) に，次の語尾がつく．

単 { 1. **-erim**   2. **-eris**   3. **-erit** }   複 { 1. **-erimus**   2. **-eritis**   3. **-erint** }

従って，amō の接・完了(能)は，

単 { 1. amāv-erim   2. amāv-eris   3. amāv-erit }   複 { 1. amāv-erimus   2. amāv-eritis   3. amāv-erint }

この形は，一人称単数を除いて，直説法未来完了 (§46, (2)) と同じである．

以上の原則は，他のすべての動詞にもあてはまる．

(2) **接続法過去完了**(能相)は，完了幹に，次の語尾がつく．

単 { 1. **-issem**   2. **-issēs**   3. **-isset** }   複 { 1. **-issēmus**   2. **-issētis**   3. **-issent** }

従って，amō の接・過去完了(能)は，

単 { 1. amāv-issem   2. amāv-issēs   3. amāv-isset }   複 { 1. amāv-issēmus   2. amāv-issētis   3. amāv-issent }

この原則は，他のすべての動詞にもあてはまる．

(3) **接続法完了・過去完了 (所相)**

さきにわれわれは，直説法完了・過去完了(所相)が，それぞれ，

---

1. ただ **fiō** のみは **fierem, fierēs, fieret** *etc.* のように，fiere- に前述の語尾がつく．（不現は fierī）

$\begin{cases}直・完　(所)…完了分詞＋sum\ の直・現\\ 直・過完(所)…完了分詞＋sum\ の直・過去\end{cases}$

によって作られることを学んだ (§70) が，この sum の活用を，それぞれ対応の接続法に置くことによって，接続法の完了および過去完了を求めることができるのである．すなわち，

$\begin{cases}接・完　(所)…完了分詞＋\textbf{sum}\ の接・現\\ 接・過完(所)…完了分詞＋\textbf{sum}\ の接・過\end{cases}$

となる．amō を例にとれば，

接続法完了（所相）

単 $\begin{cases}1.\ \text{amāt-\textbf{us, -a, -um sim}}\\ 2.\ \quad\quad\textit{〃}\quad\quad\textbf{sis}\\ 3.\ \quad\quad\textit{〃}\quad\quad\textbf{sit}\end{cases}$ 複 $\begin{cases}1.\ \text{amāt-\textbf{i, -ae, -a simus}}\\ 2.\ \quad\quad\textit{〃}\quad\quad\textbf{sitis}\\ 3.\ \quad\quad\textit{〃}\quad\quad\textbf{sint}\end{cases}$

接続法過去完了（所相）

単 $\begin{cases}1.\ \text{amāt-\textbf{us, -a, -um essem}}\\ 2.\ \quad\quad\textit{〃}\quad\quad\textbf{essēs}\\ 3.\ \quad\quad\textit{〃}\quad\quad\textbf{esset}\end{cases}$ 複 $\begin{cases}1.\ \text{amāt-\textbf{i, -ae, -a essēmus}}\\ 2.\ \quad\quad\textit{〃}\quad\quad\textbf{essētis}\\ 3.\ \quad\quad\textit{〃}\quad\quad\textbf{essent}\end{cases}$

となり，この原則は他のすべての動詞にもあてはまる．

§112.　練習問題…次の動詞の法・時称・人称・数・(性) を指摘せよ．

1. rapiaris	2. advenissem	3. transigatis
4. illata sint	5. paraverit	6. transite
7. subiacerem	8. desit	9. secuta esses
10. hortatus sim	11. afuero	12. mentirere
13. mori	14. fierem	15. noluissemus
16. fecissent	17. misererentur	18. agitis
19. acceperitis	20. periremus	

XXVI. 接続法の一般的な意味 (1), Cum の用法 その他

§ 113. (1) 直説法があ(或)る動作・状態をそのままに陳述するに対して，**接続法**はその動作・状態の現実性の存否を問題とせず，単に一つの**主観的内容**として陳述する．従ってそのあらわすところは，**願望・危惧・漠然たる未来・要請・仮想・附随状況**などである．

(2) 上に述べた〈主観的内容〉が関係する〈時〉に随って，ラテン語の接続法は次のような時称を用いる．

内容＼aspect	未完了的	完　了　的
現在(未来)のこと	接・現在	接・完　了
過　去のこと	接・過去	接・過去完了

ここに aspect と記したのは，あ(或)る動作・状態を，その完了したか否かを問題とせずに述べるか(**未完了的**)，それとも，その動作・状態の終了に意識を置いて述べるか(**完了的**)による相違である．[1] 上の表は，いまここで実例を挙げて説明はしないが，今後たびたび言及するから，その都度参照せられたい．

§ 114. 時の接続詞 **cum**[2] 〈…時〉(英 'when') ののちに，如何なる法・時称の動詞を用いるべきかは，相当に複雑であるので，

---

1. 原則的には言語表現の相違は，表現される事柄の相違よりも，寧ろその事柄に対する観点(話者の意識)の相違と見るべきで，aspect は本来印欧語の大切な範疇であって，tense も発生的には実は *aspect* ではないかと考えられ，ロシヤ語では今なお *aspect* (вид) が動詞の重要な要素である．「受験する」と「合格する」も сдавать と，その完了態 сдать (экзамен) の使いわけで表現しうる．

2. これはまた quom, quum とも書かれた．

ここではごく大体の傾向を述べることにする.

(1) **cum**＋現在・未来・完了・未来完了……直説法が多い.
 cum *cantat*, dormīs. 〈彼が歌うとき, 君は眠る.〉
 cum litterās *lēgerō*, respondēbō. 〈私が手紙を読み終えたら, 返事しよう.〉
 maximā sum laetitiā affectus **cum** haec *audīvī*. 〈こうしたことを聞いたとき, 私は非常に喜んだ.〉

(2) **cum**＋過去・過去完了[1]……接続法[2] が多い.
 cum *essem* ōtiōsus in Tusculānō, accēpī tuās litterās. (Cic. *Fam.* ix, 18, 1) 〈私がトゥスクルムの別荘に静養していたとき, 君の手紙を受取った.〉
 haec **cum** *dīxissēs*, profecta es. 〈貴女はこう言うてしまうと, 出発した.〉

---

1. いずれを用いるかは §113(2) の表による.
2. 一体, 何故接続法を用いるかというと, 過去の事柄を述べるときは, 主文自体にすでに回想性があり, その附随状況を示す cum の文句はますます主観性を帯びるからである. もし主文の文句の内容を, 話者があまりに現実的な映像としてはっきり脳裡に意識するならば, 話者の心理は cum 以下の内容を同様にはっきりした映像を描いて表現する余裕を失うであろうから. 上の Cicerō の文を例に取って説明すると, cum essem ōtiōsus..., は, たしかに事実には違いないけれども, それをただ事実として述べたのではなく, accēpī という事件が起るときの, 写真なら, 被写体の背景のようなピンボケした周囲の状況として, いわば一種の主観的観照を通して, 語られているのである. 従って, この附随状況を示す心持がないときには, **cum**＋直・過去(過去完了)が用いられた. exspectābam cum *legēbam*. 〈私が読書していたとき, 私は待っていたのだ.〉 **cum** omnēs Caesarem *metuēbāmus*, ipse eum dīligēbat.(Cic. *Att.* VIII, 1, 4) 〈われわれが皆カェサルを怖れていたときに, 彼自身は彼を愛重していた.〉 (Cicerō には cum＋直・過多し). 一体に **cum**＋直には, '*at the time when,*' **cum**＋接には '*at a time when*' の気分が漂っていると言ってよい. cum が '**whenever**' の意味に用いられるとき (quandō(-cumque) の用いられることもあった)にも直説法が用いられた. cum rosam *vīderat*, tum incipere vēr arbitrābātur. (Cic. *Verr.* V, 27) 〈バラを見た時はいつも, 春が始まるのだと思った.〉 併し逆に現在でも, 不定の時を示す場合は cum＋接現になった. difficile est tacēre **cum** *doleās*. (Cic. *Sull.* X, 31) 〈哀しんでいるときに黙っているのは難しい.〉 (doleās の主語 tū が一般者, 英 '*one*' であることに注意.) 以上長々と述べたが, cum の後が直説法か接続法かは決して機械的に記憶すべきではなく, それぞれそうなっているニュアンスを感じ取らねばならない.

§115. 同じく 'when' を示す接続詞には, **ubi, ut** があり,[1] また, 'as soon as' は, **ut primum, ut semel, simul (atque [ac]), vix……cum** などで示された. これらは主として**直説法完了**(または**歴史的現在**)を取った.

§116. 原因(理由)・譲歩を示す **cum** 〈…ので, …だから〉, 〈…のに〉 ののちには**接続法**を用いる.[2] 時称は §113, (2) の表による.

　　id difficile nōn est, **cum** tantum equitātū *valeāmus*. (Caes. *B. G.* III 86) 〈われわれは騎兵がそんなに強力だから, そのことは難しくない.〉

　　nihil mē adiūvit **cum** *posset*. (Cic. *Att.* ix, 13, 3) 〈出来たのに少しも私を援けてくれなかった.〉

§117. (1) 同じく 〈原因(理由)〉 を示す接続詞には, **quod, quia, quōniam, quandō** などがあった. このうち, **quod, quia** は話者がその原因の真実性を保証することを望まない場合は**接続法**を取り, 話者が真実性を請合った上で述べる原因の場合には**直説法**を取る(後者の場合にのみ **quōniam** も用いられた). mea māter īrāta est[3] **quia** nōn *redierim*. (Plaut. *Cist.* 101) 〈うちの母は, 私が戻って来なかったからと言うて怒っている.〉 をもし直説法を用いて **quia** nōn *rediī* と言えば, 自分が戻らなかったことが母の怒の原因であることを自分でも認めていることになる. なお, **quod** は関係代名詞(§85)の中性単数対格から発生したもので, '*as to the fact that*' → '*because*' の意であり, **quod** mihi *scrībis*, gaudeō. 〈私に便りをしてくれるのはうれしい.〉のように, しばしば感情を示す動詞[4] ととも

---

1. **quandō** (>仏. quand) を 'when' の意味に用いることは, 古典期の語法ではない(疑問詞としては用いる). 序ながら, 関係副詞としては cum, ubi, quandō などが用いられた.
2. 前頁注 2. で判るように, 本質的に〈時〉の cum と別のものではない.
3. p. 56 注 1　　4. p. 95 注 2.

に用いられ，次第に意味が弱まってフランス語やイスパニア語の que となり，単に名詞節を導くだけの場合にも使われるに至ったのである．

(2) 同じく〈譲歩〉を示すのには，quamvis,[1] licet,[2] ut＋接続法; quamquam＋直説法(内容によっては接続法); etsi, etiam si, tametsi,[3] その他単独の接続法 (§146(1)) による方法があった．

§118. 時の接続詞その他

(1) antequam 〈…(する)前に〉…antequam fīnem *faciō*, hōc tantum dīcam. 〈終りにする前に，これだけは言いましょう．〉(直説法現在が未来のことを示し得るのは，ラテン語では antequam のあとだけである．[4] *cf.* cum fīnem *fēcerō*, tū respondēbis. 〈私が終えてしまったら，君は答えなさい．〉)

(2) priusquam 〈…(する)前に〉…(1) の antequam は単に時間的な 'before' を示すのに対して，priusquam は，このほかに，目的等の観念が加わるときに用いることができる．castra prius[5] capere cōnātus est quam nox *advenīret*. 〈夜が来ないうちに，陣営を占領しようと力めた．〉(接続法) *cf.* priusquam nox *advēnit*, castra capta sunt. 〈夜が来る前に，陣営は占領された．〉(目的観念がなく，直説法)

(3) post(eā)quam[6] 〈…(して)のちに〉…postquam *vēnērunt*, cēnāvērunt. 〈やって来てのちに彼等は夕食を取った．〉(＋直・完). *duābus*[7] post *hōrīs*[8] quam *vēnerant*, cēnāvērunt. 〈やって来て二刻(フタトキ)のちに，彼等は夕食を取った．〉(二つの行為の間隙が明示されている時は，＋直・過去完了)

---

1. 〈いくら (quam) 君が…望んでも (vīs)〉→〈いくら…でも〉の意味から来た．
2. 〈よし…であれ〉(§95(3))
3. これらは sī の構文 (§157) による． 4. p. 28 注 4
5. priusquam や postquam は，しばしばこのように分離 (*tmesis*) をおこした．
6. 英 after は，*post* mortem. (*prep.*); *posteā* negāvī. (*adv.*); post(eā)quam (*conj.*) のように，品詞により，いろいろに訳し得る．
7. duo の *f. abl.* (§121(2))   8. これは差異を示す奪格. (§137)〈二刻だけ〉．

(4) **dum**...〈…(する)間に〉の意味のときは,つねに**直説法現在**.[1] dum *absum*, vēnit.〈私がいない間に,彼が来た.〉.〈…(する)間中ずっと〉の意味のとき[2] は直説法各時称: **dum** Rōmae *eram*, cottīdiē in forō spatiābar.〈ローマにいた間中ずっと,私は毎日フォルムを散歩したものだ.〉.〈…(する)間〉の意味が比喩的に〈(である)かぎり〉のときは接続法で,否定には nē が用いられた. licet tibi mēcum venīre, **dum** nē quid[3] *dīcās*.〈何かものを言わないかぎりは,私と一緒に君は来てよろしい.〉.

以上は〈間〉の系統の dum であったが,**dum** には更に〈…まで〉の意味があった.〈まで〉が単に**時間的な関係**のみであるときには直説法各時称: ācriter pugnātum est[4] **dum** nox *advēnit*.〈夜が来るまで,激しい戦が行なわれた.〉.〈まで〉に**意図の観念**が伴うならば,**接続法現在(過去)**. eum in vincula coniēcērunt **dum** pecūniam *solveret*.〈彼が金を払うまで彼等は彼を拘留した.〉.

§119. 練習問題

1. quid fecit rex cum haec audivisset? -ille, ut primum cognovit nostros[5] effugisse, exercitum in unum locum cogi[6] iussit. 2. Romani, quamquam itinere fessi erant, tamen[7] aciem instruxerunt. 3. ideo[8] te laudo quod iustus es. 4. cum moraremur, intravit servus rusticus, qui nuper e villa

---

1. この現象も *aspect* から理解でき,日本語でも〈読書してい・る・間・に・,来・た・.〉と言う.
2. この場合, dōnec, quoad を代用し得る.
3. §88.　4. p. 56 注 2.
5. nostrī *m. pl.* は,しばしば〈我々の仲間(味方)(家族)〉の意味に使われた.他の所有形容詞についても同様で suī〈自分の家族〉など.
6. p. 63 注 1.
7. quamquam だけですでに譲歩の意味は明らかであるのに,ラテン語では更に **tamen**〈それにもかかわらず〉と受けることが多い. こうした傾向はラテン語に一般的である.
8. 理由の quod はさらに **ideō, idcirco** によって強められる. (注 7 参照)

in urbem arcessitus erat.　5.　haec verba cum patriciis tum[1] etiam plebi placuerunt.　6.　mane, cum celeriter gustavissemus, raedis per loca pratis rivisque amoena vecti sumus.　7.　queritur dominus quod[2] villa sua nuper incensa sit.　8.　cum ne in virtute quidem spes ulla salutis esset, nostri[3] summam ad desperationem pervenerunt.　9.　vates somno consopitus nihil audivit, priusquam a vectoribus ceteris excitatus est.　10.　nuper cum Romae essemus, aedificia splendida et vias latas vix satis mirari potui.　11.　medicum prius adhiberi volo quam abeamus.　12.　dum hoc modo inter se loquuntur, dies abiit.　13.　Plinius et mater inde abire noluerunt priusquam de salute avunculi nuntius perveniret.　14.　non temerarium est, ubi dives blande appellat pauperem. (Plaut. *Aul.* 186)　15.　dum vitant stulti vitia, in contraria currunt. (Hor. *S.* I, ii, 24)　16.　rusticus exspectat dum defluat amnis. (*id. E.* I, ii, 42)　17.　animus, nec cum adest nec cum discedit, apparet. (Cic. *Cat. M.* XXII, 80)　18.　quamvis, dolor, sis molestus numquam te esse confitebor malum. (*id. Tusc.* II, xxv, 61)　19.　cum solitudo insidiarum et metus plena[4] sit, ratio ipsa monet amicitias comparare. (*Cic. Fin.* I, lxvi)　20.　nam tulerint magnos cum[5] saecula nostra poetas, / non fuit ingenio fama maligna meo. (Ov. *Tr.* IV, x, 125-6)　21.　multa, dum fiunt, turpia, facta placent. (*id. A.A.* III, 218)

---

1. **cum A tum B** は 〈A 同様 B も; A ... も B ... も〉. patriciis のあとにもう一つ placuērunt を補って考えればよい.

2. その他, こうした quod (英 'because' でなく 'that' の. §117(1)) を取る動詞には, §117 に挙げた gaudeō の他に, doleō 〈遺憾に思う〉, aegrē ferō 〈心を痛める〉, mīror 〈驚く.〉 などがあるが, これらは *acc.+inf.* の方がむしろ一般的である.

3. p. 94　注 5　　4. p. 28　注 6　　5. §116.

XXVII. 数　　詞

§ **120.** 数詞は基数詞 (1～100) を § 4 で，序数詞 (1～10) を § 21 で学んだが，ここで一応百万までをまとめることにする．

アラビア数字	ローマ数字	基数詞	序数詞
1	I	ūnus, -a, -um	prīmus, -a, -um[1]
2	II	duo, duae, duo	secundus
3	III	trēs, tria	tertius
4	IV, IIII	quattuor	quartus
5	V	quinque	quintus
6	VI	sex	sextus
7	VII	septem	septimus
8	VIII	octō	octāvus
9	IX, VIIII	novem	nōnus
10	X	decem	decimus
11	XI	ūndecim	ūndecimus
12	XII	duodecim	duodecimus
13	XIII	tredecim	tertius decimus
14	XIV	quattuordecim	quartus decimus
15	XV	quindecim	quintus decimus
16	XVI	sēdecim	sextus decimus
17	XVII	septendecim	septimus decimus
18	XVIII	duodēvīgintī (octōdecim)	duodēvīcēsimus

---

1. 以下すべて，-us, -a, -um

19	XIX	ūndēvīgintī (novendecim)	ūndēvīcēsimus
20	XX	vīgintī	vīcēsimus
21	XXI	ūnus et vīgintī vīgintī ūnus	ūnus et vīcēsimus vīcēsimus prīmus
30	XXX	trīgintā	trīcēsimus
40	XL	quadrāgintā	quadrāgēsimus
50	L	quīnquāgintā	quīnquāgēsimus
60	LX	sexāgintā	sexāgēsimus
70	LXX	septuāgintā	septuāgēsimus
80	LXXX	octōgintā	octōgēsimus
90	XC	nōnāgintā	nōnāgēsimus
100	C	centum	centēsimus
101	CI	centum (et) ūnus	centēsimus (et) prīmus
120	CXX	centum (et) vīgintī	centēsimus vīcēsimus
121	CXXI	centum (et) vīgintī ūnus	centēsimus vīcēsimus prīmus
200	CC	ducentī, -ae, -a	ducentēsimus
300	CCC	trecentī, -ae, -a	trecentēsimus
400	CCCC	quadringentī, -ae, -a	quadringentēsimus
500	D	quīngentī, -ae, -a	quīngentēsimus
600	DC	sescentī, -ae, -a	sescentēsimus
700	DCC	septingentī, -ae, -a	septingentēsimus
800	DCCC	octingentī, -ae, -a	octingentēsimus
900	DCCCC	nōngentī, -ae, -a	nōngentēsimus
1000	M	mīlle (mīle)	mīllēsimus
2000	MM	duo mīlia	bis mīllēsimus
10000	CC/ƆƆ	decem mīlia	deciēs mīllēsimus
100000	CCC/ƆƆƆ	centum mīlia	centiēs mīllēsimus
1000000	CCCC/ƆƆƆƆ	deciēs centum mīlia	deciēs centiēs mīllēsimus

§121. 基数詞の変化と用法

(1) **ūnus** の変化は，§175 で既に学んだ．

(2) **duo** 〈2〉, **trēs** 〈3〉 の変化を §176 によって学べ．

(3) 基数詞は，上記 **ūnus**,[1] **duo**,[2] **trēs** および ducentī 〈200〉, trecentī 〈300〉 など 〈**100**〉 **の倍数**[3] のみが変化し，**他は一切変化しない**．[4]

けれども，たとえば quadrāgintā trēs 〈43〉 のように，**変化する数詞を含む合成数の場合は**，その数詞の部分だけ——〈43〉では 〈3〉 trēs だけ——が変化を行なう．

(4) **数詞の配列**は，

{ ūnus et (または atque) vīgintī annī[5] 〈21 年〉
{ annī vīgintī ūnus

の例に見るように，

{ **一位の数 + et** (または **atque**) + **十位の数**
{ **十位の数 + 一位の数**[6]

の形式を原則とする．

(5) **mille** 〈1000〉 は，単数では変化せず，複数のみが

主・対	**mīlia**
属	**mīlium**
与・奪	**mīlibus**

---

1. ūnus の複数形は，たとえば litterae 〈手紙〉のように，複数形で，意味は単数であるような名詞に用いて，ūnae litterae 〈一通の手紙〉のように用いるほか，§92 に示したように英 'alone' の意味のとき: trēs ūnōs passūs 〈ただ三歩だけ〉．なお，この ūnus, -a から，近代ロマンス諸語の不定冠詞 un(-a/-e) 等が出たことは言うまでもない．なお，p. 99, 注 4 参照．
2. ambō 〈両方同時(の)〉(同時でないときは uterque (§92) を使う．) も duo と同じ変化をする．
3. これらは，形容詞の第一・二変化複数の変化に準ずる．(§20)
4. もっとも 1000 の倍数は変化するが，これは名詞である．次項 (5) を見よ．
5. これの対格は，ūnum et (atque) vīgintī annōs となる．
6. 更にこのほかに，annī ūnus et vīgintī, vīgintī annī et ūnus, vīgintī ūnus annī, vīgintī et ūnus annus などが可能．(最後の annus にあらわれる *attractiō* に注意せよ)．

となる.これはじつは数詞でなく,中性名詞なのであって, mille やその複数形と,名詞を結合する場合は,後者を複数属格にしなければならない.

mille *mīlitum* 〈兵士たちの 1000 → 1000 人の兵士〉[1]
duo mīlia *puellārum* 〈少女たちの 2000 → 2000 人の少女〉

§ 122. 度数詞と配分数詞

	度数詞	配分数詞
1	semel	singulī, -ae, -a[2]
2	bis	bīnī
3	ter	ternī, trīnī
4	quater	quaternī
5	quinquiēs[3]	quīnī
6	sexiēs	sēnī
7	septiēs	septēnī
8	octiēs	octōnī
9	noviēs	novēnī
10	deciēs	dēnī
11	undeciēs	undēnī
12	duodeciēs	duodēnī
13	terdeciēs	ternī dēnī, dēnī ternī
20	vīciēs	vīcēnī
100	centiēs	centēnī

度数詞は〈何度,何倍〉を示す数詞で副詞的な性格をもつ. 配分数詞は〈幾つずつ〉をあらわす[4]. singulī mīlitēs〈兵士一人ずつ〉.

---

1. ただし,前置詞を伴うときは, cum mille mīlitibus 〈1000 人の兵士を連れて〉と表現する.
2. 以下すべて, -ī, -ae, -a   3. quinquiens の形もある.以下同様.
4. p. 98 注 1. に述べた ūnae litterae 〈一通の手紙〉がもし複数で,たとえば〈二通〉になったら,この配分数詞を用いて, bīnae litterae となる.ただ ternī のみは,こうした用法のときは trīnī の形を用いる.

基数詞の〈百万〉は，十万 centum mīlia にこの度数詞 deciēs 〈十度，十倍〉をつけて，**deciēs centum¹ mīlia** のように表現するわけである．(〈二百万〉は従って vīciēs centum¹ mīlia).

ローマの貨幣単位 sestertius の複数属格 sestertium (古形) の前に，度数詞がついて，deciēs sestertium のようになっているときは，deciēs centēna mīlia sestertium の略で〈百万セステルティウス〉のことである．

§ 123. 練習問題

1. a nullo his tribus mensibus² visa est. 2. septem diēs³ apud nos morati, heri solis ortu discesserunt. 3. duobus milibus quingentis sestertiis⁴ vinum vendidisti. 4. quinque iam sunt anni ipsī⁵ cum⁶ in hanc terram barbaram iter fecimus. 5. decem milia passuum⁷ progressi, ad flumen pervenerunt ducentos ferē⁸ pedes latum. 6. decem iam annos⁹ Troiam obsidemus. 7. istam togam centum sester-

---

1. または centēna
2. 'within what time' をあらわす時の奪格 3. §83, (2)
4. 売買に関する〈幾らで〉は，奪格で示される．こうした奪格になる形容詞は magnō〈高く〉, plūrimō〈最高に〉(§132), parvō〈僅かで〉, minimō〈最低に〉(§132), vīlī (<vīlis)〈安く〉. ところが, tantī〈そんなに〉, quantī〈幾らで?〉 plūris〈もっと余計に〉(§132), minōris〈もっと僅かで〉(§132) の四語のみは属格で示される (評価の属格から来た用法 §141, (2)). magnō illī ea cunctātiō stetit. 〈その躊躇は彼に高価についた．〉, **quantī** ēmistī?—centum sestertiīs. 〈幾らで君は買うたのか?—百セステルティウスで．〉 こうした売買に関する動詞は emō〈買う〉, vendō〈売る〉, stō, constō〈かかる〉 (c. abl. か gen.), vēneō〈売られる〉(問題 13.) など．
5. 数詞とともに用いられた ipsī, -ae, -a は〈ちょうど〉．
6. 〈…して何年(月，日等)になる〉 この **cum** の用法は特殊なもの．勿論直説法を取る．
7. passus, -ūs m. は〈一歩〉であるが，尺度の単位としては〈二歩幅〉(五フィート)であるから, mille passuum (または passūs) は〈二千歩幅〉(1.5 km.). なおこれから英 'mile' の語が出た．ここの decem mīlia passuum, ducentōs pedēs の対格については, p. 65 注 2.
8. ferē, fermē は数詞と共に用いられて〈ほとんど〉．
9. もし序数詞を用いれば undecimum iam annum となる．

tiis¹ emisti.　8.　triginta septem annos natus² consul creatus est.　9.　ad ante diem quartum Nonas Maias³ hic manet soror mea.　10.　abhinc annos viginti⁴ cum uxore liberisque in Africam ivit.　11.　quo cognito,⁵ tres milites virtutis magnae clam ex castris egressi sunt.　12.　milites ante solis occasum iter triginta milium passum⁶ confecerunt.　13.　hi pisces, qui singulis assibus stabant, nunc binis sestertiis veneunt.　14.　duae horae sunt cum discesserunt.　15.　tum Plinius duodevicesimum annum agebat.⁷　16.　mausoleum vocabulum ductum est e nomine Mausoli, regis Cariae, qui abhinc fere quingentos annos decessit.

1.　p. 100, 注 4.

2.　年齢は natus+*acc.* で示される. mē novem annōs nātō 〈私が九才のとき〉; puer decem annōs nātus 〈十歳の少年〉(ただし puer decem annōrum も可 §39 [注意]). 〈何歳年上(下)〉については §137. なお, 問題 15. 参照.

3.　直訳すると,〈五月の〉(Māiās *adj. f. pl. acc.*)〈七日に向って〉(Nōnās *f. pl. acc.*)〈第四日前(七日当日を入れて計えて)〉(ante diem quartum)〈まで〉(ad), すなわち〈五月四日まで〉.　ローマの暦日の示し方はなかなか複雑で, Kalendae〈月のついたち〉, Nōnae〈三, 五, 七, 十月では七日, 他の月には五日〉, Īdūs〈三, 五, 七, 十月の十五日, 他の月には十三日〉を計算の起点とし, その前日は Prīdiē, 他は ante diem (a. d.)+序数詞 (*acc. m. sg.*) のあとに Kalendās (Nōnās, Īdūs) +月の形容詞 (*acc. f. pl.*) で示す. 二三例を挙げると,〈一月一日に〉Kalendīs Iānuāriīs,〈三月十五日に〉Īdibus Martiīs (これらの *abl.* は §83, (1)),〈十一月四日に〉Prīdiē Nōnās Novembrēs,〈十一月二十九日に〉は〈十二月一日に向って第三日前〉だから ante diem tertium Kalendās Decembrēs (略 a. d. III. Kal. Dec.) となる. 月の形容詞は一月から十二月まで Iānuārius, Februārius, Martius, Aprīlis, Māius, Iūnius, Quintīlis, Sextīlis, September, Octōber, November, December で, これらはまた名詞 (*m.*) として (すなわち mensis〈月〉の略された形として), も用いられる.

4.　〈何年(月, 日等)前に〉の表現. この語順は動かない.

5.　p. 85 注 2.　6.　p. 100, 注 7.

7.　〈第何年目を過す〉という, これも年齢の表し方の一つ. (注 2 参照)

XXVIII. 間 接 話 法 (3)

§ 124. **間接話法** 平叙文については §§ 77, 105 で既に触れたので，ここでは疑問文について述べる．

> 'quid facis?' 〈君は何をしているのか?〉 （直）
> mē rogāvit **quid facerem**. 〈彼は私に（私が）何をしているかを訊ねた.〉 （間）

この例にみるように，すべての間接疑問節は，その動詞を**接続法**に転換する．その場合，時制の照応は，§113,(2) の表に準じて

主 文 の 動 詞	間 接 疑 問 節 中 の 動 詞	
	（主文の動詞から見て）	
	同 時 的[3]	既 往 的[4]
現在・未来・未来完了[1]	接・現	接・完
完了・過去・過去完了[2]	接・過	接・過去完了

となる．これを上の例文に適用して具体的に示すと，

主文＼直	'quid facis?'	'quid fēcistī?'
mē rogat	quid faciam	quid fēcerim
mē rogāvit	quid facerem	quid fēcissem

---
1. これを第一時称という．完了は時に第一時称として扱われる．
2. これを第二時称と（英 *historic tenses* とも）いう．
3. または意図的内容の場合．
3, 4. これも本来 *aspect* 的相違なのであって，3. を不完了的，4. を完了的という方が本当は正しい．

疑問詞を含まない疑問文は，間接話法では，**num**[1] によって引出される．

$$\begin{cases} \text{' valēsne?'} \langle \text{達者かね?} \rangle \text{ (直接)} \\ \text{mē rogāvit } \textbf{num} \text{ valērem. } \langle \text{彼は私に達者かねと訊ねた.} \rangle\text{[2]} \\ \text{(間接)} \end{cases}$$

§ 125. 練習問題

1. nescio quare[3] hoc fecerit. 2. nec quisquam intellegere poterat quid senex dicere vellet. 3. nos doce, sis,[4] num ea vera sint, quae apud Tacitum leguntur de illo latere mundi. 4. nescivimus quid invenisset.[5] 5. a me quaesivit quid haberem. 6. poeta Aeschylus saltem causam iustam habuit, cur eum calvitiei suae paeniteret. 7. cognosce num nobiscum ire velit. 8. vosne liberi scitis, quo modo Hannibal elephantos suos flumen Rhodanum traduxerit? 9. utrum hodie eum vidisti an non? 10. haec mala tria, nullo cernente,[6] dea iuveni dedit, docuitque qui[7] usus esset in illis. 11. meministine quid Daedali filio factum sit? 12. adhuc nescio cur in eas regiones mittar. 13. descendis an non descendis? -non descendo; nam in ramo sedeo. 14. odi et amo. quare id faciam fortasse requiris. / nescio, sed fieri[8] sentio et excrucior. (Cat. LXXXV)

---

1. この num には否定的な意味 (§ 37, (3)) はない．

2. はっきりと二者択一を訊ねる〈A か B か〉は，直接・間接とも (**utrum**) **A an B?** または **A-ne an B?** で，〈A か，そうでないか〉(英 ' whether A or not?') は，直接 (**utrum**) **A an nōn?**, 間接 (**utrum**) **A necne** であらわされた．

3. 〈何故〉．大体の傾向として，cūr の代りに quārē, quam ob rem; quō modō の代りに quem ad modum を好む傾向が間接疑問には見られるようである．

4. § 72.

5. *cf.* nescīvimus eum magnam pecūniam invēnisse. また，**nesciō** について注意しておきたいことは，**nesciō quis** (**quid** *etc.*) が〈誰(何)だかしらないが，誰(何)か〉という風に一つの不定代名詞的に固定化した場合で，このときは，直説法を取って差支えない．**nesciō unde** haec hīc *spectāvit*. 〈どっか知らねえところからこいつ一伍一什を見てやがった．〉(Plaut. *Amph.* 424) (§ 88 参照)

6. § 93, § 107 7. § 87. 8. § 60 [注意] 2.

XXIX. ut と nē (ut nōn) の文句

§ 126. 要求，願望，希求，命令，決意，説得などの観念を伴う動詞[1]のあとには，〈……(する)ように〉の意をもつ ut (否定は nē)[2]＋接続法が来る.[3] (目的の文句)

 monet **ut** omnēs suspiciōnēs *vītet*. 〈彼は一切の疑念を除くようにと忠告する.〉

 rogō tē **nē** hunc librum *legās*. 〈君がこの本を読まぬようにと私は求める.〉

 cūrā **ut** quam prīmum[4] id *intellegam*. 〈できるだけ早くそれを私が判るようにしてくれ.〉

 permīsit **ut** *proficiscerēmur*. 〈彼は我々が出発することを許した.〉

 $\begin{cases} fac\ (\mathbf{ut})\ veni\bar{a}s. & \text{〈来るようにせよ.〉}^5 \\ cav\bar{e}\ (\mathbf{n\bar{e}})\ veni\bar{a}s. & \text{〈来ないように(用心)せよ.〉}^5 \end{cases}$

§ 127. 主文の動詞が特殊なものでなくても，目的の観念を伴う

---

 1. この種の動詞の主なものは，他に，(tē) hortor 〈励ます〉, (tē) ōrō 〈ねがう〉, (tibi) imperō 〈命令する〉, operam dō 〈努める，力を致す〉, (tibi) persuādeō 〈説得する〉, (abs tē) petō, postulō 〈求める〉, constituō 〈決める〉, (tē) cōgō 〈強要する〉, (tibi) praecipiō 〈指図する〉など.

 2. **ut** は本来英 'how' の意味の副詞で，主文を導いては，ut multa verba fēcī! 〈いやはや俺もえらく喋ったもんだ!〉のように用いる. 'how' → 'as' → 'so that' といった意味の動きは日本語の〈ように〉と思い合わせて面白い. **nē** も主文を導き，大体〈……せぬように〉といった意味である (§146) が，nē……quidem 〈すらない〉(p. 21 注 5) として用いる場合のみは nē=nōn の古義に基づくのでこの意味がない.

 3. けれども iubeō, vetō, cupiō, などは *inf.* を取るのが正則とされた (§ 76).

 4. p. 112 注 6.

 5. これらは命令(禁止)の表現の一種と考えられ，口語的でしばしば用いられた. また, ut の省略は, dīc exeat. 〈出るように言え〉のような文にもあらわれた.

ut (nē) の文句が来ることもある.

 mīlitēs fortiter pugnāvērunt **nē** *vincerēmur*. 〈兵士たちは我々が負けないようにと勇敢に戦った。〉

§128. 恐怖の観念を伴う動詞¹のあとでは, 〈……でない(である)ように〉の心持が伴うために, §126 に示した ut, nē の関係が逆になって, **nē**+接続法は〈……であることを(恐れる等)〉, **nē nōn** (または **ut**²)+接続法は, 〈……でないことを(恐れる等)〉を意味する. (恐怖の文句)³

 timeō **nē** *vēnerit*. 〈彼が来たことを(来たのではないかと)私は恐れる。〉(〈来ませんでしたように〉の心持から nē)

 vereor **ut** tibi *possim* concēdere. 〈私は君に譲ることが出来ないことを(出来ないのではないかと)恐れる。〉(Cic. *De Orat*. I, 35) (〈出来ますように〉の心持から ut)

§129. §§126～8 の構文の時制の照応は §124 の表を見よ.

§130. **ut** の文句に意図の観念がなく, 結果の文句と考えられる場合, その否定は nē を用いずに, **ut nōn** となった. こうした結果の文句を導くのは,

(1) 〈起る〉の意の動詞

 accidit ut *esset* lūna plēna. 〈偶々満月であった。〉(Caes. *B.G*. IV. xxix, 1)

 ēvēnit **ut** nōn *sit* domī. 〈彼は偶々家にいない。〉

(2) **tam……ut** (英 'so……that') のような相関句を導く表現.⁴

---

1. timeō, metuō, paveō, vereor など, みな 〈恐れる〉 意味であるが, timeō は外的になにか恐れる原因があることを示唆する. metuō は恐怖の原因が迫って来ている感じ, paveō は恐怖で体がふるえるような表現. vereor は 'to feel awe of' で, 弱い. Caesar は timeō を vereor, metuō より頻用している.

2. 主文の動詞が否定のときは用いられない. 3. *cf*. vereor flūmen transīre.

4. tam のほか, **tālis** 〈そのような〉, **tantus** 〈それほど多くの〉, **tot** 〈それほど多数の〉, **adeō** 〈そんなに〉(+動詞. *cf*. tam+形容詞), **ita** 〈そんな風に〉なども結果の **ut** を取る.

tam dēfessus eram **ut** diū *dormīverim.*[1] 〈そんなに私は疲れていたので,長いこと眠った.〉

§ 131. 練習問題

1. verebamur ut novae copiae advenirent. 2. dux militibus persuasit ut clam fugerent. 3. hoc scribo ne quis[2] anxius sit. 4. nos cohortatus est ne ploraremus neve[3] desperaremus. 5. quo modo fit, nautae, ut[4] tanto circuitu in Italiam iter faciamus? 6. ideo[5] te moneo ne quo[2] dolo decipiaris. 7. tanta est Christianorum stultitia ut deos nostros precari nolint. 8. ne[6] reus elabatur summum periculum est. 9. quo viso, medicus, 'fac ut eius pedes appareant,' inquit. 10. te oro, adulescens, ut mihi liceat merces meas mulieribus ostendere. 11. mulier Plinium orabat ut se[7] discrimini eriperet, nam nisi navibus nulla fugae erat spes. 12. tum mater filium vehementer hortari coepit, ut, quo modo posset,[8] se[7] servaret. 13. deus Midae imperavit ut quodam in fonte lavaretur.[9] 14. cura, uxor,

---

1. 結果の文句中の動詞の時称は,§129 に依らず,対応の直説法に準ずる.(ここの例は diū dormīvī. という直・完→接・完).未来の場合は接続法に未来がないから,**tam** dēfessus sum **ut** crās nōn *labōrātūrus sim*.〈そんなに私は疲れているので,明日は働けそうもないほどだ.〉のように,未来分詞+接・現を用いる.
2. §88.
3. et nē は **nēve** となる.(*cf*. p. 18 注 4)
4. **fit ut**+接〈……ということになる〉.Hor. *S*. I. i の冒頭にこの好例がある.
5. **ideō (idcircō) ut**〈……しようという,そのために〉,**eō cōnsiliō ut**〈……しようという,そういう考えで〉(*cf*. p. 94, 注 8)
6. 恐怖に関する **nē, nē nōn (ut)** は timor, metus〈恐れ〉,perīculum〈危険〉のような名詞にもつく.
7. 目的や恐怖の文句は主文の主語の主観が 従属節まではたらいているため,**sē** は,再帰動詞の場合を除き,主文の主語と一致する.けれども,結果の文句は叙述なので,必ずしもそうならない.
8. =eō modō, quō posset. ut の文句中なので,当然接続法.
9. 〈身を洗う〉.ラテン語にもこういう *Middle Voice* 的な所相があった.

ut valeas et liberos nostros ames. vale. dabam[1] Roma, Id. Iun.[2] 15. timebant ne amici se non reperirent. 16. spectatum[3] veniunt, veniunt spectentur ut[4] ipsae. (Ov. *A. A.* I, 99)

XXX. 比較；属格の用法

§132. 形容詞は，その男性単数属格の形から，第一・二変化では -ī，第三変化では -is を取り去ったあとに，

{ 比較級　-ior (*m. f.*), -ius (*n.*)
{ 最上級　-issimus (*m.*), -issima (*f.*), -issimum (*n.*)

の語尾をつけることによって，その比較級，最上級を作る.[5] たとえば，

altus 〈高い〉　(属 alt-ī, alt-) { altior, altius
　　　　　　　　　　　　　　　　 { altissimus, -a, -um

fortis 〈強い〉　(属 fort-is, fort-) { fortior, fortius
　　　　　　　　　　　　　　　　　 { fortissimus, -a -um

---

1. p. 40 注 2.　　2. Īdibus Iūniīs (p. 101 注 3.)　　3. §81.

4. ut は spectentur の前に来るべきもの．ここは韻の関係でここに来ている．なお，これは催しものを見にくる女たちの心理を語ったもの．

5. 例外
 (A) **-lis** で終る形容詞　たとえば，facilis〈容易な〉，difficilis〈難しい〉，(dis)similis〈類似(不同)の〉，humilis〈卑しい〉，gracilis〈やせた〉などの最上級は，facillimus, difficillimus *etc.* のように．
 (B) **-er** で終る形容詞　たとえば līber〈自由な〉，ācer〈鋭い〉などの最上級も，līberrimus, ācerrimus のように．(以上 (A) (B) の比較級は規則的，facilior, līberior)
 (C) **-us** で終り，**-us** の直前に異る音節を形成する母音のある形容詞は，比 **magis**＋原級，最 **maximē**＋原級．pius → 比. magis pius, 最 maximē pius. *cf.* antiquus → 比. antiquior 最 antiquissimus. (-qu- は [kʷ])

prūdens[1] 　　（属 prūdent-is,　⎧prūdentior, prūdentius
〈先見の明ある〉　　　prūdent-)　⎩prūdentissimus, -a, -um

若干の重要な形容詞は**不規則な比較級，最上級**を持つ．

原　級	比較級	最上級
bonus 〈よい〉	melior, -ius	optimus, -a, -um
malus 〈悪い〉	pēior, -ius	pessimus, -a, -um
magnus 〈大きい〉	māior, -ius	maximus, -a, -um
parvus 〈小さい〉	minor, minus	minimus, -a, -um
⎧multus (sg.)〈多量の〉	plūs (n.)[2]	plūrimus, -a, -um
⎩multī (pl.)〈多数の〉	plūrēs, plūra	plūrimī, -ae, -a

§133. 比較級・最上級の変化

	単		複	
	男・女	中	男・女	中
主・呼	alt-**ior**	alt-**ius**	alt-**iōrēs**	alt-**iōra**
属	alt-**iōris**		alt-**iōrum**	
与	alt-**iōrī**		alt-**iōribus**	
対	alt-**iōrem**	alt-**ius**	alt-**iōrēs**	alt-**iōra**
奪	alt-**iōre**[3]		alt-**iōribus**	

上に見るように，**比較級の変化**は，形容詞第三変化 (§53) に準じた変化をする．

最上級の変化は，第一・二変化 (§20) と同じである．

---

1. 現在分詞のあるものも，同じ要領で，比較級，最上級を作る．amans → amantior, amantissimus. また完了分詞も上の altus と同じ要領で，apertus (<aperiō 〈開く〉)〈開いた〉→ apertior, apertissimus.

2. plūs は中性名詞 (属 plūris) であって，その用法は (A) 名詞の属格とともに：plūs *praedae* 〈分捕品のより多量＝より多量の分捕品〉 (*cf.* §141, (1)) (B) **数詞**とともに：plūs *centum* mīlitēs〈百人以上の兵士〉 (C) multum の副詞用法 (§54 (2) (A)) の比較級として：Caesarem plūs amāmus quam Pompēium.〈我々はポンペイウスよりカエサルをよけい愛する．〉

3. -iōrī の形もある．

§ 134. **劣等比較級・最上級** §§ 132〜3 で比較級・最上級と記したのは、厳密には優等比較級・最上級と呼ぶべきものであって、このほかに、英 less＋原級, the least＋原級に相当する劣等比較級・最上級がある．これは，ラテン語では 比 **minus**＋原級，最 **minimē**＋原級で示される．

§ 135. ラテン語の比較級・最上級は，非常にしばしば，〈あまりに……すぎる〉,〈普通より……だ〉(比),〈非常に……だ〉(最) のような絶対的用法としてあらわれる．

senectūs est nātūrā **loquācior**. 〈老年は本来，(普通より) 饒舌である．〉

poēmata Vergiliī et Horātiī **pulcherrima**[1] sunt. 〈ウェルギリウスとホラーティウスの詩は非常に美しい．〉

§ 136. 比較級に伴う〈より〉(英 'than') は、次の方法で示される．

(1) **quam** 比較される 二つのものが 同じ格であることが必要である．

(2) **奪格を用いる** (*cf*. 日本語「から」→「より」). これは (1) の方法によった場合、比較される二つのものが、主格または対格である場合にかぎる．

Caesar *minor* est {quam Pompēius. (1)
                   {Pompeiō. (2)

〈カエサルはポンペイウスより年少である．〉

amīcitia **melle** *dulcior* 〈蜜より甘き友情〉 (2)

opiniōne (ēius) *māior* 〈彼の考(えている)より大きい〉(2)

flūmen *altius* est quam *lātius*. 〈河は 広いというより深い．〉 (1) (*cf*. 英 'The river is deeper than it is *wide*.')

[注意] 数詞に関する場合は quam は不要. plūs (amplius) [minus]

---

1. p. 107 注 5. (B)

quingentās nāvēs habeō. 〈私は五百せき以上 [足らず] の船を持っている.〉(p. 108 注 2. (B))

§137. 差異の奪格　比較級に伴う差異は奪格によって示される.

tribus annīs *māior* (*minor*) nātū[1] sum quam Iūlius. 〈私はユーリウスより三歳年長(年下)である.〉

§138. 最上級に伴う〈の中で〉は, (1) **複数属格**, (2) **ex＋奪格**で示される.

Lūcius **omnium** (**ex omnibus**) *doctissimus* est. 〈ルーキウスは皆の中で最も学識がある.〉

§139. 比較の度を強める〈はるかに〉は, 比較級には **multō**[2], 最上級には **longē** を用いるのが普通である.

multō *pulchrior*　〈はるかにより美しい〉

oppidum **longē** *maximum*　〈はるかに大きな町〉

§140. 副詞の比較級・最上級には,

　比較級……形容詞の比較級中性単数対格形
　最上級……形容詞の最上級男性単数属格から, -ī を取り去ったあとに -ē をつけた形

を用いる. たとえば,

cārē〈親しく〉	(＜形 cārus)	比	**cārius**
		最	**cārissimē**
breviter〈短く〉	(＜形 brevis)	比	**brevius**
		最	**brevissimē**

不規則なもの

原　級	(形容詞)	比	最
bene 〈よく〉[3]	(bonus)	**melius**	**optimē**
male 〈悪く〉[3]	(malus)	**pēius**	**pessimē**

---

1. 〈生れにおいて〉→〈生れが〉　nātus, -ūs *m*.〈生れ〉(第四変化)の単・奪.
2. これも, 差異の奪格(§137)である. ほかに, tantō〈それほど〉, paulō〈少しく〉, nimiō〈あまりに〉などが比較級と共に用いられる.
3. p. 48 注 7.

multum	〈多く，多大に〉	(multus)	**plūs**	**plūrimum**
parum	〈少なく〉	(paulus)	**minus**[1]	**minimē**[2]

§141. 属格の用法

(1) **配分的属格** 次の語は配分的属格（〈…のうちの〉）を取り，中性単数として主格・対格にのみ用いられる．（便宜上英訳を付す．）

satis (enough), **plūs** (more),[3] **minus** (less), **nimis** (too much), **parum** (too little), **multum** (much), **quantum** (how much), **tantum** (so much), **quid** (what), **nihil** (nothing)

vix *satis* **cibī** habēmus. 〈我々はほとんど十分な食糧を持っていない．〉

quantum **pecūniae** reliquum est? 〈金はどれほど残っているか?〉

quid **novī**[4] affers? 〈何かニュースを持ってきたか?〉

(2) **評価の属格** 漠然たる[5]評価に際してはラテン語は次の構文を取るのが普通である．

$\left.\begin{array}{l}\text{aestimō}\\ \text{faciō}\end{array}\right\}$ ＋ 評価の対象 (*acc.*[6]) ＋ 評価の属格

honōrem **magnī** *aestimābat*. 〈彼は栄誉ということを高く評価していた．〉

ōtium **plūris**[7] quam *dīvitiās faciēbās*. 〈君は富より閑暇をより高く評価していた．〉

---

1. **minus** は，また nōn の代りにおだやかな否定詞として用いられる．quod intellexī minus〈わたしが判らなかったこと〉(Ter. *Eun.* 737). quō minus については §148.
2. **minimē**〈少しも〉は，否定の返事に用いられることがある．(p. 30 注 2)
3. p. 108 注 2 (A)　　4. *cf.* 仏. quelque chose *d'intéressant*.
5. これとまぎらわしいのが，はっきりした**値段**を示す奪格である．(p. 100 注 4)
6. sum とでは主格になる．quantī hōc est?〈これはどれほどの価値があるか?〉
7. **plūris** はこの評価の属格として以外には用いない．

こうした評価の属格に立つ形容詞は, magnī, parvī, tantī, nihilī, quantī, plūrimī, minimī, nōn floccī[1] などである。これは本当は地格であった[2]のだが, 属格と誤られたために, plūris, minōris も加えられることになった.

§ 142. 練習問題

(1) 次の比較級・最上級を作れ
    1. patiens   2. similis   3. brevis
    4. idoneus   5. amicus   6. bonus
    7. gratus   8. bene   9. pauper
    10. misere

(2) 1. ut[3] est in vetere proverbio, incipere multo est quam impetrare facilius. 2. etsi maior natu es, ego tamen sum fortior. 3. o quid solutis est beatius curis? 4. de his mulieribus aliquid dic; nihil eo est iucundius. 5. quo diligentius laboras, eo[4] ditior fis. 6. haud procul habitat medicus, quo melior etiam Romae vix inveniri potest. 7. puer flores pulchros minimi faciebat. 8. ego et filii[5] paulo diutius in puppi ambulabimus. 9. quo clamore audito, mater, e somno excussa, lumine accenso ad filiae lectum quam celerrime[6] perrexit. 10. mensam

---

1. 〈毫も……ない〉 floccus, -ī *m.* は〈糸屑〉が原意. なお, nihilī も nihilum という中性名詞の属格.

2. *cf.* 英 ' to value something *at* so much '

3. 〈ように〉(*cf.* p. 36 注 3, p. 104 注 2)

4. quō + 比 … eō + 比は〈…すればするほどそれだけ…〉(英 ' by what…by that ' → ' the…the '). 英語の *adv.* の the も, sē の *instrumental* ' þȳ ' に由来する. なおここの dītior は dīves の不規則な比・男・単・主. 5. p. 44 注 6.

6. quam + 最上級は〈できるだけ…〉, quam prīmum は〈できるだけ早く〉. この quam は ' than ' の quam とは別の *adv.* で=英 ' how (much).' ほかに quam は関係(疑問)代名詞(形容詞)の quam, さらに quam (= postquam) もあるから要注意.

dominus omnibus rebus, quas optimas[1] habebat, studiose exstruebat.   11. Caesar, Italia quam primum egressus, ad Alesiam celerius Gallorum opinione pervenit.   12. de imperatore Nerone amplius legisti? -multa vero; ille aeque ac[2] Caligula equorum studiosus[3] erat.   13. perii! ubi est coniunx? me miseram![4] nescio quid mali[5] illi accidit.   14. ager avunculi nostri tuo quinquies tanto[6] maior est.   15. in urbe multo melius vivitur.   nonne igitur mecum domum proficisci vis?   16. vilius argentum est auro, virtutibus aurum. (Hor. *E*. I, i, 51)   17. homo sum: humani nihil a me alienum puto. (Ter. *Heaut.* 77)   18. eorum ut quisque primus[7] venerat, sub muro consistebat suorumque pugnantium numerum augebat. (Caes. *B. G.* VII, 48)

XXXI. 関係詞と接続法

§ 143. 関係詞によって導かれる文句がもし目的の観念を伴うな

---

1. 最上級の形容詞で，英語などでは先行詞につくものが，ラテン語では関係節中にはいり，関係代名詞と一致する。   2. § 65.   3. p. 28 注 6.
4. この対格は感嘆をあらわす. (*cf*.「つぎねふや，山城川を，川上の我が上れば」(古事記下) の「を」を故折口信夫博士は感動の語尾と説明しておられる (全集 XIV, p. 88).   5. p. 103 注 5; p. 111 注 4.
6. 〈何倍だけ〉は度数詞 (§ 122)+tantō 〈だけ〉+比.
7. quisque+最上級は，一つ一つ取り出して，それを取り出した際にそれが最高であるという考え方: doctissimus quisque 〈すべての学識高き者〉, antīquissimum quodque tempus 〈遠い昔〉(*B.G.* I, 45). ここの prīmus も，序数詞には違いないが，-mus の語尾からも想像されるように，発生的には最上級である. quisque prīmus vēnerat は 'each as he (had) arrived' とでも訳すべきもの. *cf.* optimus quisque maximē glōriā dūcitur. (Cic. *Arch*. XI)='the more noble a man, the more is he attracted by fame.' Cf. ov *RA* 96

らば，その文句中の定動詞は接続法に置かれる．

   mittitur mīles **quī** locī nātūram *perspiciat*. 〈その土地の性質を調べるための(に)，兵士が送られる．〉

   scrībēbat ōrātiōnēs **quās** aliī *dīcerent*. 〈他人が述べるための演説を彼は書いていた．〉

[注意] 関係代名詞中性単数奪格の **quō** は，ut eō〈それによって……(する)ように〉の意味 (*cf*. 独 damit) となって，この後に比較級を伴い，〈それによって一そう……(する)ように〉をあらわす接続詞としてはたらく(否定は **quō nē**). mihi ades, **quō facilius** haec dīcere *possim*.〈それによって一そう容易に私がこのことを言えるように，私の傍にいてくれ．〉[1]

§ 144. § 113, (1) に述べたように，接続法には主観のかげが落ちるので，これを関係詞によって導かれる文句中に用いると，単に〈……(する)ところの〉という事実そのものでなく，一度話者の想中で一般化された内容を示すことになる．(文法家が *characteristic clause* 中の接続法と呼ぶもの．邦訳「ような」のニュアンスに注意．)

   multa dīcunt **quae** vix *intellegam*. 〈彼等は私が到底理解できないようなことを沢山言う．〉

   sunt **quī** id *nesciant* 〈そのことを知らないような人たちがいる．〉

§ 145. 練習問題

1. nullam pecuniam habeo qua cibum emam. 2. impedimenta reliquerunt milites quo celerius contenderent. 3. non is erat Caesar qui iniuriae ignosceret. 4. Caesar misit qui[2] aquam peterent. 5. non est ubi[2] cenemus. 6. hostes,

---

1. *cf*. quōminus (§ 148)=ut eō minus
2. 〈人(物)〉〈場所〉といった漠然たる名詞が先行詞のときは普通これを省略する．

qui adventum ducis ignorarent,[1] flumen transierunt. 7. Caesar, qui illud suspicaretur,[2] tamen obsides dimisit. 8. erant olim multi cives qui numquam legere discerent. 9. consul, quippe qui[3] praemonitus esset, haec exspectabat. 10. nemo tam stultus erat qui[4] illud crederet. 11. dignus[5] est qui propter virtutem magnum praemium accipiat. 12. hi libri idonei[5] sunt quos legant puellae. 13. pauci in hac civitate sunt quibus novae leges aequiores prioribus videantur. 14. quis est tam stultus qui nesciat fortiter pugnare militum Romanorum[6] esse? 15. metuo ne haud multa sciam, quae vos audire velitis. 16. semper fuerunt nonnulli[7] qui tecum sentirent.[8] 17. litteras trade, serve, ac te in culinam confer, ubi quod edas invenies. 18. nonne sunt qui existiment Ciceronem laudibus nimiis suas res

---

1. 関係詞+接続法が原因(理由)の文句をつくる場合.

2. 関係詞+接続法が譲歩の文句をつくる場合. 主文の tamen に注意.

3. 原因(理由)の文句となる〈関係詞+接続法〉には，ときに quippe がつく.

4. ここの tam...quī は，結果の文句 (§130) にあった tam...ut が参考となるであろう．ただし tam...quī は現実の結果ではなく，むしろ想像上の結果である．ここで，これまでに出た関係詞+接続法の種々の場合をまとめてみると，(1) 目的 (§143) (2) 結果 (§145, 10) (3) 原因(理由) (§145, 6 及び 9) (4) 譲歩 (§145, 7) (5) 一般化された内容 (§144. これは (2) の結果と非常に近い).

5. dignus〈に値する〉, indignus〈に値しない〉, idōneus〈に適した〉等は，やはり関係詞+接続法を取る．puer dignus est quī *laudētur*.〈少年は賞められるに値する〉. これらの形容詞は既に p. 22 注 1 に記したように，奪格を取って，たとえば laude dignus〈賞讃に値する〉とは言うが，dignus laudārī のように不定法を取ることはできない.

6. 所有の属格は〈…のなすべきことで，…にふさわしいことで〉の意味をもつことがあった．nōn sapientis est fortūnam reprehendere.〈運命を責めることは賢いことではない (賢者のなすべきことではない).〉

7. 〈若干の人々が〉．逆に nullus nōn なら〈あらゆる…が〉となる．同様の例に，nēmō nōn〈誰も…ぬ人はない，あらゆる人が〉, nonnēmō〈若干の人が〉; numquam nōn〈常に〉, nōn numquam〈時に〉など. (p. 74 注 2)

8. 〈君と同じように感じる〉

gestas extulisse? 19. nonne tu vis aliquid nobis narrare, quo iucundius tempus abeat? 20. mihi, qui id dedissem consilium, egit gratias. (Ter. *Adelph*. 368) 21. rex centum ex senioribus legit, quorum consilio omnia ageret, quos senatores nominavit propter senectutem. (Eutr.)

XXXII. 主文に用いられる接続法

§ 146. 接続法は，既に何度も繰返したように**主観的な想をあらわす法**であり，ここから，

(1) hōs latrōnēs **interficiāmus**. 〈これらの泥棒を殺そうではないか.〉

のように，一人称複数に用いられて，英 ' let us ...... ' の意味をあらわしたり，

ita **vivam**. 〈斯くわが生きむことを.〉

valeant, valeant cīvēs meī; **sint** incolumēs! 〈わが市民たちよ. さらばさらば，無事息災であれかし.〉

のような**願望**，さらに，

sit[1] fūr, at bonus est. 〈よし泥棒であれ，よい男だ.〉

のように，日本語の〈よし……あれ〉の語法にも似た**譲歩**を示したりした. これらの否定には **nē** が用いられて，[2]

nē difficilia **optēmus**. 〈難しいことはのぞまぬようにしましょう.〉

---

1. 〈よし泥棒であったにせよ〉なら，fuerit fūr となる. (§ 113, (2) 参照).
2. ' and not ' は この場合 neque でなく，nēve となる. mīlitēs nēve culpent nēve contemnant ducem. 〈兵士たちが将軍を咎めもせず，また侮りもせぬように.〉(' neither...nor ').

nē sit summum malum dolor, malum certē est. 〈苦痛はよし最大の悪でないにせよ，悪はたしかに悪だ．〉

となった．また，

(2) ある事態の可能性を考える(時には，疑う)場合にも 接続法が用いられた(否定は **nōn**).

crēdās[1] eōs victōs. 〈貴方は彼等が敗けたと思うかもしれない．〉

quid **agam**? 〈私は何をしたらいいのだ?〉

quid nōn **dicerem**? 〈私が何を言えなかったというのだ?〉

(3) **velim** (否定は **nōlim**) は，婉曲な volō (nōlō) の意に用いられ，

hōc **velim** prōbāre omnibus. 〈このことを皆に立証してみたいと思うのですが．〉 (**velim**+inf.)

tū **velim** saepe ad nōs scrībās. 〈あなたがしばしば私たちに便りをして下さるとよいのだが．〉 (**velim**+接・現・二)

のように表現した．次に

(4) 禁止[2]は，**nē**+接続法完了二人称 を以ても作られた．

nē *transīeris* illud flūmen. 〈その河を渡らないように．〉

§ 147. 練習問題

1. ne te nostri misereat.[3] 2. huc accedite, liberi; in veli umbra sedeamus, dum vobis de leone fabulam narro. 3. audiamus quae scripseris. 4. semper vivas, o rex! 5. ludos aliquos spectare velim. ne histriones quidem in scaena umquam vidi. 6. quo me vertam miser? 7. ex-

---

1. crēderēs なら〈思ったかもしれない〉．なお，こうした表現は，後述する非現実の接続法 (§ 155) と紙一重の関係にあると言ってよい．

2. § 74. [注意]

3. 非人称動詞の命令は接続法を用いてあらわす．

ponam, si vis, quo modo Caesar dictator inopiam aquae sublevaverit, cum Alexandreae ab hostibus obsideretur. 8. moriamur et in media arma ruamus. / una salus victis nullam sperare salutem. (Verg. *Aen.* II, 353-4) 9. omnia vincit amor, nos et cedamus amori. (*id. Ecl.* X, 69) 10. cras amet qui numquam amavit, quique amavit cras amet. (*Perv. Ven.*) 11. flumina amem silvasque inglorius. (Verg. *G.* II, 486) 12. sit mihi paupertas tecum iucunda, Neaera, / at sine te regum munera nulla volo. (Tib. III, iii, 23-4) 13. te spectem, suprema mihi cum venerit hora, / et teneam moriens deficiente manu. (*id.* I, i, 59-60)

XXXIII. quōminus と quīn

§ 148. 妨害・拒絶の観念を伴う動詞[1] のあとでは，nē[2] あるいは quōminus+接続法が用いられる. (*cf.* §143 [注意])

nihil *impedit* quōminus id facere *possīmus*. 〈何ものも我々がそれをするのを妨げない.〉

sententiam nē *dīceret recūsāvit*. 〈彼は意見を言うことを拒絶した.〉

§ 149. quīn の用法[3] (+接続法)

---

1. この種の動詞は dēterreō 〈脅して…させない〉, impediō 〈妨げる〉, prōhibeō 〈禁じる〉, obstō 〈妨害する〉, resistō 〈抵抗する〉, retineō 〈束縛する〉, teneō 〈引止める〉 など.

2. ただし, nē は主文の動詞が否定の場合には用いられない.

3. quīn は本来 'how not?' の意味で, 独立しては quīn accipis?〈さ, 取れ (<何で取らないのだ?)〉のように用いた. その他, quīn etiam は 〈それどころか, まったく〉 などの意に用いられる.

(1) 妨害・拒絶や疑念などの観念を伴う動詞[1]が否定に置かれている場合や，これに類する表現のあとに用いられる．

nōn recūsat **quin** *iūdicēs.* 〈君が裁くことに彼は反対していない．〉

praeterīre nōn potuī **quin** *scrīberem* ad tē. 〈君に便りすることを私はなおざりにはできなかった．〉

paulum āfuit **quin** eum *interficeret.*[2] 〈一寸の所で彼を殺しそこなった．〉

facere nōn possum **quin**[3] cotīdiē ad tē *mittam* litterās. 〈毎日君に手紙を書かないではいられない．〉

nōn dubitat (*nōn dubium est*) **quin** *veniās.* 〈君が来ることを彼は疑わぬ(に疑いはない．)〉

nihil causae[4] *est* **quīn** *eam.* 〈私が行かぬ理由はない．〉

(2) **quin**＝**qui nōn** （一般的な否定語を先行詞とする）

nēmō est tam[5] stultus **quin** id *faciat.* 〈それをしないような愚か者は誰もいない．〉

これに類する表現として，

numquam mē vidēbat **quin** pecūniam ā mē *peteret.* 〈彼は私に会えば必ず私から金を請求したものだ．〉

§ 150. 練習問題

1. credo neminem hic adesse quin proditores oderit. 2. nemo est quin sciat Romanos barbaris fortiores esse. 3. nemo dubitat quin Cicero fuerit vir egregius, qui patriam

---

1. p. 118 注 1.
2. 英 'It lacked little but that he should kill him.'
3. 英 'I cannot but'
4. この属格は §141, (1). なお注 2. 3. 4. などの quīn の用法は一定の成句として記憶する方がよい．
5. p. 115. 注 4 参照. なお，この quin については，*cf*. 英 There is *no one* but knows it.'

suam unam unice amaret.　4.　nemo fere tam sapiens est quin aliquando erret.　5.　aegre milites perterriti retenti sunt quominus[1] fugerent.　6.　nemo eo tempore Romae erat quin Ciceroni potius quam Catilinae faveret.　7.　cur legibus iniquis impedimur quominus beati simus?　8.　cum talia audio, interdum paulum abest quin velim nos alio aevo vixisse.　9.　tempestas nos impedivit ne heri solveremus.　10.　non possum facere quin eum timeam.　11.　puella prae timore vix se continere poterat quin dentibus crepitaret.　12.　non dubium fuit quin nostri vicissent.　13.　per te stetit[2] quominus effugeremus.　hoc proelio nostri circiter[3] quinquaginta milia perierunt, ac paulum afuit quin illa dies finem bello afferret.

XXXIV.　gerundium と gerundīvum

§ 151.　**gerundium** は，英語の *gerund* に相当する動詞的中性名詞[4]である．§ 177～180, (6) によって規則動詞の *gerundium* を学べ．

[注意]　**sum** およびその群，**volō** の群，**ōdī** 等は *gerundium* を持たない．第三活用 **capiō** は capiendī *etc.* つぎに **Dēpōnentia** は，上の能相の形に準じて hortandī *etc.* のように作られる．**eō** は eundī *etc.* となる．また *gerundium* の主格の形は不定法現在を以て代用する．

§ 152.　**gerundīvum** は，〈…せらるべき〉の意を有する所相の

1.　妨害・拒絶の *v.* が主文にあるとき，quīn は quōminus にかえてもよい．
2.　**per aliquem stetit** は非人称構文で〈誰々を通じて止った〉の原義から〈…できなかったのは誰々のせいだ〉．この構文では quīn は用いられない．
3.　〈約，凡そ〉の表現（p. 72 注 5 参照）
4.　ただし，形容詞によっては修飾されない．

形容詞で，その形は

I　amand-us, -a, -um
II　monend-us, -a, -um
III　regend-us, -a, -um, (capien-dus, -a, -um)
IV　audiend-us, -a, -um
Dep. hortand-us, -a, -um[1]　*etc.*

となり，[2] bonus のように変化する．

vir **laudandus**　〈賞讃せらるべき人〉

gravis iniūria facta est et nōn **ferenda**.　〈重大な，耐えがたい不正が為されたのだ．〉

haec *vōbīs*[3] prōvincia est **dēfendenda**.　〈この属州は諸君によって守られるべきだ．〉

§153. gerundium と gerundivum の用法

(1)　さて，英語では，たとえば 'by helping our friends' のように，*gerund*＋対格の形がしばしば用いられるが，ラテン語では **gerundium＋対格は避けられる**．そうして代りに **gerundivum を用いた表現が行なわれる**．これを実例について見ると，

'by helping (our) friends' は，amīcōs iuvandō〈友人たちを助けることによって〉ではなく，**amicis iuvandis** (*abl.*)〈助けられるべき友人たちによって〉という表現で，また，'for the purpose of seeing the city' は，urbem videndī causā[4]〈都を見ることのために〉ではなく，**urbis videndae** causā〈見られるべき都の (*gen.*) ために〉とい

---

1. *Dep.* の場合も，意味は所相．ここは〈励まさるべき〉．
2. eō は eundum という中性形が est とともに用いられて非人称的に用いるのみである．(§153 (2)) また mirandus (＜mīror) などは既に *adj.* と考えてよい．
3. gerundīvum の主語は与格で示されるのが普通である．
4. *gen.*＋causā (grātiā) は〈...のために(おかげで)〉．ただし，*nōbīs* (*dat.*) nocendi causā の形に注意．

う表現で，あらわされる．つまり *gerundium* + 対格 → 名詞 + **gerundīvum** となるわけである．[1]

以上のことを頭に置いて，いろいろな格について，その用法を見てゆこう．

(**主格**) facile[2] est amīcōs **amāre**. 〈友人を愛することは容易である．〉 (不定法を以て代用 §151 [注意])

属格 neque **consilī habendī** neque **arma capiendī** *spatiō* datō[3] 〈計画をたてるひまも，武器を執るひまも与えられなかったので〉

与格[4] *ūtilis* **agrō colendō** 〈土地を耕すのに有用な〉

対格[5] mē vocās *ad* **scrībendum**. 〈書くことのために君は私を招く．〉

奪格[6] multa **pollicendō** persuādet. 〈沢山のことを約束して彼は説得する．〉

(2) **自動詞の gerundīvum の中性形は est と結合して，〈べきである〉を意味する非人称構文を作る．**

nunc **est bibendum**. 〈今や（酒）飲むべし．〉 (Hor. *C.* I, xxxvii, 1)

lēgibus **parendum est**. 〈法律には従わねばならぬ．〉

---

1. 例外．(A) 対格に立つものが **id, haec, multa** などの中性の代名詞またはそれに類するもののとき，これを男性と中性が同形になる格（属，与，奪）にはできない．haec dīcendō 〈こうしたことを言うことによって〉は hīs dīcendīs としてはいけない．*cf.* ad haec dīcenda 〈こうしたことを言うために（← 言われるべきこれらのことに）〉では中性であることが明白である．(B) 複数属格で，**-ōrum, -ārum** が二つ重なる場合は，amīcōrum videndōrum causā でなく，amīcōs videndī causā 〈友人たちに会うために〉のように，*gerundium* を用いる．

2. p. 21 注 11.　3. §107.

4. 与格は studeō 〈に熱心である〉, operam dō 〈に努力する〉や，ūtilis, aptus, idōneus のような〈適切〉を示す形容詞とともに用いられるが，後者の場合は与格よりも，**ad + acc.** の方が普通である．

5. 対格は **ad** の目的に用いる場合が多い．

6. 奪格の用法は (A) 〈...することによって〉 (B) 〈...することよりも〉（比較級とともに §136, (2)） (C) **ab, dē, ex, in** の目的に．

tibi[1] **dormiendum est**. 〈君は眠らねばならぬ.〉

§154. 練習問題

1. Hannibal navium numero superabatur, itaque dolo ei pugnandum erat. 2. doce,[2] soror, me artem canendi. 3. in disputando tempus consumebant philosophi. 4. iam liberis est tempus[3] cubitum eundi. 5. de eius equo quoque quaedam dicenda sunt. 6. erat certe Nero imperator minime laudandus. 7. Augustus urbis ornandae initium fecit.[3] 8. Iovi certe gratia maxima habenda est, quod omnia tam feliciter evenerunt. 9. mox Romam nobis progrediendum erit. 10. Hannibal, hac tanta victoria elatus, deliberandi tempus poposcit. 11. vires multitudinis hominum vix cum robore unius elephanti sunt comparandae. 12. sunt qui tradant elephantos nando ad alteram ripam transisse. 13. mihi et uxori cum Quinto prius ad Palatium est eundum, ut sine mora de adventu meo imperator certior fiat. 14. orandum est ut sit mens sana in corpore sano. (Iuv. X, 356) 15. pugnabit primo fortassis, et 'improbe' dicet : / pugnando vinci se tamen illa volet. (Ov. *A. A.* I, 665–6) 16. soles occidere et redire possunt : / nobis cum semel occidit brevis lux / nox est perpetua una dormienda. (Cat. V, 4–6)

---

1. p. 121 注 3.

2. doceō は〈人 (acc.) に物 (acc.) を教える〉のように二つの対格を取る. *cf.* ταῦτα ἐδίδασκεν ἡμᾶς.〈彼はわれわれにこうしたことを教えていた.〉(ギリシア語も同様.) だが, ロシヤ語 учить は〈人を物に教える〉と表現する.

3. tempus のように, **gerundium** や名詞+**gerundīvum** の属格ととも用いる名詞には, 他に, facultās, occāsiō, potestās いずれも〈機会〉, cupīdō, studium〈熱意〉, causa〈理由〉, ars〈すべ〉, signum〈合図〉, initium〈はじめ〉(loquendī initium faciō.〈私は話しはじめる.〉), fīnis〈終り〉(loquendī fīnem faciō.〈私は話し終る.〉) など.

XXXV. 接続法の一般的な意味 (2), 非現実の願望・条件文

§155. 既に §113 に述べたように, 接続法の動詞によってあらわされる内容は, 話者が必ずしもその事実の存否を問題とせず単に〈主観的内容〉として陳述しているのにとどまるものであるが, だからといって, その事実はまったく存在しないとは断言できない. これは第 XXVI 課以後ここまでにあらわれたさまざまな例文を検討してみれば判ることである.

ところが, 事実が明らかに存在しない場合, 現実とは反対に〈かりにその事実があったら〉という状況を考えることも, ひとしく〈主観的内容〉であることにかわりはない. そしてこの時は, 話者の心中に〈回想〉がはたらくために, 接続法動詞の時制は, §113 (2) とは異って,

$$\left. \begin{array}{l} \text{現在に反する想像……接続法過去} \\ \text{過去に反する想像……接続法過去完了} \end{array} \right\} となる.$$

cf. Jespersen の '*Imaginative Use*' (*M.E.G.* IV §9); 日本語「もし金があったら」; 西 ¿Qué deseaba Vd.? など.

§156. 〈……でありますように〉の表現

(1) **utinam**+接続法 (その時称関係は §155 に述べたとおりである.) (*cf.* 西 Ojalá (=*literally* " and wish God" [*Arabic*])+接...!)

utinam pater *vīveret*! 〈父が (今) 生きていたら (よいのに)!〉 (現実は死んでいる.)

utinam mē mortuum *vīdissēs*! 〈私が死んでいるのを君が見たのだったら (よいのに)!〉 (現実は私は生きていた.)

utinam nē vērē *scrīberem*! 〈私が本当のことを書いていないのだったら（よいのに）!〉（現実は書いている.）（否定は **nē** を用いる.）

[注意] *cf.* (イ) **utinam** pater mox *adsit*! (§113, (2); §146, (1))　(ロ) dī *facerent*…! (§155)　(ハ) **utinam** の代りに o sī…! はよいラテン文とされない.

(2) **vellem (nollem, mallem)** も同様の構造を持つ.
　　vellem *adesset* Antōnius! 〈アントーニウスが（今）ここにいたなら!〉/ **nollem** *accidisset* tempus! 〈その時が来なかったのだったら!〉(velim *etc.* に関しては *vid.* §146, (3))

§ 157. 条件文は条件を示す *protasis* と，帰結を示す *apodosis* とから成立つことは，英語などと同様である. *protasis* は普通 **sī**, 否定は **nisi (nī), sī nōn** によって先立たれる.

(1) 現在・過去のことに関する単純な条件文（直説法）
　　sī id **crēdis, errās**. 〈もし君がそれを信じているのなら，君は間違っている.〉
　　sī id **crēdēbās, errābās**. 〈もし君がそれを信じていたのなら，君は間違っていた.〉
　　sī id **crēdidistī, errāvistī**. 〈もし君がそれを信じたのなら，君は間違ったのだ.〉

(2) 未来のことに関する条件文
　(A) 単純なもの（直説法）
　　sī id **crēdēs, errābis**. 〈もし君がそれを信ずるというなら，君は間違っていることになろう.〉
　　sī id **crēdideris, errābis (errāveris)**. 〈もし君がそれを信じたとしたら，君は間違っている（間違った）ことになろう.〉
　(B) 本当にそうなるかどうかは考えずに**想像するのみ**（英 'if ……should'）（接続法 *cf.* §113 (2)）

sī id crēdās (crēdideris), errēs (errāveris). 〈もし万一君がそれを信ずる(信じた)とするなら, 君は間違っている(間違った)ことになるかもしれない.〉

(3) 現在・過去の事実に反する仮定(接続法)(時称関係は§155)[1]

sī id crēderēs, errārēs. 〈もし君がそれを信じるのだったら(事実は信じていないからいいが), 君は間違っていることになろうが.〉

sī id crēdidissēs, errāvissēs. 〈もし君が(事実に反して)それを信じたのだったら, 君は間違っていたのだったが.〉

§ 158. 練習問題

1. me deficiat dies si vobis omnia narrare coner. 2. utinam nunc bibere possem e fonte gelido! 3. gaudeo vos salvos advenisse; sed fecissetis rectius, si statim ad me venissetis. -id fecissemus si domum tuam novissemus. 4. si feliciter feceris progressum, aliquando poeta verus esse poteris. 5. liberi si licuisset libentissime in ludis lusissent. 6. ego vellem adfuissem cum Caesar primum Britanniam attigit. 7. oculos tibi effodiam, si propius accesseris. visne pugnare? 8. si hodie clamorem iterum tolles, maximo malo tuo id facies. 9. Hannibal fortasse, si properare voluisset, urbem ipsam occupare potuit[1]. 10. te oportuit[1] statim quid suspicareris mihi dicere. 11. quod si esset factum, haec numquam evenissent tibi. (Ter. *Heaut*. 157) 12. donec eris felix multos numerabis amicos / tempora si fuerint nubila, solus eris. (Ov. *Tr*. I, ix, 5-6)

---

1. *protasis* に接・過完, *apodosis* に接・過ということもあり得る. また, *apodosis* に接続法を用いないで, 同様の意味になり得る表現として, id si fēcisset, pūnīrī debuit (pūniendus fuit). / eum oportuit. / potuit. 〈それをもし彼がしたのだったら, 彼は罰せられるべきだった(罰せられても仕方がなかった).〉 *eō praesente* tanta mendācia dīcere nōn audērēs. のような文では *abl. abs.* の italic 部分が protasis の代用となる.

XXXVI. Ōrātiō Oblīqua

§ 159. 既に §§ 77, 105, 124 で，間接話法について触れたが，ラテン語の散文[1]には，こうした間接話法の文章が長々とつづいて，発言内容が引用されることがしばしばある．これを **Ōrātiō Oblīqua** (O.O. と略す) といい，[2] **Ōrātio Recta** (直接話法 O.R.) に対応する．

§ 160. O.R. から O.O. への転換 前項で述べたように，O.O. は間接話法であるから，それを導く主動詞は理論的には dīxit 〈…と言った〉, dīcit 〈…と言う〉, dīcet 〈…と言うであろう〉等いろいろ考え得るわけであるが，実際には主動詞が過去系統[3]である場合が多く，文法上いろいろな考慮すべき点が出てくるのも，こうした場合であるから，以下は主動詞を過去系統としての説明である．

(1) 語の変化

  (A) O.R. で一・二人称の語は O.O. では三人称になる．

O.R.	→	O.O.	O.R.	→	O.O.
mē, nōs		sē	tū, vōs		ille, illī[4]
meus, noster		suus	tuus, vester		illīus, illōrum

---

1. 特に Caesar, Līvius に多い．
2. たとえば英語の間接話法 'He told me that *etc.*' において，主動詞 told は that-*Clause* のすぐ前にある．これはラテン語でも，今までに学んだ間接話法の場合は，ほぼ同様で，主動詞はすぐ見つけることができた．ところが，ここに学ぶ O.O. の場合は，主動詞——たとえば dīxit 〈彼は言うた〉——が十行も二十行も前にあって，長々とこの間接話法の構文がつづくことが多い．なお，本書では以上のように，§§ 77, 105, 124 で学んだ間接話法と，ここの O.O. を一応分けて考察するが，文法家によっては，間接話法的構文全部を O.O. の名で呼ぶ人もある．また，直接話法に当る地の文は，**Orātiō Recta** (O. R.) という．   3. つまり第二時称 (p. 102, 注 2) の場合   4. 普通 is はもとの三人称，ille はもとの二人称を示す．

(B) O.R. で〈この〉,〈今〉等は, O.O. では,〈その〉,〈そのとき〉等になる.

O.R.	→	O.O.	O.R.	→	O.O.
hīc, iste		ille	istinc		illinc
hīc 〈ここに〉		ibi	nunc		tunc (tum)
istīc		illīc	hodiē		eō diē
hūc		eō	herī		prīdiē
hinc		inde	crās		postrīdiē
istūc		illūc			

(2) O.R. の平叙文は, O.O. では acc.[1]+inf. になる.
  - O.R. '*ipse* vōs hūc *duxī*.'〈私自身諸君をここへ連れてきた.〉
  - O.O. **sē ipsum** illōs eō duxisse.[2] 〈自分自身彼等をそこへ連れて来た旨(言った).〉

(3) O.R. の疑問文は, 大体において, O.O. では,
  - (A) 二人称に関する疑問は, 接続法[3]
  - (B) 三人称に関する疑問は, acc.+inf.[2]

で示される.

---

1. この *acc.* は絶対に省略されない.
2. *inf.* の時称は, §105 (2), (3) による. つまり,

O.R. の定動詞(直説法)	O.O. の *inf.*
現 在	現 在
完了・過去・過去完了	完 了
未 来	未 来

となる.

3. 時称関係は §124 の表の主文の動詞が第二時称の場合.

$\begin{cases} \text{O. R.} & \text{'cūr } \textit{cunctāminī}? \text{ nonne omnia } \textit{parāta sunt}? \\ & \text{num } \textit{timētis}?\text{'} \langle 諸君は何だってためらっているのか? 一 \\ & 切は整ったのではないのか? 諸君はよもや恐れているの \\ & ではなかろうな?\rangle \\ \text{O. O.} & \text{cūr } \textbf{cunctārentur}? \text{ nonne omnia } \textbf{parāta esse}? \\ & \text{num } \textbf{timērent}? \quad \langle 彼等が何故ためらっているのか(と), \\ & 一切は整ったのではないか(と), 彼等がよもや恐れている \\ & のではなかろうな(と)(言った).\rangle \end{cases}$

(4) **O.R.** の命令文は **O.O.** で接続法過去で示される(否定は **nē**).

$\begin{cases} \text{O. R.} & \text{'mihi } \textit{parēte}; \textit{ nōlīte}^{1} \textit{ cunctārī}.\text{'} \quad \langle 私に従え, ぐず \\ & ぐずするではない.\rangle \\ \text{O. O.} & \text{sibi } \textbf{parērent}; \textbf{ nē cunctārentur}. \quad \langle 自分に従う \\ & ように(と), ぐずぐずしないように(と)(言った).\rangle \end{cases}$

(5) **O.R.** にあった従属節の動詞はすべて接続法にかわる. 時称は (3)(A) の場合と同じであるが, **si** (**cum**) のあとの直説法未来(未来完了)は, 接続法過去(過完)となる.

$\begin{cases} \text{O. R.} & \text{' } \textit{sī} \text{ fortiter } \textit{pugnāveritis}, \text{ hostēs vincētis}. \quad \langle もし勇 \\ & 敢に戦ったなら, 諸君は敵に勝つであろう.\rangle \\ \text{O. O.} & \text{eōs, } \textbf{si} \text{ fortiter } \textbf{pugnāvissent}, \text{ hostēs victūrōs} \\ & \text{(esse)}. \langle 彼等がもし勇敢に戦ったなら, 敵に勝つであろう \\ & (と)(言った).\rangle \end{cases}$

---

1. §74.

単　語　集

凡　例

1. この単語集は，本文中に出るすべての単語（文法術語の類は除く）を載せてある．
2. 更に若干の単語については，索引を兼ねている．
3. 変化形に関しては，重要なものはその変化形を以ても見出語とした．特に，練習問題に現れるものは全部これを集録した．その基準は，変形した語形が，元の語形の記載箇所より三語以上離れている場合とした．
4. 主な略号は次の如くである．

abl. 奪格	*gdv.* gerundīvum	*p.p.* 完了分詞
acc. 対格	*gen.* 属格	*prep.* 前置詞
adj. 形容詞	*ger.* gerundium	*pron.* 代名詞
adv. 副詞	*impers.* 非人称	*rel.* 関係詞
c. と共に	*indecl.* 不変化	*sc.* 則ち
c. 共性（名詞）	*inf.* 不定法	*sg.* 単数
comp. 比較級	*interj.* 間投詞	*superl.* 最上級
conj. 接続詞	*m.* 男性（名詞）	*v.* 動詞
dat. 与格	*n.* 中性（名詞）	*va.* 他動詞
dep. Dēpōnentia	*nom.* 主格	*vid.* 見よ
dim. 指小形	*num.* 数詞	*vn.* 自動詞
f. 女性（名詞）	*pl.* 複数	

A

ā, ab, abs *prep. c. abl.* から，によって § 34(2), *ger.* と. p. 122 注 6, (C).

abeam *etc. vid.* abeō

abeō, -iī(-īvī), -itum, -īre *vn.* 去る，経つ　活用 *vid.* eō

aberam *etc. vid.* absum

abes, -est *etc. vid.* absum

abesse *vid.* absum

abhinc *adv.* この時から，今から…前 p. 101, 注 4

abī, abīre, abis, -it *vid.* abeō

ablāt-us *etc. vid.* auferō

abscīdō, -cīdī, -cīsum, -ere *va.* 切離つ

abstul-ī *etc. vid.* auferō

absum, āfuī, āfutūrus, abesse *vn.* 不在である，離れている．活用 *vid.* sum (p. 77 注 2); paulum abest quīn すんでのところで…である，ほとんど…せんばかりである p. 119 注 2

ac *vid.* atque

accēdō, -cessī, -cessum, -ere *vn.* 近ずく

accendō, -cendī, -censum, -ere *va.* 火を点ずる

accidō, -cidī, -ere *vn.* 起る accidit ut 偶々…である § 130(1)

accipiō, -cēpī, -ceptum, -ere *vn.* 受ける　活用 *vid.* capiō

accūsō, -āvī, -ātum, -āre *va.* 非難する

ācer, -cris, -cre *adj.* 鋭い，烈しい　最 p. 107 注 5(B)

ācriter *adv.* 鋭く，烈しく

acerbus, -a, -um *adj.* 無情な，にがにがしい

acervus, -ī *m.* 堆積，山

aciēs, -ēī *f.* 戦列

ad *prep. c. acc.* に，へ p. 25(1); *ger.* と. p. 122 注 4, 5

adaptō, -āvī, -ātum, -āre *va.* はめる，適用する

addūcō, -duxī, -ductum, -ere *va.* 連れてゆく，連れて来る，に導く

adeō *adv.* そこまで，その程度に adeō…ut p. 105 注 3　usque adeō *vid.* usque

adeō, -iī, -itum, -īre *va.* に行く　活用 *vid.* eō

aderō, -eris *etc. vid.* adsum

ades, -est *etc. vid.* adsum

adesse *vid.* adsum

adfu-ī *etc. vid.* adsum

adhibeō, -hibuī, -hibitum, -ēre *va.* 付ける，関与させる，招き入れる vim adhibēre alicuī に力を加える，を攻める

adhūc *adv.* 今なお，依然として，まだ

adimō, -ēmī, -emptum, -ere *va.* 奪う (aliquid alicuī)

adīre *vid.* adeō

adis, -it *etc. vid.* adeō

aditūr-us *etc. vid.* adeō

adiuvō, -iūvī, -iūtum, -āre *va.* 助ける，支持する

admīror, -ātus sum, -ārī *dep.* 驚嘆する

admodum *adv.* 全く，ひどく

admoneō, -monuī, -monitum, -ēre *va.* 思い出させる

adōrō, -āvī, -ātum, -āre *va.* 崇める

adsum, adfuī, adesse *vn.* そばにいる, 出席する (alicuī) 活用 *vid.* sum

adulescens, -ntis *c.* 青年 (30歳すぎにまで用いられる.[<現分.§97, (1),(3);§23, (2). *v.* は adolescō, -ēvī, -ultum, -ere *vn.* 成長する.])

adveniō, -vēnī, -ventum, -īre *vn.* 着く, 来る

adventus, -ūs *m.* 到着

adversus, *prep. c. acc.* に対して

aedēs, -is *f. sg.* 神の家, 宮 *pl.* 住宅, 家

aedificium, -ī *n.* 建築物

aedificō, -āvī, -ātum, -āre *va.* 建てる

aeger, -gra, -grum *adj.* 病める
 aegrē *adv.* 痛ましく; 容易に...(ない) aegrē ferō 心を痛める p. 95 注 2

aegrōtus, -a, -um *adj.* 病気の

aemulus, -a, -um *adj.* 競い合う

aequus, -a, -um *adj.* 等しい, 平静な aequus atque p. 53 注 1
 aequē *adv.* 等しく (+ac p. 113 注 2)

aes, aeris *n.* 青銅, 金銭 aes aliēnum 借金

Aeschylus, -ī *m.* アィスキュロス(ギリシァの悲劇詩人)

aestās, -ātis *f.* 夏

aestimō, -āvī, -ātum, -āre *va.* 評価する §141(2)

aetās, -ātis *f.* 時代, 年令

aeternus, -a, -um *adj.* 永久の

aevum, -ī *n.* 時代

afferō, attulī, allātum, afferre *va.* 持って来る, 運ぶ 活用 *vid.* ferō

afficiō, -fēcī, -fectum, -ere *va.* 働きかける 活用 *vid.* capiō

affirmō, -āvī, -ātum, āre *va.* 明言する §77 [注意] 3

Āfrica, -ae *f.* アーフリカ(今日のアフリカ地方(主に北部))

Āfricānus, -ī *m.* アーフリカーヌス(二人の Scīpiō につけられた名)

āfu-ī *etc. vid.* absum

ager, -grī *m.* 畑

agō, ēgī, actum, -ere *va.* 駆る, 過す p. 101 注 7; **age** §72 [注意]; vītam agere 生活を送る

agrestis, -e *adj.* 田野の, 野蛮な

agricola, -ae *m.* 農夫

Agrippa, -ae *m.* アグリッパ(有名な政治家・将軍)

āla, -ae *f.* 翼

albus, -a, -um *adj.* 白い

ālea, -ae *f.* さいころ

Alesia, -ae *f.* アレスィア (Gallia の町, 今の Alise)

Alexandrēa, -ae *f.* アレクサンドレィア(エジプトの都)

ali- p. 69 注 1

alibī *adv.* 他の場所に

alicubi *adv.* 何処かに p. 69 注 1

aliēnus, -a, -um *adj.* 他人の

aliquamdiū *adv.* しばらくの間 p. 69 注 1

aliquandō *adv.* いつか §83, (3) p. 69 注 1

aliquantum *pron.* 若干 p. 69 注 1

aliquī, aliqua, aliquod *adj.* 或る §89(1)(A) *num.*+aliquī p. 72 注 5

aliquis, aliquid *pron.* 或る人・物 §89(1)(A)

aliquot *adj. indecl.* 若干の p.69 注1

alius, -a, -ud *gen.* alīus *adj.* 別の, 他の §92; alius atque p.53 注1; aliī...aliī p.74 注3,4

allāt- *etc. vid.* afferō

alō, aluī, altum, -ere *va.* 養う

alter, -era, -erum *adj.* 他の §92; 第二の p.19 注1; alter...alter p.74 注1

altus, -a, -um *adj.* 高い, 深い

ambō, -ae, -ō *adj.* 両者(の) p.98 注2

ambulō, -āvī, -ātum, -āre *vn.* 遊歩する, [旅などで]行く

amīca, -ae *f.* 女友だち, 恋人

amīcitia, -ae *f.* 友情

amīcus, -ī *m.* 友人, 味方 (<*adj.*)

amīcus, -a, -um *adj.* 友好的な (alicuī)

 amīcē *adv.* 友好的に

amnis, -is *m.* 流れ, 小川

amō, -āvī, -ātum, -āre *va.* 愛する amābō (tē) §72 [注意]

amoenus, -a, -um *adj.* 優美な, 快適な

amor, -ōris *m.* 愛, 恋

amplius *adv.* より以上に §136 [注意]

an *conj.* それとも(二者択一の疑問において) p.103 注2

ancilla, -ae *f.* 女中(奴隷の)

Ancus Marcius, -ī -ī *m.* アンクス・マルキウス(ローマ第四代の王)

Andrōclēs, -is *m.* アンドロークレース(獅子を助けてのちに助けられた有名な奴隷)

Androgeōs, -geī *m.* アンドロゲオース(人名)

anguis, -is *m. f.* 蛇

animal, -ālis *n.* 動物

animus, -ī *m.* 精神, 勇気, bonō animō esse 元気がある; animō habeō ...するつもりである p.59 注4

annus, -ī *m.* 年

ante *adv.* 前に, *prep. c. acc.* の前に ante diem *etc.* p.101 注3

antequam *conj.* ...(する)前に §118 (1)

antīquitus *adv.* 古代において

antīquus, -a, -um *adj.* 古代の 比・最 p.107 注5(C)

Antōnius, -ī *m.* アントーニウス (M. Antōnius ローマ三頭政治家の一)

anxius, -a, -um *adj.* 心配せる

aperiō, -peruī, -pertum, -īre *va.* 開く, 明かす

Apollō, -inis *m.* アポルローン(太陽神)

appāreō, -pāruī, -paritum, -ēre *vn.* 現われる, 見える appāret 明らかである

appellō, -āvī, -ātum, -āre *va.* 呼ぶ, に話しかける (aliquem)

Appia, -ae *f.* (*sc.* via) アッピウス街道

Appius, -ī *m.* アッピウス(男の名)

appropinquō, -āvī, -ātum, -āre *vn.* 近づく (alicuī)

Aprīlis, -e *adj.* 四月の, *m.* -is 四月

aptus, -a, -um *adj.* に適した (*c. dat.*) p.122 注4

apud *prep. c. acc.* の傍に，のところに，の書に §52, 2
aqua, -ae *f.* 水
āra, -ae *f.* 聖壇
arātor, -ōris *m.* 農夫，耕作者
arbitror, -ātus sum, -ārī *dep.* 思う §77 [注意] 3.
arbor, -ŏris *f.* 樹木
arceō, -cuī, -ctum, -ēre *va.* 遠ざける
arcessō, -cessīvī, -cessītum, -ere *va.* 呼びよせる
ardor, -ōris *m.* 熱
ārea, -ae *f.* 広場
argentum, -ī *n.* 銀，銀製品
Ariadnē, -ēs *f.* アリアドネー (Crēta 島 Mīnōs 王の娘)
Aristotelēs, -is *m.* アリストテレース(ギリシァの有名な哲学者)
arma, -ōrum *n. pl.* 武器，戦争 in armīs esse 武装している
armentum, -ī *n.* 牛馬の群
arō, -āvī, -ātum, -āre *va.* 耕す
arripiō, -ripuī, -reptum, -ere *va.* 奪い取る
ars, artis *f.* 技術，学芸，すべ p. 123 注 3
ās, assis *m.* アース(貨幣単位)
ascendō, -scendī, -scensum, -ere *vn.* 登る
Asia, -ae *f.* アシア(現在の小アジア地方以東を漠然と指した)
aspiciō, -spexī, -spectum, -ere *va.* 眺める
astrologus, -ī *m.* 天文学者
astrum, -ī *n.* 天体，星座
at *conj.* だが，しかし
Atalanta, -ae *f.* アタランタ (Boeotia の Schoeneus 王の娘. 足が速く，多くの求婚者があったが，最後に競走にまけて Mīlanion の妻となった.)
āter, -tra, -trum *adj.* 黒い
Athēnae, -ārum *f. pl.* アテーナィ(ギリシァの都市,現アテネ)
Athēniensis, -is *m.* アテーナィ人
athlēta, -ae *m.* 競技者
atque (ac) *conj.* そしてまた，更に p. 17 注 3 ;(比較の語と共に)とは §65 ; simul atque *vid.* simul
Atticus, -ī *m.* アッティクス(キケローの親友)
attingō, -tigī, -tactum, -ere *va.* 触れる，達する
auctōritās, -ātis *f.* 所有権
audācia, -ae *f.* 果敢，勇往
audax, -ācis *adj.* 大胆な audācter *adv.* 大胆に
audeō, ausus sum, -ēre *va.* 思い切って...する; sōdēs (<sī audēs) §72 [注意]
audiō, -īvī(-iī), ītum, -īre *va.* 聞く §77 [注意] 3
auferō, abstulī, ablātum, auferre *va.* 運び去る (aliquid alicuī) 活用 *vid.* ferō
augeō, auxī, auctum, -ēre *va.* 成長させる，大きくする，増す
Augustus, -ī *m.* アゥグストゥス(ローマ皇帝の副名, しばしば Octaviānus のことを指す)
aura, -ae *f.* 微風
aureus, -a, -um *adj.* 黄金(色)の *m.* 金貨
aurīga, -ae *m.* 御者

auris, -is *f.* 耳

aurōra, -ae *f.* 暁 Aurōra, -ae *f.* 暁の女神

aurum, -ī *n.* 黄金(製品)

aut *conj.* 或は aut...aut p. 60 注 3

autem *conj.* 他方において(後置の対照概念を導く)

auxilium, -ī *n.* 援助, 救援

avārus, -a, -um *adj.* 貪欲な

avidus, -a, -um *adj.* を貪る (*c. gen.*)

avis, -is *f.* 鳥

avunculus, -ī *m.* 伯(叔)父(母方の) [父方は patruus]

B

Babylōnius, -a, -um *adj.* バビューローニア(バビロン)の

Bacchus, -ī *m.* バッコス(ディオニューソス神の異名)

barba, -ae *f.* ひげ

barbarus, -a, -um *adj.* 野蛮な *m. f.* 夷狄

bāsium, -ī *n.* 接吻

beātus, -a, -um *adj.* めぐまれた

bellē *adv.* 上品に, 見事に

bellum, -ī *n.* 戦争

bene *adv.* よく 比・最 §140

bestia, -ae *f.* 猛獣, けもの

bibō, bibī, pōtum, -ere *va.* 飲む

biennium, -ī *n.* 二年間 p.66 注 1

bīnī, -ae, -a *adj.* 二つずつの

bis *adv.* 二度, 二倍

blandus, -a, -um *adj.* こびへつらった, 愛想のよい
  blandē *adv.* 愛想よく

bonus, -a, -um *adj.* よい, 善良な 比 melior 最 optimus §132

bōs, bovis *f.* 牛 p. 72 注 4

bracchium, -ī, *n.* 腕

brevī *adv.* (*sc.* tempore) 間もなく

brevis, -e *adj.* 短い
  breviter *adv.* 短く

Britannia, -ae *f.* ブリタンニア(現在の英国)

Brundisium, -ī *n.* ブルンディスィウム(イタリア南部の町, 今の Brindisi)

Brūtus, -ī *m.* ブルートゥス(有名なローマの政治家・軍人)

C

Caecubum, -ī *n.* (*sc.* vīnum) カエクブム(南 Latium の地方)産の葡萄酒

caecus, -a, -um *adj.* 盲目の

caelum, -ī *n.* 天, 空 in caelum ferre ほめたたえる

Caesar, -aris *m.* カエサル(人名, 普通には Iūlius Caesar を指す)

calcar, -āris *n.* 拍車

Calīgula, -ae *m.* カリグラ(ローマ第三代の皇帝)

callidus, -a, -um *adj.* 抜目のない, 狡い

calor, -ōris *m.* 熱, 情熱

calvitiēs, -ēī *f.* 禿頭

calvus, -a, -um *adj.* 禿の

candidus, -a, -um *adj.* 白く輝く, 白い

canis, -is *c.* 犬

Cannēnsis, -e *adj.* カンナェ(Āpulia 地方の村)の

canō, cecinī, cantum (cantātum), -ere *va.* 歌う, のことを歌う

cantō, -āvī, -ātum, -āre *va.* 歌う

capella, -ae *f.* 牝山羊の仔

capiō, cēpī, captum, -ere *va.* 捕える，占領する．活用 §181. (能相) 直現・過・未, 不現 §31, 直完 p. 38 注 2, 命現 §55 [注意]；(所相) 直現・過・未 §59 [注意] 2, 不現, 命現 §60 [注意] 1, 直完 §69 (1) [注意], p. 57 注 1；接現 §109 [注意] (3), *ger.* §151 [注意]

captīvus, -ī *m.* 捕虜

caput, -itis *n.* 頭

careō, -uī, -itum, -ēre *vn.* 欠く (*c. abl.*)

Cāria, -ae *f.* カーリア (小アジアの州)

carpō, carpsī, carptum, -ere *va.* 摘む

carmen, -inis *n.* 歌

carrus, -ī *m.* 荷馬車

cārus, -a, -um *adj.* 親愛な (alicuī)

 cārē *adv.* 親しく

Cassius, -ī *m.* カッスィウス (有名な政治家)

castīgō, -āvī, -ātum, -āre *va.* こらしめる

castra, -ōrum *n. pl.* 陣営

castus, -a, -um *adj.* 貞淑な

cāsus, -ūs *m.* 偶発事, 格　cāsū *abl. adv.* 偶然に　p. 22 注 4

Catilīna, -ae *m.* カティリーナ (ローマの共和政を倒そうとした貴族)

Catius, -ī *m.* カティウス (人名)

Catullus, -ī *m.* カトゥルス (ローマの詩人)

causa, -ae *f.* 原因, 理由　causā *c. gen.* のために　p. 121 注 4　nihil causae est quīn... しない理由はない

caveō, cāvī, cautum, -ēre *va.* 用心する §126

cēdō, cessī, cessum, -ere *vn.* 行く, 応ずる (alicuī)

celebrō, -āvī, -ātum, -āre *va.* 称揚する, もてはやす

celeritās, -ātis *f.* 早いこと, 急ぐこと

celeriter *adv.* 急いで　比 celerius 最 celerrimē (< *adj.* celer)

cēna, -ae *f.* 夕食

cēnō, -āvī, -ātum, -āre *vn.* 夕食をとる

centēnī, -ae, -a *adj.* 百ずつの

centiēs *adv.* 百度, 百倍

centum *adj. num.* (数の) 100

centēsimus, -a, -um *adj. num* 第 100 の

cēp-ī *etc. vid.* capiō

cēra, -ae *f.* 蠟

cernō, crēvī, crētum, -ere *va.* 区別する, 見分ける, 気づく

certus, -a, -um *adj.* 確かな　certiōrem facere 知らせる §77 [注意] 3；prō certō habēre 確信する §77 [注意] 3

 certē *adv.* 確かに

cervus, -ī *m.* 鹿

cēterus, -a, -um *adj.* その他の

Cethēgus, -ī *m.* ケテーグス (人名)

charta, -ae *f.* 文書, パピュロス紙

Chionē, -ēs *f.* キオネー (女の名)

Christiānus, -a, -um *adj.* クリスト教の *m. f.* クリスト教徒

cibus, -ī *m.* 食物

Cicerō, -ōnis *m.* キケロー（M. Tullius Cicerō 有名な政治家・弁論家）

cingō, cinxī, cinctum, *va.* 囲む

circiter *adv.* まわりに，凡そ p. 120 注 3

circuitus, -ūs *m.* 迂廻

cito *adv.* 速く，すみやかに

cīvis, -is *c.* 市民

cīvitās, -ātis *f.* 国家

clādēs, -is *f.* 損害，災

clam *adv.* ひそかに

clāmō, -āvī, -ātum, -āre *vn.* 叫ぶ

clāmor, -ōris *m.* 叫び

clārus, -a, -um *adj.* 有名な，周知の

classis, -is *f.* 艦隊

Claudius, -ī *m.* クラウディウス（ローマの政治家）

Clōdius, -i *m.* クローディウス（人名）

coact-us *etc. vid.* cōgō

coepī *vid.* incipiō

cōgitō, -āvī, -ātum, -āre *va.* 考える

cognōmen, -inis *n.* 姓 p. 35 注 1

cognōscō, -gnōvī, -gnitum, -ere *va.* 知る §77 [注意] 3

cōgō, coēgī, coactum, -ere *va.* 集める，強いる p. 104, 注 1

cohortor, -ātus sum, -ārī *dep.* 励ます

collēga, -ae *m.* 同僚

collis, -is *m.* 丘

colloquium, -ī *n.* 会談

colloquor, -locūtus sum, -loquī *dep.* 会談する

collum, -ī *n.* 首

colō, coluī, cultum, -ere *va.* に住む，耕す，崇める

columba, -ae *f.* 鳩

comes, -itis *c.* 仲間

comitia, -ōrum *n. pl.* 民会

committō, -mīsī, -missum, -ere *va.* 行う，犯す pugnam (proelium) committere 戦う

commoveō, -mōvī, -mōtum, -ēre *va.* 動かす，誘致する，惹起する

comparō, -āvī, -ātum, -āre *va.* 準備する，比較する（cum aliquō）

complexus, -ūs *m.* 抱擁

complūrēs, -a *adj.* 数多の

comprehendō, -hendī, -hensum, -ere *va.* 摑む，取る，捕える

concēdō, -cessī, -cessum, -ere *va.* 譲る

conclāve, -is *n.* 部屋

condiciō, -ōnis *f.* 条件

condō, -didī, -ditum, -ere *va.* 建てる

conferō, -tulī, collātum, -ferre *va.* 運び集める，責任を負わす (in aliquem), sē conferre 赴く 活用 *vid.* ferō

conficio, -fēcī, -fectum, -ere *va.* 作りあげる，衰弱させる，成就する，進む(道程を) 活用 *vid.* capiō

confīdō, -fīsus sum, -ere *vn.* 頼りにする，信頼する (alicuī)

confiteor, -fessus sum, -ērī *dep.* 自白する，自認する

conflīgō, -flixī, -flictum, -ere *vn.* 衝突する，激突する（cum

aliquō)
conicīō, -iēcī, -iectum, -ere *va.* 投げる
coniunx, -iugis *c.* つれあい, 配偶者
cōnor, -ātus sum, -ārī *dep.* 試みる, 努める p. 59, 注 4
conservō, -āvī, -ātum, -āre *va.* 守る, 救う
consīdō, -sēdī, -sessum, -ere *vn.* 坐る, 陣取る
consilium, -ī *n.* 相談, 忠告, 熟慮, 計画 eō consiliō ut p. 106 注 5
consistō, -stitī, -stitum, -ere *vn.* 位置をしめる, 整列する
consōpiō, -ītum, -īre *va.* 熟睡させる
conspectus, -ūs *m.* 視野, 視界
constantia, -ae *f.* 徹底, 強直
constituō, -stituī, -stitūtum, -ere *va.* 決める, 決心する p. 104 注 1
constō, -stitī, -stātum, -āre *vn.* 立ったままでいる, かかる p. 100 注 4
constat *v. impers.* 知られている
consuētūdō, -inis *f.* 習慣
consul, -ulis *m.* 執政官
consulō, -suluī, -sultum, -ere *va.* 相談する (aliquem)
consūmō, -sumpsī, -sumptum, -ere *va.* 消費する, 過ごす
contemnō, -tempsī, -temptum, -ere *va.* 侮る
contendō, -tendī, -tentum, -ere *va.* 優劣を争う, へ急ぐ
contentus, -a, -um *adj.* 満足せる *(c. abl)*
contineō, -tinuī, -tentum, -ēre *va.* 一緒にしておく sē continēre にとどまっている, 己れを制する
contingō, -tigī, -tactum, -ere *va.* 触れる, 与えられる
continuō *adv.* 必然的に
contrā (*adv.*>) *prep. c. acc.* に対して
contrārius, -a, um *adv.* 反対の
coorior, -ortus sum, -orīrī *dep.* 急に起る
cōpia, -ae *f.* 豊饒, 富, 能力 *pl.* 軍勢
cor, cordis *n.* 心臓, 心 cordī esse 親しい p. 71 注 1
cōram *prep. c. abl.* の面前で
Cornēlia, -ae *f.* コルネーリア (女の名)
cornū, -ūs *n.* 角
corpus, -ŏris *n.* 体
co(t)tidiānus, -a, -um *adj.* 日日の, 毎日の
cot(t)īdiĕ *adv.* 毎日
crās *adv.* 明日 O.O. と. §160 (1)(B)
Crassus, -ī *m.* クラッスス (三頭政治家の一人)
crēdibilis, -e *adj.* 信じられ得る
crēdō, crēdidī, crēditum, -ere *vn.* 信ずる (alicuī) §77 [注意] 3
creō, -āvī, -ātum, -āre *va.* 創造する, 選出する
crepitō, -āvī, -ātum, -āre *vn.* がたがたする
Crēta, -ae *f.* クレータ (テー) 島
cruciātus, -ūs *m.* 拷問
crūdēlitās, -ātis *f.* 残虐
cruentus, -a, -um *adj.* 血だら

けの
cubō, -buī, -bitum, -āre *vn.* 寝る, 床に臥す
cuīdam *vid.* quīdam
cuīquam *vid.* quisquam
cuīque *vid.* quisque
cūius *vid.* quī, quis
cūiusdam *vid.* quīdam
cūiusmodī *vid.* modus
culīna, -ae *f.* 台所
culpa, -ae *f.* 罪, 咎
culpō, -āvī, -ātum, -āre *va.* 咎める, 罪する
cum *prep. c. abl.* と共に, をもって. §34(6); cum の省略 p. 26 注1
cum (quum) *conj.* ... 時に p. 26 注1, §114〜5; ＜...して何年(月日)になる＞の表現 p. 100 注6; cum... tum p. 95 注1;... ので, ...でも §116, 関副として p. 92 注1
-cumque §89, (2), (B)
cunctātiō, -ōnis *f.* 躊躇
cunctor, -ātus sum, -ārī *dep.* ためらう, ぐずぐずする
cunctus, -a, -um *adj.* 全部の
cupīdō, -inis *f.* 熱意 p. 123 注3
cupidus, -a, -um *adj.* を欲している (*c. gen.*)
cupiō, -īvī(-iī), -ītum, -ere *va.* 望む, 欲する p. 59 注4, p. 104 注3
cūr *adv.* 何故 p. 103 注3
cūra, -ae *f.* 心づかい, 心配, 世話; cūrae esse 心がかりである p. 71 注1; cūra nostrī と cūra nostra p. 43 注2
cūria, -ae *f.* 元老院, 集会

cūrō, -āvī, -ātum, -āre *va.* 心にかける, 慮る §126
currō, cucurrī, cursum, -ere *vn.* 走る
currus, -ūs *m.* 馬車
cursus, -ūs *m.* 走ること
custōdiō, -īvī(-iī), -ītum, -īre *va.* 番をする, 見張る, 保護する
Cyanē, -ēs *f.* キュアネー (nympha の名 Syracūsae の泉に棲むという.)
cymba, -ae *f.* 小舟

D

dā, dabam *etc.*, dabō *etc. vid.* dō
Daedalus, -ī *m.* ダィダロス(ギリシァ伝説中の工匠. Īcarus の父)
Dāma, -ae *m.* 奴隷の名
damnō, -āvī, -ātum, -āre *va.* 有罪の判決を下す, (或る罪を)宣告する
damnum, -ī *n.* 損害
damus *vid.* dō
Danaī, -ōrum *m. pl.* ギリシァ人たち
darem *etc. vid.* dō
dās, dat, datis *vid.* dō
dat-us *etc. vid.* dō
dē *prep. c. abl.* から, について §34(4), p. 122 注6(C)
dea, ae *f.* 女神 *pl. dat. & abl.* deābus p. 12 注2
dēbeō, dēbuī, dēbitum, -ēre *va.* べきである p. 126 注1
dēcēdō, -cessī, -cessum, -ere *vn.* 立去る, 死去する
decem *adj. num.* (数の)10
December, -bre *adj.* 十二月の *m.* -bris 十二月

deceō, -cuī, -ēre va. 飾る impers. decet ふさわしい §95 (1)
dēcidō, -cidī, -ere vn. 落ちる
deciēs adv. 十度, 十倍
decimus, -a, -um adj. num. 第10の
dēcipiō, -cēpī, -ceptum, -ere va. 欺く 活用 vid. capiō
Decius, -ī m. デキウス (ローマの氏族名, 特に P. Decius Mūs 父子が有名)
decōrus, -a, -um adj. 華麗な, 立派な
ded-ī etc. vid. dō
dēdecet, -cuit, -ēre v. impers. ふさわしくない §95 (1)
dēdūcō, -duxī, -ductum, -ere va. 引出す, 追出す
dēest vid. dēsum
dēfendō, -fendī, -fensum, -ere va. 防ぐ, 守る
dēfessus, -a, -um adj. 疲労せる
dēficiō, -fēcī, -fectum, -ere vn. 衰える va. から離れる 活用 vid. capiō
dēfluō, -fluxī, -fluxum, -ere vn. 流れ終る
dēfu-ī etc. vid. dēsum
dein(de) adv. それから, その上
dēlectō, -āvī, -ātum, -āre va. 喜ばす
dēleō, -ēvī, -ētum, -ēre va. 抹消する
dēlīberō, -āvī, -ātum, -āre va. 熟考する
dēligō, -āvī, -ātum, -āre va. 結びつける
Dēlos, -ī f. デーロス島 (エーゲ海の)

dēmum adv. やっと, ついに
dēnī, -ae, -a adj. 十ずつの
dēnique adv. 結局
dens, dentis m. 歯
densus, -a, -um adj. 濃密な
dēs vid. dō
descendō, -scendī, -scensum, -ere vn. 下る, 降りる
dēsiderō, -āvī, -ātum, -āre va. 欲する, 熱望する
dēsignō, -āvī, -ātum, -āre va. 選任する
dēsinō, -siī,* -situm, -ere va. やめる *完了については p. 59 注 4
dēsistō, -stitī,* -stitum, -ere vn. やめる (c. abl.) *p. 59 注 4
despērātiō, -ōnis f. 失望, 落胆
despērō, -āvī, -ātum, -āre vn. 絶望する
destituō, -stituī, -stitūtum, -ere va. 見すてる
dēsum, -fuī, -futūrus, -esse vn. 欠けている (alicuī) p. 15 注 1 活用 vid. sum
det vid. dō
dēterior, -ius adj. comp. より卑しい, より下等な
dēterreō, -uī, -itum, -ēre va. 脅して...させない p. 118 注 1
dētrīmentum, -ī n. 損害 dētrīmentō esse 損になる p. 71 注 1
deus, -ī m. 神 pl. nom. dī dat. dīs p. 22 注 2
dēvincō, -vīcī, -victum, -ere va. 完勝する
dīcō, dixī, dictum, -ere va. 言う, 定める. 命現 dic §55 [注意]; ＋接 p. 104 注 5; dīcor p. 59 注

4; dīcunt §77 [注意] 3; dīcō の否定 §77 [注意] 2

dictātor, -ōris *m.* 独裁執政官

diēs, -eī *m.(f.)* 日, 日付, 猶予, 日の光 §§82, 165; multō diē 日長けて eō diē その日に (*O.O.* と. §160(1)(B))

difficilis, -e *adj.* 難しい, 気難しい 最 p.107 注 5(A)

dignus, -a, -um *adj.* に値する (*c. abl.*) (+*rel.* p.115 注5)

dīlaniō, -āvī, -ātum, -āre *va.* 裂く

dīligēns, -ntis *adj.* 誠実な, 真摯な, 勤勉な

dīligō, -lēxī, -lēctum, -ere *va.* 愛する, 尊重する

dīlūcēscō, -lūxī, -ere *vn.* (夜が) 明ける

dīluō, -luī, -lūtum, -ere *va.* 解く, 洗い去る

dīmittō, -mīsī, -missum, -ere *va.* 派遣する, 放棄する, 放つ

Dionȳsius, -ī *m.* ディオニュースィオス (Syracūsae の僭主)

dīripiō, -ripuī, -reptum, -ere *va.* 掠奪する

dīrus, -a, -um *adj.* 恐るべき, 有害の

discēdō, -cessī, -cessum, -ere *vn.* 退去する

discō, didicī, -ere *va.* 学ぶ

discrīmen, -minis *n.* 差異, 不和, 苦難

discurrō, -(cu)currī, -cursum, -ere *vn.* 走り散る, 解散する

dispōnō, -posuī, -positum, -ere *va.* 配分する, 配置する

disputō, -āvī, -ātum, -āre *va.* 論議する

dissimilis, -e *adj.* 不同の 最 p.107 注 5(A)

distentus, -a, -um *adj.* いっぱいの, 張った

diū, *adv.* 長い間 比 diūtius 最 diūtissimē

dīves, dīvitis *adj.* 富んだ 比 dīvitior (dītior) 最 dīvitissimus (dītissimus)

dīvidō, -vīsī, -vīsum, -ere *va.* 分ける

dīvitiae, -ārum. *f. pl.* 富

dīx-ī *etc. vid.* dīcō

dō, dedī, dătum, dăre *va.* 与える 活用 直・能, 不現・直現 p.11 注2, 未, 過 p.24 注2, 命現 §55 [注意]; 所, 現・過・未 §59 [注意] 4, 不現, 命現 §60 [注意] 3, 完了系 p.57 注1; 完分 §69 (1) [注意], 現分 §97(2)

doceō, docuī, doctum, -ēre *va.* 教える, 知らせる (aliquem aliquid §76, p.123 注 2)

doctus, -a, -um *adj.* 学識ある

doleō, -uī, -itum, -ēre *vn.* 痛む, 悩む, 哀しむ, 遺憾に思う p.95 注 2

dolor, -ōris *m.* 悲嘆[1]

dolus, -ī *m.* 欺瞞

domesticus, -a, -um *adj.* 家の, 国内の

domina, -ae *f.* 女主人, 愛人

dominus, -ī *m.* 主人

Domitiānus, -ī *m.* ドミティア

---

1. *cf. F.* douleur *f.*

単　語　集

―ヌス(ローマ皇帝)
domus, -ūs, *f.* 家 §34 注意 3(β), p.64 注 1
dōnec *conj.* ...(する)間中ずっと p94 注 2
dōnum, -ī *n.* 贈物
dormiō, -īvī(-iī), -īre *vn.* 眠る
dubitō, -āvī, -ātum, -āre *va.* ためらう,疑う §149(1)
dubium, -ī *n.* 疑い　sine dubiō 疑いもなく　nōn dubium est quīn に疑いはない §149(1)
dŭc-is *etc. vid.* dux
dūcis *etc. vid.* dūcō
ducentī, -ae, -a *adj. num.* (数の) 200
ducentēsimus, -a, -um *adj. num.* 第200の
dūcō, duxī; ductum, -ere *va.* 導く,連れてゆく,引く,引出す　in mātrimōnium dūcere 結婚する,めとる
dulcis, -e *adj.* 甘い,美しい
dum *conj.* ...(する)間に,...(する)間中ずっと,...かぎりは,...まで §118 (4)
duo, duae, duo *adj. num.* (数の) 2 変化 §121(2), §176
duodecim *adj. num.* (数の) 12
duodecimus, -a, -um *adj. num.* 第12の
duodeciēs *adv.* 十二度,十二倍
duodēnī, -ae, -a *adj.* 十二ずつの
duodēvīgintī *adj. num.* (数の)18
duodēvīcēsimus, -a, -um *adj. num.* 第18の
dux, dŭcis *m.* 将軍
dux-ī *etc. vid.* dūcō

E

ē, ex *prep. c. abl.* (の中)から(外へ) §34(3), p.122 注 6(C)
eā *adv.* そちらの方へ §67
ea, eā *vid.* is
eadem, eādem *vid.* īdem
eam *vid.* is & eō
eburneus, -a, -um *adj.* 象牙(ebur) の
ec- §86 [注意]
edō, ēdī, ēsum, esse *va.* 食べる
ēdūcō, -duxī, -ductum, -ere *va.* 連れ出す
efferō, extulī, ēlātum, -ferre *va.* 持出す,高ぶらす,もてはやす　活用 *vid.* ferō
efficiō, -fēcī, -fectum, -ere *va.* 遂行する　活用 *vid.* capiō
effodiō, -fōdī, -fossum, -ere *va.* 掘り出す,えぐる
effugiō, -fūgī, -ere *vn.* 脱走す
effundō, -fūdī, -fūsum, -ere *va.* 注ぎ出す. (所相)に夢中になる,ふける
ēg-ī *etc. vid.* agō
egeō, -uī, ēre *vn.* 欠く (*c. abl.*)
ego *pron.* 私　変化 §50, §168; O.O. と. §160(1)
ēgredior, ēgressus sum, ēgredī *dep.* 出る
ēgregius, -a, -um *adj.* 卓越せる
ei *interj.* ああ
eī *vid.* is
eīs *vid.* is
ēius *vid.* is
ēiusdem *vid.* īdem
ēiusmodī *vid* modus

ēlābor, -lapsus sum, -labī *dep.* 滑り落ちる, 逃げ失せる
ēlāt-us *etc. vid.* efferō
elephantus, -ī *m.* 象
ēlīdō, -līsī, -līsum, -ere *va.* 打倒する
ēmittō, -mīsī, -missum, -ere *va.* 放つ
emō, ēmī, emptum, -ere *va.* 買う
enim *conj.* というのは　enim vērō まったくのところ, 本当に
Ennius, -ī *m.* エンニウス(ローマ初期の詩人)
eō, īvī(iī), īre *vn.* 行く　活用 §187 不現, 直現・過・未 §35, 完 p. 38 注 2, 不完 p. 39 注 3, 不未 §102, 不(所) p. 81 注 3, 命現 §56, 接現 §109, 6, 過 §110(6), 現分 §97(2), 未分 §101, *ger.* §151 [注意], *gdv.* p. 121 注 2
eō *adv.* そこへ §67　*O.O.* と. §160(1)(B)
eō *vid.* is
eōdem *adv.* 同じ場所へ
eōdem *vid.* īdem
eōrum *vid.* is
eōs *vid.* is
epistula, -ae *f.* 書簡
eques, -itis *m.* 騎士
equitātus, -ūs *m.* 騎兵隊
equus, -ī *m.* 馬
eram, erās *etc. vid.* sum
ergā *prep. c. acc.* に対して
ergō *adv.* それ故に
ēripiō, -ripuī, -reptum, -ere *va.* 取去る, から自由にする, 奪い去る (aliquid alicuī)

eris, erit *etc. vid.* sum
erō *vid.* sum
errō, -āvī, -ātum, -āre *vn.* うろつく, 誤る
erus, -ī *m.* 主人, 家長
es *vid.* sum
escendō, -scendī, -scensum, -ere *vn.* 上る, 乗る
esse, essem *etc. vid.* sum
est, estis, estō *vid.* sum
ēsuriō, -ītum, -īre *vn.* 空腹である
et *conj.* と, そして；も亦　p. 17 注 5；et...et　...も...も p. 18 注 1；et nōn → nec p. 17 注 4；A et B に類する表現いろいろ p. 17 注 3
etiam *adv.* すらも, さえ　nōn modo...sed etiam *vid.* modo； etiam sī §117(2)
etsī *conj.* ...といえども, ... (である)けれども §117(2)
eum *vid.* is
eund-ī *etc.* eō
eurīpus, -ī *m.* 溝, 水道
ēveniō, -vēnī, -ventum, -īre *vn.* 出て来る, 起る　ēvenit ut 偶々...である §130(1)
excēdō, -cessī, -cessum, -ere *vn.* (から)出てゆく (*c. abl.*)
excitō, -āvī, -ātum, -āre *va.* 駆り立てる, 眼覚めさす
excruciō, -āvī, -ātum, -āre *va.* 責めさいなむ, 悩ます
excutiō, -cussī, -cussum, -ere *va.* 振落す
exeō, -iī, -itum, -īre *vn.* 出る　活用 *vid.* eō
exercitus, -ūs *m.* 軍隊

exi-ī *etc. vid.* exeō
existimō, -āvī, -ātum, -āre *va.* 思う §77 [注意] 3
exordium, -ī *n.* 始まり
exorior, -ortus sum, -orīrī *dep.* 現れる
experior, -pertus sum, -perīrī *dep.* 試す
explōrō, -āvī, -ātum, -āre *va.* 探り出す
expōnō, -posuī, -positum, -ere *va.* 外に置く, 説明する
expugnō, -āvī, -ātum, -āre *va.* 攻略する
exspectō, -āvī, -ātum, -āre *va.* 待つ, 期待する; +sī 単語集 sī の項, 注 1 (-s- があることに注意)
exstruō, -strūxī, -structum, -ere *va.* 積み上げる
externus, -a, -um *adj.* 外部の, 国外の
extrēmus, -a, -um *adj.* 最終の, の終 p. 36 注 1
extul-ī *etc. vid.* efferō

F

Fabius Maximus, -ī -ī *m.* ファビウス・マクスィムス(第二ポェニー戦役の時のローマの独裁執政官)
Fabius Pictor, -ī, -ōris *m.* ファビウス・ピクトル(ローマの史家・執政官)
fābula, -ae *f.* 物語, 喜劇
facētus, -a, -um *adj.* 機智ある
faciēs, -ēī *f.* 外観
facilis, -e *adj.* 容易な, 従順な 最 p. 107 注 5(A)
 facile *adv.* 容易に

faciō, fēcī, factum, facere *va.* なす, 作る, 評価する §141(2). 活用 *vid.* capiō (命現 §55 [注意]; 所相 *vid.* fīō); facere nōn possum quīn...せずにはいられない §149 (1); fac ut §126
facultās, -ātis *f.* 可能性, 能力, 機会 p. 123 注 3
Falernus, -a, -um *adj.* ファレルヌス地方 (*sc.* ager) (Campānia 地方)の
fallō, fefellī, falsum, -ere *va.* 欺く, 気ずかれない
fāma, -ae *f.* 名声, 世評
fās, *n. indecl.* 道理 fas est *impers.* 正しい §95(1)
fateor, fassus sum, -ērī *dep.* 打ち明ける
fatīgō, -āvī, -ātum, -āre *va.* 疲れさせる
faveō, -āvī, fautum, -ēre *vn.* 好意を持っている, 支援する (*c. dat.*)
febris, -is *f.* 熱, 熱病
Februārius -a, -um *adj.* 二月の *m.* -ī, 二月
fēc-ī *etc. vid.* faciō
fefell-ī *etc. vid.* fallō
fēlix, -īcis *adj.* 幸福な
fēlīciter, *adv.* 幸運に, 順調に
fenestra, -ae *f.* 窓
fera, -ae *f.* 野獣
ferē *adv.* ほとんど
feriō, -īvī, -ītum, -īre *va.* 打つ
fermē *adv.* =ferē
ferō, tulī, lātum, ferre *va.* 運ぶ, もたらす, 耐える 活用 §186 能・直・現・過・未・不現 §38, 完了幹 p. 38 注2, 命現 §56, 現分

§97,(2); 所・直現・過未 §59 [注意] 5, 不現・命現 §60 [注意] 4, 完分 §69(1) [注意], 完了系 p. 57 注 1, 接現(能・所) §109 [注意] 2, 過 §110(8), ferunt §77 [注意] 3

ferrum, -ī, *n.* 鉄

ferus, -a, -um *adj.* 野蛮な, 粗野な

fessus, -a, -um *adj.* 疲れ果てた (*c. abl.*)

fīcus, -ī (-ūs) *f.* 無花果(イチヂク)

fidēlis, -e *adj.* 忠実な

fidēs, -eī *f.* 信, 信用

fīdus, -a, -um *adj.* 忠実な

fīlia, -ae *f.* 娘 *pl. dat. &. abl.* filiābus p. 12 注 2

fīlius, -ī *m.* 息子

fīlum, -ī *n.* 糸

fīnis, -is *m.* (*f.*) 境界(線), 終 *pl.* 領域, 国土 fīnem facere 終える p. 123 注 3

fīnitimus, -a, -um *adj.* 隣接している

fīō, factus sum, fierī *vn.* なる, なされる 活用 §188 直・現・過・未 §59 [注意] 3, 完 p. 57 注1, 不現・命現 §60 [注意] 2, 完分 §69 (1) [注意], 不完 §100(2), 接・現 §109 [注意] 3, 過 p. 88 注 1, fit ut p. 106 注 4

firmō, -āvī, -ātum, -āre *va.* 確かにする, 強くする

fistula, -ae *f.* 牧笛

flagrō, -āvī, -ātum, -āre *vn.* 燃え立つ

flamma, -ae *f.* 焔

fleō, flēvī, flētum, -ēre *vn.* 泣く

floccus, -ī *m.* 糸屑, つまらぬもの nōn floccī p. 112 注 1

flōs, -ōris *m.* 花[1]

fluctus, ūs *m.* 流れ

flūmen, -inis *n.* 河

fons, fontis *m.* 泉

forma, -ae *f.* 形, 美貌

formōsus, -a, -um *adj.* 美しい

fors, fortis *f.* 偶然 forte *adv. abl.* 偶々

forsitan *adv.* 多分, 恐らくは

fortasse, fortassis *adv.* 多分, 恐らくは

fortis, -e *adj.* 強い

 fortiter *adv.* 強く, 勇敢に

fortūna, -ae *f.* 運命 **Fortūna** 運命の女神

forum, -ī *n.* フォルム(ギリシァの ἀγορά にあたる市の中心の広場, 公会場)

fossa, -ae *f.* 堀

frangō, frēgī, fractum, -ere *va.* 挫く, 砕く

frāter, -tris *m.* 兄弟

frētus, -a, -um *adj.* に信を置いた (*e. abl.*)

frīgidus, -a, -um *adj.* 冷い

frūgālitās, -ātis *f.* 倹約

frūmentum, -ī *n.* 穀物

fruor, fructus sum, fruī *dep.* 享受する (*c. abl.*)

frustrā *adv.* 無益に, 空しく

fu-ī *etc. vid.* sum

fuga, -ae *f.* 逃走, 追放

fugiō, fūgī, fugitum, -ere *va.* から逃げる, を去る

---

1. *cf. F.* fleur *f.*

fulgeō, fulsī, -ēre *vn.* 閃く, 輝く
fungor, functus sum, -ī *dep.* 果す (*c. abl.*) p. 51 注 2
fūr, fūris *c.* 泥棒

G

galērum, -ī *n.* 毛皮の帽子
Galla, -ae *f.* 奴隷女の名
Gallī, -ōrum *m. pl.* ガルリア人たち, ガルリア族
Gallia, -ae *f.* ガルリア (今のフランス辺) Gallicus, -a, -um *adj.*
gallīna, -ae *f.* 牝鶏 ｛ガルリアの
gaudeō, gāvīsus sum, -ēre *dep.* 喜ぶ, 楽しむ (*c. abl.*); +quod §117(1)
gaudium, -ī *n.* 喜び
gelidus, -a, -um *adj.* 冷い
generōsus, -a, -um *adj.* 高貴な, 高邁な
genū, -ūs *n.* 膝
Germānus, -ī *m.* ゲルマーニア (Germānia 今のドイツ辺)人
gerō, gessī, gestum, -ere *va.* 運
gladius, -ī *m.* 劍　　｛ぶ, 行う
glōria, -ae *f.* 光栄
glōriōsus, -a, -um *adj.* 光栄ある
Gnaeus, -ī *m.* グナェウス(人名)
gracilis, -e *adj.* やせた 最 p. 107 注 5(A)
Graecia, -ae *f.* ギリシァ
Graecus, -a, -um *adj.* ギリシァの. *m.f.* ギリシァ人
Graecīnus, -ī *m.* 人名
grandis, -e *adj.* 大きな
grātia, -ae *f.* 優美, 感謝. grātiam habeō, grātiās agō (alicuī) 感謝する. grātiā *c. gen.* のおかげで p.121 注 4

gravis, -e *adj.* 重い, 重大な
gustō, -āvī, -ātum, -āre *va.* 味をみる, 軽い食事をする
grātus, -a, -um *adj.* 喜ばしい

H

habeō, -uī, -itum, -ēre *va.* 持っている, 見做す sē habēre (或る状態)である
habitō, -āvī, -ātum, -āre *va. vn.* (に)住む
hāc *adv.* こちらの方へ §67
hāc, haec, hanc *vid.* hīc (*pron. & adj.*)
Hannibal, -alis *m.* ハンニバル (Karthāgō の名将)
harēna, -ae *f.* 砂, 砂地
hās *vid.* hīc (*pron. & adj.*)
Hasdrubal, -alis *m.* ハスドルバル (Karthāgō の将軍)
hasta, -ae *f.* 槍
haud *adv.* 全く...ない p. 11 注 3
hauriō, hausī, haustum, -īre *va.* 汲む, 貪り食う
hebetō, -āvī, -ātum, -āre *va.* 鈍くする, 力弱くする
Herculēs, -is *m.* ヘルクレース (ギリシァ伝説上の英雄ヘーラクレース)
herī *adv.* 昨日　*O.O.* と. §160 (1)(B)
hībernus, -a, -um *adj.* 冬の
hīc, haec, hōc *pron. & adj.* これ, この §64, 変化 §169(1) ille...hīc p. 54 注 5; *O.O.* と. §160(1)(B)
hīc *adv.* ここに §67 *O.O.* と. §160(1)(B)

hiems, -mis *f.* 冬
hinc *adv.* ここから §67　*O.O.* と. §160(1)(B)
hīs *vid.* hīc (*pron. & adj.*)
Hispānia, -ae *f.* ヒスパーニア (現在のイスパニア)
histriō, -ōnis *m.* 役者
hōc *vid.* hīc (*pron. & adj.*)
hodiē *adv.* (元は第五変化 *loc.*) 今日；*O.O.* と. §160(1)(B)
homō, -inis *m.* 人間
honor, -ōris *m.* 栄誉, 名誉
hōra, -ae *f.* 時, 刻, 時間
Horātius, -ī *m.* ホラーティウス (Quintus H. Flaccus 有名な詩人)
horrescō, horruī, -ere *vn.* びっくりする
hortor, -ātus sum, -ārī *dep.* 励ます p. 104 注 1
hōs *vid.* hīc (*pron. & adj.*)
hospitium, -ī *n.* 厚遇
hostis, -is *m.* 敵, 外国人
hūc *adv.* ここへ §67；*O.O.* と. §160(1)(B)
huic, hūius *vid.* hīc (*pron. & adj.*)
hūiusmodī *vid.* modus
hūmānus, -a, -um *adj.* 人間の
humilis, -e *adj.* 卑しい　最 p. 107 注 5(A)
humus, -ī *f.* 地 §34 注意3 (β)
hunc *vid.* hīc (*pron. & adj.*)

I (母音)

ibi *adv.* そこに §67　*O.O.* と. §160(1)(B)
ibidem *adv.* 同じ場所に
ībo, ībis *etc. vid.* eō
Īcarus, -ī *m.* イーカロス (工匠である父 Daedalus の作った翼をつけてクレーテー島より脱出の途中, 海に落ちた.)
id *vid.* is
idcirco *adv.* それ故に p. 94 注 8, p. 106 注 5
īdem, eadem, īdem *pron. & adj.* 同じ(もの, 人) §65, §170　īdem atque p. 53 注 1
ideō *adv.* それ故に p. 94 注 8 p. 106 注 5
idōneus, -a, -um *adj.* 適切な (*c. dat.*)；+*rel.* p. 115 注 5
Īdus, -uum *f. pl.* 十五日 (三, 五, 七, 十月の), 十三日 (他の月の) p. 101 注 3
igitur *adv.* 従って, 要するに
ignārus, -a, -um *adj.* を知らぬ, 未経験の (*c. gen.* p. 61 注 3)
ignāvia, -ae *f.* 怠惰
ignis, -is *m.* 火
ignōrō, -āvī, -ātum, -āre *va.* 不知である, 知らない
ignōscō, -gnōvī, -gnōtum, -ere *vn.* 赦す (alicuī)
ignōtus, -a, -um *adj.* 知られていない, 未知の
i-ī *etc. vid.* eō
Īlium, -ī *n.* イーリゥム (イーリオン, トローヤ [英 Troy] のこと)
illā(c) *adv.* そちらの方へ §67
illāt-us *etc. vid.* inferō
ille, illa, illud *pron. & adj.* あれ, あの §64, §169(2)；かの有名な p. 72 注 7；ille...hīc p. 54 注 5；*O.O.* と. §160(1)(A)

illīc *adv.* そこに §67 *O. O.* と. §160(1)(B)

illinc *adv.* そこから *O. O.* と. §160(1)(B)

illūc *adv.* そこへ §67 *O. O.* と. §160(1)(B)

imāgō, -inis *f.* 幻影, お化け

imbuō, -buī, -būtum, -ere *va.* 湿らす, 習熟させる (aliquem aliquō)

imitor, -ātus sum, -ārī *dep.* 真似る

immemor, -ŏris *adj.* を心にかけない (*c. gen.*)

impatiens, -ntis *adj.* を忍耐できない (*c. gen.*)

impedīmentum, -ī *n.* 妨害 *pl.* 手荷物 impedīmentō esse 妨げになる §90, (2)

impediō, -īvī(-iī), -ītum, -īre *va.* 妨げる §148

imperātor, -ōris *m.* 将軍, (帝政期には) 皇帝

imperītus, -a, -um *adj.* に不慣れな (*c. gen.*)

imperium, -ī *n.* 支配, 統治

imperō, -āvī, -ātum, -āre *va.* 命令する (alicuī) p.104 注1

impetrō, -āvī, -ātum, -āre *va.* 成就する

impetus, -ūs *m.* 襲撃

improbus, -a, -um *adj.* 悪い

impudentia, -ae *f.* 恥を知らぬこと

īmus, -a, -um *adj.* 最も下の, の底 p.36 注1

in *prep.* の中へ (*c. acc.*); の中に, に (*c. abl.*) §34(5), p.122 注6 (C)

incendō, -cendī, -censum, -ere *va.* 点火する, 燃え上らす

incertus, -a, -um *adj.* 不確な, 動揺せる

inchoō, -āvī, -ātum, -āre *va.* 始める, とりかかる

incǐdō, -cǐdī, -cāsum, -ere *vn.* 落ち込む, 襲う (in+*acc.*)

incīdō, -cīdī, -cīsum, -ere *va.* 断ち切る

incipiō, -cēpī,* -ceptum, -ere *va. vn.* 始める, 始まる 活用 *vid.* capiō *実際には coepī を用いる p.38 注2, p.59 注4

incola, -ae *m.* 住民, 棲物

incolumis, -e *adj.* 無事な, 無傷の

increbrescō, -bruī, -ere *vn.* 増す, 強くなる

inde *adv.* そこから §67 *O. O.* と. §160(1)(B)

India, -ae *f.* インド

indicium, -ī *n.* 目印, 証拠

indignus, -a, -um *adj.* にふさわしからぬ (*c. abl.*)

ineō, -iī, -itum, -īre *va. vn.* (に)はいる 活用 *vid.* eō

inesse *vid.* insum

infēlix, -īcis *adj.* 不幸な

inferī, -ōrum *m. pl.* 地下, 冥界

inferō, intulī, illātum, inferre *va.* 持込む bellum inferre (alicuī) に対して戦をする, を攻撃する

infimus, -a, -um *adj.* 最下の, の底 p.36 注1

ingenium, -ī *n.* 才能

inglōrius, -a, -um *adj.* 無名の

ingrātus, -a, -um *adj.* 不快な,

喜ばれない (alicuī)
ingredior, -gressus sum, -gredī *dep.* はいる, 入り込む
inimīcus, -ī *m.* 仇
inīquus, -a, -um *adj.* 不公平の
initium, -ī *n.* はじめ initium facere はじめる p. 123 注 3
iniūria, -ae *f.* 不法, 暴行
inopia, -ae *f.* 不足
inquam, -is, -it *va.* 言う §77 [注意] 1
inscrībō, -scrīpsī, -scrīptum, -ere *va.* 書きつける
īnsequor, -secūtus sum, -sequī *dep.* 追う, 後に続く
īnsidiae, -ārum *f. pl.* 伏兵, 陰謀
īnsolitus, -a, -um *adj.* 異常な
īnstruō, -strūxī, -structum, -ere *va.* 整える, 装備する (aliquid aliquā rē)
īnsula, -ae *f.* 島
īnsum, -fuī, inesse *vn.* 中にいる 活用 *vid.* sum
intellegō, -lēxī, -lēctum, -ere *va.* 判る §77 [注意] 3
inter *prep. c. acc.* の間に (で), inter sē 互に p. 44 注 1
interclūdō, -clūsī, -clūsum, -ere *vn.* 妨げる (*c. abl.*)
interdiū *adv.* 日中は
interdum *adv.* 時に
interficiō, -fēcī, -fectum, -ere *va.* 殺す 活用 *vid.* capiō
interim *adv.* その間に
interrogō, -āvī, -ātum, -āre *va.* 訊ねる
intersum, -fuī, -esse *vn.* 介在する interest *impers.* 重要である §95(4)

intrā *prep. c. acc.* の内部で
intrō, -āvī, -ātum, -āre *va. vn.* (に) 入る
intul-ī *etc. vid.* inferō
inultus, -a, -um *adj.* 復讐せぬ
inveniō, -vēnī, -ventum, -īre *va.* 出くわす, 発見する
invideō, -vīdī, -vīsum, -ēre *vn.* 羨む (alicuī)
invītus, -a, -um *adj.* 厭々の
ipse, ipsa, ipsum *pron.* 自身 §66, §171; 丁度 p. 100 注 5
īra, -ae *f.* 怒
īrāscor, īrātus sum, īrāscī *dep.* 怒る (alicuī)
īre, īrī *vid.* eō
irruō, -ruī, -ere *vn.* 走り込む, 突進する
is, ea, id *pron. & adj.* それ, その, 彼(女) §50, §169(3), §64; ēius *gen.* p. 19 注 2, p. 43 注 2; O.O. と. p. 127 注 4, quō... eō... *vid.* quī
istā *adv.* そちらの方へ §67
iste, ista, istud *pron. & adj.* それ, その §64
istīc *adv.* そこに §67 O.O. と. §160(1)
istinc *adv.* そこから §67 O.O. と. §160(1)(B)
istūc *adv.* そこへ §67 O.O. と. §160(1)(B)
ita *adv.* 然り, そのように p. 30 注 2; ita...ut p. 105 注 3
Ītalia, -ae *f.* イータリア (現在のイタリア半島)
itaque *conj.* それ故に
īte *vid.* eō
iter, itineris *n.* 道程, 旅行, 行軍

iterum *adv.* 再び　semel atque iterum *vid.* semel
itur *vid.* eō
īv-ī *etc. vid.* eō

I (子音)

iaceō, -cuī, -citum, -ēre *vn.* 横たわっている
iaciō, iēcī, iactum, -ere *va.* 投げる
iam *adv.* 既に
iānua, -ae *f.* 戸口,門
Iānuārius, -a, -um *adj.* 一月の *m.* -ī 一月
iēc-ī *etc. vid.* iaciō
iocus, -ī *m.* 冗談
Iov- *vid* Iuppiter
iubeō, iussī, -ēre *va.* 命ずる §76, §104 注 3
iūcundus, -a, -um *adj.* 愉快な,愛好すべき
iūdicium, -ī *n.* 裁判,判断
iūdicō, -āvī, -ātum, -āre *va.* 裁く,判断する
iūgerum, -ī *n.* 地積の名(一聯の牛が午前中に耕し得る広さ)
Iūlia, -ae *f.* ユーリア(女の名)
Iūlius, -ī *m.* ユーリウス(男の名)
Iūnius, -a, -um *adj.* 六月の *m.* -ī 六月
Iuppiter, Iŏvis *m.* ユーピテル(ギリシァの Zeus にあたる主神)(Iūpiter とも綴る)
iūrō, -āvī, -ātum, -āre *va.* 誓う
iūs, iūris *n.* 法規,特権　iūre *adv. abl.* 正当に
iuss-ī *etc. vid.* iubeō
iussus, -ūs *m.* 命令
iustitia, -ae *f.* 正義

iustus, -a, -um *adj.* 公正な,正しい
iuvenis, -is *adj.* 若い
iuvō, iūvī, iūtum, -āre *va.* 喜ばす,助ける　iuvat *impers.* が楽しい §95(1) p.76 注 1

K

Kalendae, -ārum *f. pl.* 朔日 p.101 注 3
Karthāgō, -inis *f.* カルターゴー

L

labor, -ōris *m.* 辛苦,労働
labōrō, -āvī, -ātum, -āre *vn.* 苦しむ,働く
lāc, lactis *n.* 乳
lacertus, -ī *m.* 腕,上膊
lacrima, -ae *f.* 涙
lacus, -ūs *m.* 湖 p.64 注 1
laedō, laesī, laesum, -ere *va.* 傷つける,侮辱する
laetitia, -ae *f.* 喜び
laetus, -a, -um *adj* 喜ばしい
languidus, -a, -um *adj.* 力なき,弱々しい
lateō, -uī, -ēre *vn.* 隠れている
Latīnus, -a, -um *adj.* ラティウムの,ラテン語の
　Latīnē *adv.* ラテン語で
Latium, -ī *n.* ラティウム(中部イータリア,ローマ周辺の地方)
latrō, -ōnis *m.* 追剥
latrō, -āvī, -ātum, -āre *vn.* 吠える
latus, -eris *n.* 横腹,側面
lātus, -a, -um *adj.* 広い
　lātē *adv.* 広く
laudō, -āvī, -ātum, -āre *va.* 賞

laurus, -ī *f.* 月桂樹[1]
laus, laudis *f.* 賞讚
lautumiae, -ārum *f. pl.* 石切場
lavō, lāvī, lautum (lavātum, lōtum), -āre *va.* 洗う
lectus, -ī *m.* 寝台, ベッド
lēg-is *etc. vid.* lex
lēgātus, -ī *m.* 使者, 副官
legō, lēgī, lectum, -ere *va.* 拾い集める, 選ぶ, 読む
lēniō, -īvī, -ītum, -īre *va.* 和らげる
lentus, -a, -um *adj.* 柔軟な, ぐったりとした
leō, -ōnis, *m.* ライオン
lepidus, -a, -um *adj.* 優美な
Lesbia, -ae *f.* レスビア (女の名)
Lēthaeus, -a, -um *adj.* レーテー河 (Lēthē 河は冥界にあり, その水を飲むと生前のことを忘れるという) の
Leuconoē, -ēs *f.* レゥコノエー (女の名)
levis, -e *adj.* 軽い
lēvis -e *adj* しなやかな
lex, lēgis *f.* 法, 掟
libenter *adv.* 喜んで
liber, -brī *m.* 本, 書物
līber, -era, -erum *adj.* 自由な (aliquā rē) 最 p. 107 注 5(B)
līberī, -ōrum *m. pl.* 子供たち
līberō, -āvī, -ātum, -āre *va.* 自由にする, 解放する (aliquem aliquā rē)
lībertās, -ātis *f.* 自由
libet, -uit, -ēre *v. impers.* 好ましい §95(3)
licet, -uit (licitum est), -ēre *v. impers.* 許される, ... してよい §95(3); よし... とせよ §117(2)
Licinius, -ī *m.* リキニウス (人名)
ligneus, -a, -um *adj.* 木 (lignum) の
līlium, -ī *n.* 百合
lingua, -ae *f.* 舌, 言語
liquet, -quit, -ēre *v. impers.* 明瞭である
liquor, -ōris *m.* 液, 汁
littera, -ae *f.* 文字 *pl.* 手紙, 文学
Līvius, -ī *m.* リーウィウス (人名)
locus, -ī *m.* 場所 *pl.* locī 箇所, loca 地方 (*n. pl.* となる)
longinquus, -a, -um *adj.* 遠隔の
longus, -a, -um *adj.* 長い
longē *adv.* 遠く, 長く, はるかに §139
loquax, -ācis *adj.* 饒舌の
loquor, locūtus sum, loquī *dep.* 話す
lubet=libet
lūc-is *etc. vid.* lux
lūceō, luxī, -ēre *vn.* 光る
lūcescit, lūxit, -ere *v. impers.* 明るくなる, 昼になる
Lūcius, -ī *m.* ルーキウス (男の名)
lūdificō, -āvī, -ātum, -āre *va.* 嘲弄する
lūdō, lūsī, lūsum, -ere *va. vn.*

---

1. 樹木の名は *f.*

遊ぶ，をからかう
lūdus, -ī *m.* 遊び，小学校
lūmen, -inis *n.* 光，燈
lūna, -ae *f.* 月　lūna plēna 満月
lupus, -ī *m.* 狼
lūs-ī *etc. vid.* lūdō
lux, lūcis *f.* 光，昼　prīmā lūce 夜明けに
Lydē, -ēs *f.* リュデー(女の名)
lympha, -ae *f.* 清水

M

maestus, -a, -um *adj.* 悲しめる
magis *adv. comp.* 更に，より以上に；magis+*adj.* p. 107 注 5 (C), 最 maximē+*adj.* p. 107 注 5 (C)
magister, -trī *m.* 先生，教師
magnificus, -a, -um *adj.* 壮大な
magnitūdō, -inis *f.* 大きさ，大きいこと
magnus, -a, -um *adj.* 大きな　比 māior　最 maximus §132；magnō *abl.* 高く p. 100 注 4；magnī *gen.* 高く §141 (2), maximē *vid.* magis
māior, -ius *vid.* magnus
Māius, -a, -um *adj.* 五月の　*m.* -ī 五月
male *adv.* 悪く，ひどく　比・最 §140
malignus, -a, -um *adj.* 悪意ある
mālō, māluī, malle *va.* 寧ろ...の方を欲する　§73, 活用 §72, p. 77 注 1, §185
mālum, -ī *n.* リンゴ
malus, -a, -um *adj.* 悪い　比 pēior　最 pessimus §132

mandātum, -ī *n.* 命令，指図
māne *adv.* 朝に
maneō, mansī, mansum, -ēre *vn.* 留まっている，の状態でいる
Manlius, -ī *m.* マンリウス(人名)
manus, -ūs *f.* 手
Marcus, -ī *m.* マールクス(男の名)
mare, -is *n.* 海　Mare Aegaeum エーゲ海，terrā marīque *vid.* terra
maritimus, -a, -um. *adj.* 海の
Martius, -a, -um *adj.* 三月の　*m.* -ī 三月
māter, -tris *f.* 母
mātrimōnium, -ī *n.* 結婚
mātūrus, -a, -um *adj.* 熟した，早熟の，尚早の
　mātūrē *adv.* 早く
mausōleum, -ī *n.* 墓碑
Mausōlus, -ī *m.* マゥソールス (Cāria の王)
māvis *vid.* mālō
māvult *vid.* mālō
maximē *vid.* magis
maximus, -a, -um *vid.* magnus
mē, **mēcum** *vid.* ego
medicus, -ī *m.* 医者
medius, -a, -um *adj.* 中間の，の中間 p. 36 注 1
meī *vid.* ego
mel, mellis *n.* 蜜
melior, -ius *vid.* bonus (bene)
meminī, -isse *va.* 覚えている，思い出す p. 38 注 3, p. 43 注 2, §57 [注意], §77 [注意] 3
memor, -ōris *adj.* を忘れない

(*c. gen.*) p. 43 注 2

memoria, -ae *f.* 記憶　memoriā tenēre 記憶している

mendācium, -ī *n.* 嘘

mendax, -ācis *adj.* 嘘つきの

mens, mentis *f.* 心　in mentem venit alicuī alicūius reī 或ることが或る人の心に浮ぶ，思い出す

mensa, -ae *f.* 机

mensis, -is *m.* 月 (英 'month')

mentiō, -ōnis *f.* 言及　mentiōnem facere dē に言及する

mentior, -ītus sum, -īrī *dep.* 嘘をつく

mercātor, -ōris *m.* 商人

mercātūra, -ae *f.* 商売

mercēs, -ēdis *f.* 賃金，報酬

mercēs, -ium *f. pl.* 商品 (< merx)

merīdiēs, -ēī *m.* 昼 p. 65 注 1　merīdiē 昼に

merum, -ī *n.* (*sc.* vīnum) (水で割らない)清酒 (*cf.* 英 'mere')

metō, messī, messum, -ere *va.* 刈り取る

metuō, -tuī, -tūtum, -ere *va.* 恐れる p. 105, 注 1

metus, -ūs *m.* 恐怖 p. 106 注 6

meus, -a, -um *adj.* 私の　m. *voc. sg.* mī p. 19 注 5; *O.O.* と. § 160 (1)(A)

mī *vid.* meus & ego

Midās, -ae *m.* ミダース王 (Phrygia の王．手に触れるものが皆黄金に化したという)

mihi *vid.* ego

mīles, -itis *m.* 兵士

mīliārium, -ī *n.* 里程標石 p. 41 注 7

mille (mīle) *n.* (数の) 1000 § 121 (5)

millēsimus, -a, -um *adj. num.* 第 1000 の

mīma, -ae *f.* 踊子

mīnae, -ārum *f. pl.* 脅迫

minimē *vid.* parum

minimus *vid.* parvus

minor, -us *vid.* parvus

minor, -ātus sum, -ārī *dep.* 脅迫する

Mīnōtaurus, -ī *m.* ミーノータゥロス (Crēta 島に棲む牛頭人体の怪物)

mīrābilis, -e *adj.* 驚嘆すべき

mīrandus, -a, -um *adj.* 不思議な，驚くべき

mīror, -ātus sum, -ārī *dep.* 驚く p. 95 注 2

misceō, miscuī, mixtum, -ēre *va.* 混ぜる

miser, -era, -erum *adj.* 哀れな

miserē *adv.* みじめに，哀れにも

misereor, miseritus sum, -ērī *dep.* 憐れむ (*c. gen.*) p. 75 注 3

miseret *v. impers.* 憐れを起さす § 95 (2)

miseria, -ae *f.* 不幸，困窮

mittō, mīsī, missum, -ere *va.* 送る，派遣する

modo *adv.* ただ，丁度，... (した)ばかり　nōn modo A sed etiam B　A のみでなく B もまた　「調子を合わす

modulor, -ātus sum, -ārī *dep.*

modus, -ī *m.* 方法，仕方　nullō modō 決して...ない p. 30 注 2;

quō modō どういう風に, quem ad modum どういう風に p.103 注 3; hūius (ēius, cūius) modī こんな(そんな, どんな)風の

moenia, -ium (-ōrum) *n. pl.* 城壁

molestus, -a, -um *adj.* 煩わしい, いやな

molliō, -īvī(-iī), -ītum, -īre *va* 柔かくする

moneō, -uī, -itum, -ēre *va.* 忠告する §126

mons, montis *m.* 山

monstrō, -āvī, -ātum, -āre *va.* 示す, 見せる

monstrum, -ī *n.* 怪物

mora, -ae *f.* 遅延

morbus, -ī *m.* 病気

morior, mortuus sum, morī *dep.* 死ぬ　未分 moritūrus p.80 注 2

moror, -ātus sum, -ārī *dep.* 止まっている, とどまる

mors, mortis *f.* 死

mortālis, -e *adj.* 死すべき　*m.* 死すべき者, 人間 (*cf.* θνητός)

mortuus, -ī *m.* 死者

mōs, mōris *m.* 習慣　mōs est *impers.* 習慣である §95(3)

mox *adv.* 間もなく

mulier, -eris *f.* 女

multitūdō, -inis *f.* 多数

multus, -a, -um *adj. sg.* 多量の, *pl.* 多数の p.21 注 2; multum +*gen.* §141(1); **multum** *adv.* 大いに　比・最 §140; **multō** *adv.* はるかに §139; 比 plūs, plūris *n.* より多く §132; +*num.* p.108 注 2 (B), §136 [注意]; + *gen.* §141(1), plūris *gen.* もっとよけいに p.108 注 2, §141(2); 最 plūrimus, -a, -um §132, plūrimō 最高に p.100 注 4, plūrimī *gen.* §141(2)

mundus, -ī *m.* 世界

mūniō, -īvī(-iī), -ītum, -īre *va* (城壁で)防備する

mūnus, -eris *n.* 義務, 任務, 贈物

mūrus, -ī *m.* 壁, 城壁

Mūsa, -ae *f.* ミューズ(ギリシァ *Μοῦσαι* 学芸を司る九柱の女神)

musca, -ae *f.* 蠅

mūsicus, -a, -um *adj.* 音楽の

mūtō, -āvī, -ātum, -āre *va.* 変える

mūtuus, -a, -um *adj.* 互の

N

Naevius, -ī *m.* ナェウィウス(ローマ初期の詩人)

nam *conj.* 何となれば, たしかに

-nam §86 [注意]

nand-ī *etc. vid.* nō

narrō, -āvī, -ātum, -āre *va.* 物語る

nascor, nātus sum, -ī *dep.* 生れる　nātus+*acc.* p.101 注 2

nātūra, -ae *f.* 自然, 性質, 本性 nātūrā *abl.* 本性上, 本来

nātus, -ūs *m.* 生れ　nātū *abl.* p.110 注 1

nauta, -ae *m.* 水夫

nāvālis, -e *adj.* 船の, 海の

nāvigō, -āvī, -ātum, -āre *vn.* 航海する

nāvis, -is *f.* 船

nāvita, -ae *m.* (古形) =nauta

nē *adv.* 否定の副詞. et nē→nēve p.106 注 3; +命現 p.47 注 2; nē

...quidem すらも...ない,さえも...ない p.21 注 5；＋接完 §146(4)；dum nē §118(4)；不定代名詞と．§88；目的文句と．§§126〜7；恐怖の文句と．§128；妨害・拒絶の動詞と．§148, p.118 注 2

-ne か？ §3(2)(D), §37(1)

Neaera, -ae *f.* ネアエラ（女の名）

nec *conj.* ＝et nōn p.18 注 4；nec A nec B A も B も...ない p.24 注 3

necessārius, -a, -um *adj.* 止むを得ない

necesse *n. indecl.* 必然　necesse est *impers.* 必然である §95(1)

necne *conj.* それとも...でないか p.103 注 2

necō, -āvī, -ātum, -āre *va.* 殺す

nectō, nex(u)ī, nexum, -ere *va.* 捲きつける

nefārius, -a, -um *adj.* （本来宗教的に）許すべからざる, 怪しからぬ

nefās *n. indecl.* 許すべからざること　nefās est *impers.* 許されぬことである §95(1)

neglegō, -lexī, -lectum, -ere *va.* なおざりにする, 構わない

negō, -āvī, -ātum, -āre *va.* 言わない, ...でないと言う §77 [注意] 2

negōtium, -ī *n.* 仕事

nēmō, nēminis *pron.* 誰も...ない p.69 注 5, §93；nōn nēmō と nēmō nōn p.74 注 2, p.115 注 7

Nepōs, -ōtis *m.* ネポース（人名, Cornēlius N. はローマの史家）

neque *conj.* ...もない. neque A neque B A も B も...ない p.24 注 3；neque quisquam *etc.* p.69 注 5, p.73 注 4；命令と. p.116 注 2

Nerō, -ōnis *m.* ネロー（暴虐で有名なローマの皇帝）

nesciō, -scīvī(-sciī), -scītum, -īre *va.* 知らない　nesciō quis *etc.* §88

neuter, -tra, -trum *adj.* （二つのうち）いずれも...ない §92

nēve *conj.* さらに...ない（よう）p.106 注 3, p.116 注 2

nex-us *etc. vid.* nectō

niger, -gra, -grum *adj.* 黒い

nihil *pron.* 何も...ない. p.69 注 5, §93；＋*gen.* §141(1)；nihil nōn と nōn nihil p.74 注 2

nihilum, -ī *n.* 無 §93　nihilī *gen.* §141(2)

nimis *adv.* あまりに多く　nimis ＋*gen.* §141(1)

nimius, -a, -um *adj.* あまりに多くの　nimiō あまりに p.110 注 2

ning(u)it, ninxit, -ere *v. impers.* 雪が降る

nisi *conj.* もし...でないなら §157, 以外に

nix, nivis *f.* 雪

nō, nāvī, nātum, nāre *vn.* 泳ぐ

nōbilis, -e *adj.* 著名な, 高貴の

nōbīs, nōbīscum *vid.* nōs

noceō, -cuī, -citum, -ēre *vn.* 傷つける, 害する　(alicuī) p.71 注 2

noct-is *etc. vid.* nox

nōlō, nōluī, nolle *va.* 欲しない

活用 §185, §72, p. 77 注 1　用法 §73, §74
nōmen, -inis *n.* 名前
nōminō, -āvī, -ātum, -āre *va.* 名づける, 呼ぶ
nōn *adv.* 否定の副詞 (...ない, ...ぬ) §10; nōn と否定詞 p. 115 注 7, p. 74, 注 2, 4; nōn sciō→nesciō p. 11 注 3
Nōnae, -ārum *f. pl.* 七日 (三, 五, 七, 十月の), 五日 (他の月の) p. 101 注 3
nōnāgintā *adj. num.* (数の) 90
　nōnāgēsimus, -a, -um *adj. num.* 第90の
nōndum *adv.* まだ...ない
nōngentī, -ae, -a *adj. num.* (数の) 900
　nōngentēsimus, -a, -um *adj. num.* 第900の
nōnne *adv.* ではないのか? §37 (2)
nōnnēmō *pron.* 少からぬ人, 若干の人 p. 115 注 7
nōnnullus, -a, -um *adj.* 若干の, 寧ろ多くの p. 115 注 7
nōnus, -a, -um *adj. num.* 第9の
nōs, *pron.* 我々 §50, §168. 私 p. 42 注 2; nostrī, nostrum §50 [注意] 2, p. 43 注 2; *O.O.* と. §160(1)
nostrī *vid.* nōs
noscō, nōvī, nōtum, -ere *va.* 識る [完了] 知っている p. 38 注 3
　nōtus, -a, -um *adj. p.p.* 知られている, 有名な
noster, -tra, -trum *adj.* 我々の, 私の p. 19 注 3, p. 42 注 2; *O.O.* と. §160(1)

nostis *vid.* noscō
nostrum *vid.* nōs
novem *adj. num.* (数の) 9
November, -bris *adj. m.* 十一月 (の)
novēnī, -ae, -a *adj.* 九つずつの
noviēs, *adv.* 九度, 九倍
novus, -a, -um *adj.* 新しい
nox, noctis *f.* 夜　noctū, nocte 夜に §83, (3)　prīmā nocte 夜早く
nūbēs, -is *f.* 雲
nūbilus, -a, -um *adj.* 曇った, めぐまれない
nūbō, nupsī, nuptum, -ere *vn.* 結婚する, 嫁ぐ (alicuī)
nūdō, -āvī, -ātum, -āre *va.* 剝ぐ (aliquem aliquā rē)
nullus, -a, -um *adj.* 如何なる ...も...ない §92; nullō modō p. 30 注 2; nullus nōn p. 115 注 7
num *adv.* ...か? §37(3); かどうか §88; 不定代名詞と. p. 72 注 1, p. 103 注 1
Numa Pompilius, -ae -ī *m.* ヌマ・ポンピリウス (ローマ伝説時代の賢王)
numerō, -āvī, -ātum, -āre *va.* 数える
numerus, -ī *m.* 数　*pl.* 占星術
numquam *adv.* 決して...ない. numquam nōn と nōn numquam p. 115 注 7
nunc *adv.* 今. *O.O.* と. §160(1)
nuntiō, -āvī, -ātum, -āre *va.* 伝える §77 [注意] 3
nuntius, -ī *m.* 使者, 知らせ
nūper *adv.* 最近に

nusquam *adv.* 何処にも...ない

nympha, -ae *f.* ニンフ, 水女精(みずはめ)

O

ō *interj.* おお

ob *prep. c. acc.* のために　quam ob rem *vid.* rēs

obdormiō, -īvī, -ītum, -īre *vn.* 眠りこむ

obiciō, -iēcī, -iectum, -ere *va.* 前へ投げる, さらす

oblectō, -āvī, -ātum, -āre *va.* 楽します

obruō, -ruī, -rŭtum, -ere *va.* 埋める, 彼う

obsecrō, -āvī, -ātum, -āre *va.* 乞い求める, 懇願する

obses, -idis *c.* 人質

obsideō, -sēdī, -sessum, -ēre *va.* 包囲する

obsignō, -āvī, -ātum, -āre *va.* 封をする

obstō, -stitī, -stātum, -āre *vn.* 阻む, 抵抗する (alicuī) p. 118 注1

obsum, -fuī, -esse *vn.* 邪魔する　活用 *vid.* sum

obviam *adv.* に向って, に会うて (*c. dat.*) p. 28 注1

obvius, -a, -um *adj.* 出会うた (*c. dat.*)

occāsiō, -ōnis *f.* 機会 p. 123 注3

occāsus, -ūs *m.* 没落　sōlis occāsū 日の入りに

occidō, -cĭdī, -cāsum, -ere *vn.* 沈む, 落ちる

occīdō, -cīdī, -cīsum, -ere *va.* 殺す

occupō, -āvī, -ātum, -āre *va.* 占領する

occurrō, -(cu)currī, -cursum, -ere *vn.* を出迎える, 迎えうつ (alicuī)

octāvus, -a, -um *adj. num.* 第8の

octiēs *adv.* 八度, 八倍

octingentī, -ae, -a *adj. num.* (数の)800

　octingentēsimus, -a, -um *adj. num.* 第800の

octō *adj. num.* (数の)8

Octōber, -bris *adj. m.* 十月(の)

octōgintā *adj. num.* (数の)80

　octōgēsimus, -a, -um *adj. num.* 第80の

octōnī, -ae, -a *adj.* 八つずつの

oculus, -ī *m.* 眼 (in) oculīs ferre いたく愛する

ōdī, (ōdīvit), ōdisse *va.* 憎む p. 38 注3, 所相 p. 71 注1, 命令法 §57 [注意]

odium, -ī *n.* 憎悪　odiō esse いとわしい p. 71 注1

offerō, obtulī, oblātum, -ferre *va.* 前に置く, 委ねる　活用 *vid.* ferō

Ogulnius, -ī *m.* オグルニウス (269 B.C. consul)

ōlim *adv.* かつて, いつか §83, (3)

omnis, -e *adj.* すべての §50 [注意] 2

oper-is *etc. vid.* opus

opera, -ae *f.*[1] 労働, 援助　operam

---

1. opus の変化した opera (*n. pl.*) もあり, 混同せぬように.

dare alicuī に努める, に精出す p. 104 注 1, p. 122 注 4
opīniō, -ōnis f. 考え opīniōne ＋比 §136(2)
oportet, -uit, -ēre, v. impers. べきである §95(1), p 126 注 1
oppidānus, -ī m. 市民
oppidum, -ī n. 町, 市
opprimō, -pressī, -pressum, -ere va. 圧迫する
oppugnō, -āvī, -ātum, -āre va. 攻囲する
optimus vid. bonus
optō, -āvī, -ātum, -āre va. 望む
opus, -eris n. 仕事, 作品 opus est 必要である §95(1)
ōra, -ae f. 岸, 海岸
ōrātiō, -ōnis f. 演説, 弁論
ōrātor, -ōris m. 弁論家
orior, ortus sum, orīrī dep. 起る, 生ずる, 由来する, (家系が)…の出である
ornō, -āvī, -ātum, -āre va. 飾る
ōrō, -āvī, -ātum, -āre va. 願う, 頼む p. 104 注 1
ortus, -ūs m. 上昇, 出現 sōlis ortū 日の出に
ōsculum, -ī n. 接吻
ostendō, -tendī, -tensum, -ere va. 見せる
ostium, -ī n. 戸口, 入口
Othō, -ōnis m. オトー(ローマの皇帝)
ōtiōsus, -a, -um adj. 暇な
ōtium, -ī n. 閑暇
Ovidius, -ī m. オウィディウス (ローマの詩人 P. *Ov.* Nāsō)

ōvum, -ī n. 卵

P

pāc-is etc. vid. pax
pactum, -ī n. 流儀, 仕方(<v.)
paene adv. ほとんど
paenitet v. impers. 後悔さす §95(2)
Palātium, -ī n. パラーティウム (ローマ七丘の一)
Phamphȳlius, -a, -um adj. パンピューリア (Pamphȳlia 小アジア南岸地方)の
Pān, Pānos m. パーン(牧羊神)[1]
pānis, -is m. パン
pār, păris adj. 等しい pār atque p. 53 注 1
parcō, pepercī, -ere vn. 容赦する (alicuī)
parēns, -ntis c. 親 pl. 両親, 肉親
pāreō, paruī, paritum, -ēre vn 従う (alicuī)
parō, -āvī, -ātum, -āre va. 用意する parātus esse …する用意がある p. 59 注 4
pars, partis f. 部分
parum adv. 少く 比・最 §140 (比 minus については vid. parvus); ＋gen. §141(1); minimē ＋adj. §134; minimē 否定の返事に p. 111 注 2
parvulus, -a, -um adj. dim. 非常に小さな
parvus, -a, -um adj. 小さな parvī gen. §141(2); parvō abl. 僅かで p. 100 注 4

---

1. 変化はギリシァ語式.

比 minor, -us §132
　　minus 否定詞として p.111
　　　注 1, minus+*adj.* §134
　　minus+*num.* §136 「注意」
　　minus+*gen.* §141(1)
　　minōris *gen.* もっと僅かで
　　　p.100 注 4, §141(2)
最 minimus, -a, -um §132
　　minimō 最低に p.100 注 4
　　minimī *gen.* §141(2), mini-
　　　mē *vid.* parum
passus, -ūs *m.* 歩, 歩幅 p.100
　注 7
pater, -tris *m.* 父
patiens, -ntis *adj.* を忍ぶ(*c. gen.*)
patientia, -ae *f.* 忍耐
patior, passus sum, -ī *dep.* 蒙
　る, 耐える, 許す, とめない §76
patria, -ae *f.* 祖国
patricius, -ī *m.* 貴族
patrius, -a, -um *adj.* 父祖の, 祖
　国の
paucī, -ae, -a *adj.* 少い, 僅かな
　(*sg.* はまれ)
paulātim *adv.* 少しずつ, 漸次
paulisper *adv.* しばらく
paulus, -a, -um *adj.* 小さい, 僅
　かな. paulō 少しく p.110 注 2;
　paulum abest quīn *vid.* absum
pauper, -eris *adj.* 貧しい
paupertās, -ātis *f.* 貧乏
paveō, pāvī, -ēre *va.* 恐れる, 震
　える p.105 注 1
pax, pācis *f.* 平和
peccō, -āvī, -ātum, -āre *vn.* 罪
　を犯す, 誤る
pecūnia, -ae *f.* 金銭
pĕd-is *etc. vid.* pēs
pēior, -ius *vid.* malus

per *prep. c. acc.* を通って, をめ
　ぐって, のあいだ中 p.65 注 1,
　によって; per aliquem stetit
　vid. stō
percutiō, -cussī -cussum, -ere
　va. 打つ
perdō, -didī, -ditum, -ere *va.*
　失う
peream *etc. vid.* pereō
peregrīnus, -ī *m.* 外国人
pereō, -iī, -itum, -īre *vn.* 滅び
　る, 死ぬ periī! もう駄目だ, し
　まった! 活用 *vid.* eō
pergō, perrexī, perrectum, -ere
　vn. 進んでゆく
peri-ī *etc. vid.* pereō
perīculōsus, -a, -um *adj.* 危険
　な
perīculum, -ī *n.* 危険 p.106 注 6
perinde *adv.* 同様に　perinde
　ac sī 単語集 quam の項の注
perīre, peris, -it *etc. vid.* pereō
perītus, -a, -um *adj.* に熟達し
　た (*c. gen.*)
permittō, -mīsī, -missum, -ere
　va. 許す §126
perpetuus, -a, -um *adj.* 永遠の
perrex-ī *etc. vid.* pergō
Persae, -ārum *m. pl.* ペルシァ
　人たち
Persicus, -a, -um *adj.* ペルシァ
　(Persia) の
perspiciō, -spexī, -spectum,
　-ere *va.* 見通す, 検査する
persuādeō, -suāsī, -suāsum,
　-ēre *vn.* 説きつける, 説得する
　(alicuī) p.59 注 1; p.104 注 1
perterreō, -terruī, -territum
　-ēre *va.* ひどく驚かす

単 語 集　　　　　161

perveniō, -vēnī, -ventum, -īre *vn.* 達する

pēs, pědis *m.* 足, ペース (長さの単位), pedibus *abl.* 歩いて

pessimus *vid.* malus

pestis, -is *f.* 疫病

petō, petīvī(-iī), petītum, -ere *va.* 求める (aliquid ab aliquō) p.104 注1

philosophus, -ī *m.* 哲学者

Philoxenus, -ī *m.* ピロクセノス (ギリシァの諷刺詩人)

Pīcentēs, -ium *m. pl.* ピーケーヌム (Pīcēnum 中部イータリアの地方)の住民

piger, -gra, -grum *adj.* 怠惰な

piget, piguit (pigitum est), -ēre *v. impers.* 悩ます §95(2)

pila, -ae *f.* ボール, 球

pīrāta, -ae *m.* 海賊

piscis, -is *m.* 魚

pius, -a, -um *adj.* 誠実な　比・最 p.107 注5(C)

Placentia, -ae *f.* プラケンティア (Gallia の地名. 今の伊 Piacenza)

placeō, -uī, -itum, -ēre *vn.* 喜ばす (alicuī)

placet *v. impers.* 喜ばしい, 決心する §95(3)

plēbēs, -is (-eī) *f.* 民衆 (=plebs)

plēnus, -a -um *adj.* に満ちた, でいっぱいの (*c. gen.*) lūna plēna *vid.* lūna

plērīque, -aeque, -aque *adj.* 極めて多数の

Plīnius, -ī *m.* プリーニウス (ローマの文人, 二人いて, 一人は博物学者, 他はその甥で, 書簡集が残っている)

plōrō, -āvī, -ātum, -āre *vn.* 泣きわめく, 嘆く

pluit, pluit (plūit), -ere *v. impers.* 雨が降る

plūrimus *vid.* multus

plūs, plūris *vid.* multus

Plūtō, -ōnis *m.* プルートーン (Πλούτων)(冥界の王)

poēma, -atis *n.* 詩

poena, -ae *f.* 罰　poenās dare 罰せられる p.15 注3

Poenus, -ī *m.* カルターゴー人

poēta, -ae *m.* 詩人

polliceor, pollicitus sum, -ērī *dep.* 約束する (alicuī)

Polydamās, -antis *m.* ポリュダマース (大力の持ちぬし)

Pompēius, -ī *m.* ポンペーイウス (ローマの有名な将軍)

pōnō, posuī, positum, -ere *va.* 置く, 建てる

pons, pontis *m.* 橋

poposc-ī *etc. vid.* poscō

populus, -ī *m.* 民衆, 人民

portō, -āvī, -ātum, -āre *va.* 運ぶ

poscō, poposcī, -ere *va.* 要求する

possum, potuī, posse *va.* できる. 活用 *vid.* sum §184, 現分 p.77(2) 注2; facere non possum quin *vid.* faciō; 不定法と. p.10 注3; 接続法の代りに p.126 注1

post *adv.* のちに (=posteā)

post *prep. c. acc.* の後に

posterus, -a, -um *adj.* 後の, 続く　posterō diē 翌日に §83(3)

post(eā)quam *conj.* ...(して)のちに §118(3)

postrēmus, -a, -um *adj.* 最後(方)の postrēmō *adv.* 遂に, 最後に

postrīdiē *adv.* 翌日に O.O. と. §160(1)

postulō, -āvī, -ātum, -āre *va.* 要求する, 求める p.104 注1

poteram *etc.*, poterō *etc.*, potes, potest *etc. vid.* possum

potestās, -ātis *f.* 力, 機会 p.123 注3

potior, potītus sum, -īrī *dep.* わがものにする, 達する (*c. abl.*)

potius *adv.* むしろ

pōtō, -āvī, -ātum, -āre *va.* 飲む

potu-ī *etc. vid.* possum

prae *prep. c. abl.* の前に, のために

praecipiō, -cēpī, -ceptum, -ere *vn.* 指図する (alicuī) p.104 注1

praecipitō, -āvī, -ātum, -āre *va.* 突落す

praeda, -ae *f.* 戦利品, 分捕品

praeditus, -a, -um *adj.* を備えた (*c. abl.*)

praedium, -ī *n.* 地所, 農場

praemittō, -mīsī, -missum, -ere *va.* 先遣する

praemium, -ī *n.* 報酬

praemoneō, -uī, -itum, -ēre *va.* 前以て警告する

praepōnō, -posuī, -positum, -ere *va.* 前に置く, より好む

(aliquem (aliquid) alicuī)

praesidium, -ī *n.* 守備

praestō *adv.* 出て, 出席して praestō esse 出席している

praesum, -fuī, -esse *vn.* 前にいる, 監督する 活用 *vid.* sum p.77 注2

praeter *prep. c. acc.* を除いて, 以外に

praetereō, -iī, -itum, -īre *va.* 通過する, なおざりにする 活用 *vid.* eō

prātum, -ī *n.* 牧場, 草原

precor, -ātus sum, -ārī *dep.* 懇願する, 祈る

premō, pressī, pressum, -ere *va.* 圧す, 踏みつける

pretium, -ī *n.* 値, (支払われた)金

prīdiē *adv.* 前日 p.40 注2, p.101 注3; O.O. と. §160(1)

prīmus, -a, -um *adj. num.* 第1の, の始め p.36 注1

prīmum *adv.* 先ず prīmō *adv.* はじめは in prīmīs 特に, 最初に; quam prīmum 出来るだけ早く p.112 注6; ut prīmum *vid.* ut

prior, -ius *adj. comp.* より前の, より早き

priusquam *conj.* ...(する)前に §118(2)[1]

prō *prep. c. abl.* のために, として

probō, -āvī, -ātum, -āre *va.* 是認する, 立証する

---

1. 後に **sī** を伴うときは sī の *Clause* の v. は §155 の時称となる: montibus transeundīs, biduō **prius** hūc vēnimus **quam sī** marī iter *fēcissēmus*.

procul *adv.* 遠く
prod-es, -est *vid.* prōsum
prōditor, -ōris *m.* 反逆者, 裏切者
proelium, -ī *n.* 戦闘
profānus, -a, -um *adj.* 不敬の, 世俗的な, 不浄の
profectō *adv.* たしかに
prōferō, -tulī, -lātum, -ferre *va.* 持出す, 出す　活用 *vid.* ferō
proficīscor, -fectus sum, -ī *dep.* 出発する, 旅立つ
prōgredior, -gressus sum, -ī *dep.* 前進する
prōgressus, -ūs *m.* 進歩, 前進
prōhibeō, -uī, -itum, -ēre *va.* 禁ずる, ...させない (aliquem aliquā rē) §76, p.118 注1
prōiciō, -iēcī, -iectum, -ere *va.* 前へ投げる
prōmittō, -mīsī, -missum, -ere *va.* 約束する
prōmō, prompsī, promptum, -ere *va.* 取出す
prope *prep. c. acc.* の近くに
properō, -āvī, -ātum, -āre *vn.* 急ぐ
propinquus, -a, -um *adj.* 近くにある (*c. dat.*)
propter *prep. c. acc.* のために
prōsequor, -secūtus sum, -ī *dep.* 追いかける
Prōserpina, -ae *f.* プローセルピナ (Cerēs 女神の娘. 冥界の王 Plūtō にさらわれてその妃となった) (ギ *Περσεφόνη*)
prōsum, -fuī, prōdesse *vn.* 役立つ (alicuī)　活用 *vid.* sum
prōtul-ī *etc. vid.* prōferō

prōverbium, -ī *n.* 諺
prōvincia, -ae *f.* 属州, 地方
proximus, -a, -um *adj. superl.* 最近の　proximā nocte 昨夜
prūdens, -ntis *adj.* 先見の明ある
prūdenter *adv.* 先見の明をもって
prūdentia, -ae *f.* 思慮
pūblicus, -a, -um *adj.* 公の　rēs pūblica 国家 (*cf.* R. республика)
Pūblius, -ī *m.* プーブリウス (男の名)
pudet, puduit (puditum est), -ēre *impers.* 恥じさす §95(2)
pudor, -ōris *m.* 恥, 廉恥
puella, -ae *f.* 少女, 恋人
puer, -erī *m.* 少年, (少年の)奴隷
pueritia, -ae *f.* 少年時代
pugna, -ae *f.* 戦
pugnō, -āvī, -ātum, -āre *vn.* 戦う
pulcher, -chra, -chrum *adj.* 美しい
pullus, -ī *m.* 雛鳥
pulsō, -āvī, -ātum, -āre *va.* 叩く, 打つ
Pūnicus, -a, -um *adj.* フェニキアの, カルターゴーの　bellum Pūnicum ポェニー戦役
pūniō, -īvī (-iī), -ītum, -īre *va.* 罰する
puppis, -is, *f.* 船
purgō, -āvī, -ātum, -āre *va.* 洗浄する, 疑を晴らす
putō, -āvī, -ātum, -āre *va.* 思う §77 [注意] 3
Pyrrhus, -ī *m.* ピュルロス (エー

ペィロス(今のアルバニア辺)の王)

Q

quā *adv.* どちらの方へ §67

quā *vid.* quis, quī

quadrāgintā *adj. num.* (数の)40

quadrāgēsimus, -a, -um *adj. num.* 第40の

quadringentī, -ae, -a *adj. num* (数の)400

quadringentēsimus, -a, -um *adj. num.* 第400の

quae *vid.* quis, quī

quaedam *vid.* quīdam

quaeque *vid.* quisque

quaerō, quaesīvī, quaesītum, -ere *va.* 求める,探す,訊ねる

quaesō, quaesīvī, -ere *va.* 希う, 訊ねる (ab aliquō)

quam *adv.* よりも[1] p.60 注 1, §136(1), いかに(多く); quam prīmum できるだけ早く, quam+最 p.112 注 6

quam *vid.* quis, quī

quamquam *conj.* ...(し)ても, ...でも §117(2)

quamvīs, *conj.* いくら...でも §117(2)

quandō, *adv.* いつ p.65 注 3; ...ときはいつでも p.91 注 2, p.92 注1; ...であるからには p.65 注 3, §117(1); 関副 p.92 注 1

quandōcumque *adv.* いつであろうと p.91 注 2

quantus, -a, -um *adj. sg.* どれほど大きな *pl.* どれほど多くの. quantum+*gen.* §141(1); quantī *gen.* いくらで p.100 注 4, §141(2)

quārē *adv.* 何故 p.103 注 3 *rel.* そのために

quartus, -a, -um *adj. num.* 第4の

quārum *vid.* quis, quī

quās *vid.* quis, quī

quasi *adv.* 恰も...のごとく[2]

quassō, -āvī, -ātum, -āre *va.* 振る

quater *adv.* 四度,四倍

quaternī, -ae, -a *adj. num.* 匹つずつの

quattuor *adj. num.* (数の)4

quattuordecim *adj. num.* (数の)14

-que と §3(2)(D), p.17 注 3

quem *vid.* quis, quī

queror, questus sum, -ī *dep.* 嘆く,不平を言う p.95 注 2

quī, qua, quod *adj.* 或る §88, §174

quī, quae, quod *pron. rel.* ...ところの §85, §172; quō...eō p.112 注 4; quō+比 §143 [注意] / *adj. rel.* ...ところの, そ

---

1. 英 'than if' は quam sī+(非現実の接続法 §155): mātūrius adsumus quam sī pedibus vēnissēmus. *cf.* clāmās perinde ac sī surdus essem. 類似の表現として tamquam sī, idem ac sī, velut sī など.

2. quasi や tamquam のあとでは時称は §113, (2) に従う (quam sī の場合と比較せよ.): canis mē hūc secūtus est quasi [tamquam sī] ego dominus ēius *sim* [*essem*]. いずれの場合もこの 'ego' は犬の主人ではないわけであるが, 表現の *nuance* の相違であろう.

んな §87, §172

quia *conj.* 何故ならば §117(1)

quibus, quibuscum *vid.* quis, quī

quīcumque, quaecumque, quodcumque *adj. rel.* ....ところの...はみな §89(2)(B)

quid *vid.* quis

quīdam, quaedam, quiddam (quoddam) *pron.* (*adj.*) 或る(人,物) §89(1)(B)

quidem *adv.* 確かに,少くも nē ...quidem *vid.* nē

quidnam *vid.* quisnam & -nam

quidquam *vid.* quisquam

quidquid *vid.* quisquis

quiēs, -ētis *f.* 休息

quiētus, -a, -um *adj.* 静かな

quīlibet, quaelibet, quidlibet (quodlibet) *pron.* (*adj.*) 誰(何)でも(好きな)(人,物) §89(3)(B)

quīn *adv.* 何で...ないのか p. 118 注 3; quīn etiam それどころかまったく; quīn+接続法 §149, p. 120 注 1, 2; quīn=quī nōn §149(2)

quīndecim *adj. num.* (数の)15

quīngentī, -ae, -a *adj. num.* (数の)500

quīngentēsimus, -a, -um *adj. num.* 第 500 の

quīnī, -ae, -a *adj.* 五つずつの

quīnquāgintā *adj. num.* (数の)50

quīnquāgēsimus, -a, -um *adj. num.* 第 50 の

quīnque *adj. num.* (数の)5

quīnquennium, -ī *n.* 五年間

quīnquiēs *adv.* 五度,五倍

Quīntīlis, -is *m.* 七月 (<*adj.*)

quīntus, -a, -um *adj. num.* 第 5 の

Quīntus, -ī *m.* クィントゥス(男の名)

quippe *adv.* 実際 p. 115 注 3

quis, quid *pron.* 誰,何 §86, §173; 誰か,何か §88, §174

quid *adv.* 何故 §54(2)(A); quid +*gen.* §141(1)

quispiam, quaepiam, quidpiam (quodpiam) *pron.* (*adj.*) 或る(人,物) §89(1)(D)

quisquam, quicquam *pron.* 或る人(物) §89(1)(C)

quisque, quaeque, quidque (quodque) *pron.* (*adj.*) 各々(の) §89, (4). +最 p. 113 注 7

quisquis, quidquid *pron. rel.* ...ところの人(物)は誰(何)でも §89(2)(A)

quīvīs, quaevīs, quidvīs (quodvīs) *pron.* (*adj.*) 誰(何)でも(望む)(人,物) §89(3)(A)

quō *adv.* どこへ §67

quō *vid.* quis, quī

quoad *conj.* ...(する)間中ずっと p. 94 注 2

quod *conj.* ...だから,何故なら; ...ということについては §117(1), §77

quod *vid.* quī

quōdam *vid.* quīdam

quōminus *conj.* ...ないように §148, p. 120 注 1

quondam *adv.* かつて

quoniam *conj.* ...だから,...ので §117(1)

quŏque *adv.* も亦
quōque *vid.* quisque
quōs *vid.* quis, quī
quotannīs *adv.* 毎年
quotīdiē＝cotīdiē
quotus, -a, -um *adj.* 何番目の. *cf.* hōra quota est?(＝英'What o'clock is it?')

R

raeda, -ae *f.* 馬車
rāmulus, -ī *m. dim.* 小枝
rāmus, -ī *m.* 枝
rapiō, -puī, -ptum, -ere *va.* 強奪する
raptor, -ōris *m.* 強奪者, 誘拐者
rārus, -a, -um *adj.* 稀な
rat-us *etc. vid.* reor
ratiō, -ōnis *f.* 計算, 分別, 理性
rēbus *vid.* rēs
recēdō, -cessī, -cessum, -ere *vn.* 退く, 遠ざかる
recipiō, -cēpī, -ceptum, -ere *va.* 戻す 活用 *vid.* capiō. sē recipere 戻る
recitō, -āvī, -ātum, -āre *va.* 朗読する
reconditus, -a, -um *adj.* 隠された, 秘蔵の
recordor, -ātus sum, -ārī *dep.* 思い出す
rectus, -a, -um *adj.* 正しい
rectē *adv.* 正当に
recūsō, -āvī, -ātum, -āre *va.* 拒絶する §148
reddō, -didī, -ditum, -ere *va.* 返す, 委ねる, ...にする (*c. adj.*)
redeō, -iī, -itum, -īre *vn.* 帰る 活用 *vid.* eō
referō, rettulī, relātum, -ferre *va.* 持帰る. 活用 *vid.* ferō
rēfert, rētulit, rēferre *v. impers.* 重要である §95(4)
refugiō, -fūgī, -fugitum, -ere *vn.* 退く, 避難する
rēgīna, -ae *f.* 女王
rĕg-is, -it *vid.* regō
rēg-is *etc. vid.* rex
regiō, -ōnis *f.* 地方, 地帯
regō, rexī, rectum, -ere *va.* 支配する
regredior, -gressus sum, -ī *dep.* 帰る
reī *vid.* rēs
religiō, -ōnis *f.* 宗教
relinquō, -līquī, -lictum, -ere *va.* 残す
reliquus, -a, -um *adj.* 残余の, の残り p.36 注1
reminiscor, -ī *dep.* 思い出す
reor, ratus sum, -ērī *dep.* 思う
repellō, reppulī, repulsum *va.* 追い払う
reperiō, repperī, repertum, -īre *va.* 発見する
reprehendō, -hendī, -hensum, -ere *va.* 咎める
repugnō, -āvī, -ātum, -āre *va.* 反対する
requīrō, -quīsīvī, -quīsītum, -ere *va.* 訊ねる
rēs, reī *f.* こと, もの, 事態, 事情, 境遇; rē vērā ほんとうに; quam ob rem なぜ p.103 注3; rēs pūblica *vid.* pūblicus
rescrībō, -scripsī, -scriptum, -ere *va.* 返事を書く

resīdō, -sēdī, -sessum, -ere *vn.* 静まる

resistō, -stitī, -ere *vn.* 抵抗する (alicuī) p. 118 注 1

respondeō, -spondī, -sponsum, -ēre *vn.* 答える §77 [注意] 3

restituō, -stituī, -stitūtum, -ere *va.* 回復する

rēte, -is *n.* 網

retineō, -tinuī, -tentum, -ēre *va.* 束縛する p. 118 注 1

rettul-ī etc. *vid.* referō

reus, -ī *m.* 被告

rex, rēgis *m.* 王, 富者

Rhēnum, -ī *n.* レーヌム河(今の Rhein 河)

Rhodanus, -ī *m.* ロダヌス河(今の Rhône 河)

Rhodius, -ī *m.* ロドス人

Rhodos, -ī *f.* ロドス島(エーゲ海の島)

rīdeō, rīsī, rīsum, -ēre *vn.* 笑う *va.* 嘲笑する

rīpa, -ae *f.* 岸

rīvus, -ī *m.* 川

rōbur, -ŏris *n.* 樫材, 力

rogō, -āvī, -ātum, -āre *va.* 頼む, 求める §126, 訊ねる

Rōma, -ae *f.* ローマ

Rōmānus, -a, -um *adj.* ローマの, *m.* ローマ人(の男)

Rōmulus, -ī *m.* ロームルス(ローマの伝説上の始祖)

rosa, -ae *f.* バラ

rostrum, -ī *n.* くちばし

rubescō, -buī, -ere *vn.* 赤くなる

rūmor, -ōris *m.* うわさ

ruō, ruī, rutum, -ere *vn.* 突進する

rursus *adv.* 再び

rūs, rūris *n.* 田舎, 田野 p. 27 注意 3(β)

rusticitās, -ātis *f.* 粗野

rusticus, -ī *m.* 田舎者

S

Sabidius, -ī *m.* サビディウス(人名)

sacer, -cra, -crum *adj.* 聖なる, (神に)捧げられた (*c. dat.*)

saeculum, -ī *n.* 時代, 世紀

saepe *adv.* しばしば

saevitia, -ae *f.* 苛酷

saltem *adv.* 少くとも

salūs, -ūtis *f.* 健康, 安寧, 生存, 挨拶

salūtō, -āvī, -ātum, -āre *va.* 挨拶する, 称号を以て呼ぶ

salvus, -a, -um *adj.* 安全な

sānō, -āvī, -ātum, -āre *va.* 治療する, 健康にする, しずめる

sānus, -a, -um *adj.* 健康な

sapiens, -ntis *adj.* 賢い

sapientia, -ae *f.* 知慧

satis *adv.* 十分, 相当に. + *gen.* §141(1)

satura, -ae *f.* 諷刺詩(<随想詩)

saxum, -ī *n.* 岩石

scaena, -ae *f.* 舞台

scelestus, -ī *m.* 悪者

scelus, -eris *n.* 犯罪

scientia, -ae *f.* 学問

scīlicet *adv.* 当然

sciō, -īvī (-iī), -ītum, -īre *va.* 知っている, (すべを) 知っている §77 [注意] 3; 否定 p. 11 注 3; 命令法 §57 [注意]

scīpiō, -ōnis *m.* 笏
scrība, -ae *m.* 書記
scrībō, scripsī, scriptum, -ere *va.* 書く
scriptor, -ōris *m.* 著作家
sē *vid.* suī
sēcēdō, -cessī, -cessum, -ere *vn.* 去る, 離れる
sēcum *vid.* suī
secundus, -a, -um *adj. num.* 第2の
sēcūritās, -ātis *f.* 平静
sēcūrus, -a, -um *adj.* 心配のない, 明るい
secūt-us *etc. vid.* sequor
sed *conj.* しかし
sēdecim *adj. num.* (数の)16
sedeō, sēdī, sessum, -ēre *vn.* 坐る
seges, -etis *f.* 耕地
semel *adv.* 一度, semel atque iterum 一度二度, 何回か; ut semel *vid.* ut
sēminūdus, -a, -um *adj.* 半裸の
semper *adv.* いつも, 常に
Semprōnius, -ī *m.* センプローニウス(ローマの執政官)
senātor, -ōris *m.* 元老院議員
senectūs, -ūtis *f.* 老年
senex, senis *c.* (<*adj.*) 老人
sēnī, -ae, -a *adj.* 六つずつの
sententia, -ae *f.* 意見
sentiō, sensī, sensum, -īre *va.* 感ずる, 気づく
sepeliō, -pelīvī, -pultum, -īre *va.* 葬る
septem *adj. num.* (数の)7
September, -bris *adj. m.* 九月(の)
septendecim *adj. num.* (数の)17
septēnī, -ae, -a *adj.* 七つずつの
septiēs *adv.* 七度, 七倍
septimus, -a, -um *adj. num.* 第7の
septingentī, -ae, -a *adj. num.* (数の)700
septingentēsimus, -a, -um *adj. num.* 第700の
septuāgintā *adj. num.* (数の)70
septuāgēsimus, -a, -um *adj. num.* 第70の
sequor, secūtus sum, -ī *dep.* 従う
sermō -ōnis *m.* 話, 会話
sērō *adv.* 遅く
serpens, -ntis *f.* 蛇
serva, -ae *f.* 女奴隷
serviō, -īvī (-iī), -ītum, -īre *vn.* 仕える (alicuī)
servō, -āvī, -ātum, -āre *va.* 守る, 維持する, 助ける
servus, -ī *m.* 奴隷
sescentī, -ae, -a *adj. num.* (数の)600
sescentēsimus, -a, -um *adj. num.* 第600の
sēsē *vid.* suī
sestertius, -ī *m.* セステルティウス(ローマの貨幣単位 §122)
sevērus, -a, -um *adj.* 厳格な, 苛酷な
sex, *adj. num.* (数の)6
sexāgintā *adj. num.* (数の)60
sexāgēsimus, -a, -um *adj. num.* 第60の
sexiēs *adv.* 六度, 六倍

Sextīlis, -is *m.* 八月（＜*adj.*）
sextus, -a, -um *adj. num.* 第6の
Sextus, -ī *m.* セクストゥス（男の名）
sī *conj.* もしも §157, etiam sī *vid.* etiam[1]
Sibylla, -ae *f.* 予言をする巫女
sīc *adv.* 斯く, そのように, その通り p. 30 注 2
Sicilia, -ae *f.* スィキリア島（今のスィチリア島, 英 Sicily）
significō, -āvī, -ātum, -āre *va.* 記号で示す, 合図する
signum, -ī *n.* 合図 p. 123 注 3
silentium, -ī *n.* 沈黙, 静寂 silentiō *adv. abl.* ひそかに
sileō, -uī, -ēre *vn.* 沈黙している
silva, -ae *f.* 森
sim, sīmus *vid.* sum
similis, -e *adj.* 同様の, 類似の (*c. dat.*) §90(3); 最 p. 107 注 5(A); similis atque p. 53 注 1
simul *adv.* 一緒に simul atque (ac) ...するや否や §115
simulō, -āvī, -ātum, -āre *va.* 真似る, いつわる
sine *prep. c. abl.* ...なしに
singulī, -ae, -a *adj. pl.* 一つずつの
sinō, sīvī, situm, -ere *va.* 許す §76
sīs *vid.* sum & volō
sit *vid.* sum
sōbrius, -a, -um *adj.* 酔うてない, 澄んだ
socius, -ī *m.* 仲間

sōl, sōlis *m.* 太陽
soleō, solitus sum, -ēre *vn.* ...を常とする
solidus, -a, -um *adj.* 全体の
sōlitūdō, -inis *f.* 孤独
sōlus, -a, -um *adj.* ひとり...のみ §92
solvō, solvī, solūtum, -ere *va.* 解く, 弛める, 払う, 出帆する
somnus, -ī *m.* 睡眠
soror, -ōris *f.* 姉妹
sors, sortis *f.* くじ
spatior, -ātus sum, -ārī *dep.* 散歩する
spatium, -ī *n.* 空間, 時間の長さ, 余裕
spectō, -āvī, -ātum, -āre *va.* 眺める
spēlunca, -ae *f.* 岩穴
spērō, -āvī, -ātum, -āre *va.* 望む §77 [注意] 3
spēs, -eī *f.* 希望
splendidus, -a, -um *adj.* 輝かしい
spoliō, -āvī, -ātum, -āre *va.* 奪う (aliquem aliquā rē)
sponte *adv.* （＜*f. abl.*）自発的に
statim *adv.* 直ちに, たちまち
statuō, -uī, -ūtum, -ere *va.* 決心する, きめる
statūra, -ae *f.* 身長
stella, -ae *f.* 星
stō, stetī, statūrus, -āre *vn.* 立っている; かかる p. 100 注 4 per aliquem stetit quōminus ...できなかったのは誰々のせ

---

1. **sī** は, また exspectō, cōnor などの *v.* と共に用いられたり, ācriter pugnāvērunt mīlitēs *sī* forte vincere *possent.* のような文中で, 接・現（または過）の *v.* と共に 'to see if' を意味することがある.

いだ p.120 注 2
strēnuus, -a, -um *adj.* 敏捷な
studeō, -uī, -ēre *vn.* 努める (*c. dat.*) p.122 注 4
studiōsus, -a, -um *adj.* に熱心な (*c. gen.*)
  studiōsē *adv.* 熱心に
studium, -ī *n.* 熱心, 熱意 p.123 注 3
stultitia, -ae *f.* 愚かさ
stultus, -a, -um *adj.* 愚かな
  stultē *adv.* 愚かしく(も)
suādeō, suāsī, suāsum, -ēre *va.* 忠告する, 勧める
sub *prep. c. abl. & acc.* の下に (へ), sub nocte 夜に
subeō, -iī, -itum, -īre *vn.* 下へゆく, 近寄る 活用 *vid.* eō
subiaceō, -uī, -ēre *vn.* 下に横たわる
subitō *adv.* 突然
subitus, -a, -um *adj.* 突然の, 思いがけない
sublevō, -āvī, -ātum, -āre *va.* 軽くする, 減ずる
subsidium, -ī *n.* 援軍
subsum, -esse *vn.* 下にいる 活用 *vid.* sum
succurrō, -currī, -currum, -ere *vn.* 援助する (*c. dat.*)
Suētōnius, -ī *m.* スウェートーニウス (C. *Suet.* Tranquillus ローマの史家)
sufferō, sustulī, sublātum, -ferre *va.* 耐える 活用 *vid.* ferō
sufficiō, -fēcī, -fectum, -ere *va.* 手渡す 活用 *vid.* capiō
suī *pron.* 自分 §51, §77 (sē), p.106 注 7, §168. *O.O.* と.

§160(1)
sum, fuī, esse *vn.* ある. 活用 §183 不現, 直・現 §9, 過 §26, 未 §29, 不完, 直・完, 過完, 未完 §48; 命・現 §56, 未 §57; 現分 p.77 注 2, 未分 §101, 不未 §102; 接・現 §109 [注意] 5, 過 §110(5)
summa, -ae *f.* 総額, 全体
summus, -a, -um *adj.* 最高の, の頂上 p.36 注 1
sūmō, sumpsī, sumptum, -ere *va.* 取る, 奪う, (罰などを)課しす
sumus, sunt *vid.* sum
superbia, -ae *f.* 傲慢
superō, -āvī, -ātum, -āre *va.* 凌駕する, に勝る
supersum, -fuī, -esse *vn.* 残っている 活用 *vid.* sum
supīnus, -a, -um *adj.* 仰向いた
supplicium, -ī *n.* 罰 supplicium sūmere 処罰する
suppōnō, -posuī, -positum, -ere *va.* 下に置く
suprā *prep. c. acc.* の上に
suprēmus, -a, -um *adj.* 最高の, 最後の
surdus, -a, -um *adj.* つんぼの
suspiciō, -ōnis *f.* 疑念
suspicor, -ātus sum, -ārī *dep.* 疑う, 推測する
suus, -a, -um *adj.* 自分(たち)の p.19 注 2; *O.O.* と. §160(1)

T

tabellārius, -ī *m.* 郵便配達人
taberna, -ae *f.* 飯酒店
taceō, -uī, -itum, -ēre *vn.* 黙っている (特に言えるのにわざと)

Tacitus, -ī *m.* タキトゥス(ローマの史家)

taedet, -uit (taesum est), -ēre *v. impers.* 倦きさす §95(2)

tālis, -e *adj.* そのような. tālis ... ut p. 105 注 3

tam *adv.* そのように tam... ut §130(2); tam... quī p. 115 注 4

tamen *adv.* それでも, それにもかかわらず p. 94 注 7

tametsī *conj.* たとえ...でも §117(2)

tamquam *adv.* あたかも...のごとく[1]

tangō, tetigī, tactum, -ere *va.* 触れる

tantŏpere *adv.* かくも甚だしく

tantus, -a, -um *adj. sg.* そんなに多量の, *pl.* そんなに多数の; tantum *adv.* ただ §68, 13; tantum+*gen.* §141(1); tantī *gen.* そんなに p. 100 注 4, §141(2); tantus ... ut p. 105 注 3; tantō それほど p. 110 注 2, それだけ p. 113 注 6

taurus, -ī *m.* 牡牛

tē, tēcum *vid.* tū

tegō, texī, tectum, -ere *va.* 掩う

temerārius, -a, -um *adj.* 無分別な

temperī, *adv.* 丁度よい時に, 間に合うように

tempestās, -ātis *f.* 天気, 嵐

templum, -ī *n.* 神殿

temptō, -āvī, -ātum, -āre *va.* 試みる

tempus, -ŏris *n.* 時. *pl.* 時世, 時代. tempus+*gen.* p. 123 注 3; tempus est+(*acc.*+) *inf.* ... する時である

tendō, tetendī, tentum, -ere *va.* 張る, 伸ばす

tenebrae, -ārum *f. pl.* 暗闇

teneō, tenuī, tentum, -ēre *va.* 保持する, 引止める p. 118 注 1

tener, -era, -erum *adj.* 優しい

ter *adv.* 三度, 三倍

terdeciēs *adv.* 十三度, 十三倍

ternī, -ae, -a *adj.* 三つずつの p. 99 注 4

terō, trīvī, trītum, -ere *va.* 摩擦する, (時を)過ごす

terra, -ae *f.* 大地 terrā marīque 陸に海に, 海陸両面で

terreō, -uī, -itum, -ēre *va.* 驚かす

tertius, -a, -um *adj. num.* 第3の

testis, -is *c.* 証人

theātrum, -ī *n.* 劇場, 会衆

Thēseus, -eī (-eos) *m.* テーセウス(伝説上の Athēnae の王)

Tiberis, -is *m.* ティベリス河(ローマ市を貫流する)

tibi *vid.* tū

Tibullus, -ī *m.* ティブルス(ローマの詩人)

timeō, -uī, -ēre *va.* 恐れる §128

timor, -ōris *m.* 恐怖 p. 106 注 6

titulus, -ī *m.* 掲示

toga, -ae *f.* トガ(ローマ市民の外衣; 帝政期には cliens の服装)

---

1. tamquam sī については, quasi の項の注を見よ.

tollō, sustulī, sublātum, -ere *va.* 乗せる, もち上げる

tot *adj. indecl.* そんなに多くの tot...ut p. 105 注 3

tōtus, -a, -um *adj.* 全体の, の全体 p. 36 注 1, §92

tractō, -āvī, -ātum, -āre *va.* 待遇する, 扱う

trādō, -didī, -ditum, -ere *va.* 手渡す, 従う, 説述する

trādūcō, -duxī, -ductum, -ere *va.* 渡す(河などを)

trahō, traxī, tractum, -ere *va.* 引く, 長びかせる

tranquillus, -a, -um *adj.* 平静な, 静かな

transeō, -iī, -itum, -īre *va.* 横切る, 渡す 活用 *va.* eō

transigō, -ēgī, -actum, -ere *va.* 貫く, (時を)過ごす

trax-ī *etc. vid.* trahō

trecentī, -ae, -a *adj. num.* (数の) 300

trecentēsimus, -a, -um *adj. num.* 第 300 の

tredecim, *adj. num.* (数の) 13

trēs, tria *adj. num.* (数の) 3 §121 (2), §176

tribūnāl, -ālis *n.* 法廷

tribus, -ūs *f.* 部族

tribus *vid.* trēs

triennium, -ī *n.* 三年間 p. 66 注 1

trīgintā, *adj. num.* (数の) 30

trīcēsimus, -a, -um *adj. num.* 第 30 の

trīni, -ae, -a *adj.* 三つずつの p. 99 注 4

tristis, -e *adj.* 悲しい, 暗い

Trōēs, -um *m. pl.* トローヤ人たち

Trōia, -ae *f.* トローヤ(小アジア西北の古都. 所謂英 Troy)

tū *pron.* 君, あなた §50, §168; 一般者の tū p. 91 注 2; *O.O.* と §160 (1)

tul-ī, *etc. vid.* ferō

Tullia, -ae *f.* トゥルリア(女の名)

tum *adv.* その時, それから cum...tum *vid.* cum; *O.O.* と. §160 (1)

tunc *adv.* その時, *O.O.* と. §160 (1)

turpis, -e *adj.* 醜い, 恥ずべき

turris, -is *f.* 塔

Tusculānum, -ī *n.* トゥスクルム (Tusculum ラティウムの古都)の (Cicerō などの)別荘

tūtus, -a, -um *adj.* 安全な, 無事な (ab) (<*v.*)

tuus, -a, -um *adj.* 君の, *O.O.* と. §160 (1)

tyrannus, -ī *m.* 僭主, 独裁君主

U

ūber, -eris *n.* 乳房

ubi *adv.* どこに §67; *conj.* ...(する, した)時に §115; 関副 p. 92 注 1

ubicumque *adv.* 何処であろうと

ubique *adv.* 至るところに

ulciscor, ultus sum, -ī *dep.* 復讐する

ullus, -a, -um *adj.* いかなる... も §92

ultrā *prep. c. acc.* の向うに, を

越えて
ultrō *adv.* 彼方へ, 他の方へ
umbra, -ae *f.* かげ, 幽霊
umquam *adv.* かつて, かりにも (英 'ever')
unde *adv.* どこから §67
undeciēs *adv.* 十一度, 十一倍
undecim *adj. num.* (数の)11
 undecimus, -a, -um *adj. num.* 第11の
undēnī, -ae, -a *adj.* 十一ずつの
undēvīgintī *adj. num.* (数の)19
 undevīcēsimus, -a, -um *adj. num.* 第19の
undique *adv.* 至るところに
ūnicus, -a, -um *adj.* 唯一の,
 ūnicē *adv.* 特別に
ūnus, -a -um *adj. num.* (数の)1, …だけ §92, §175
 ūnā *adv.* 一緒に (*c.* cum)
urbs, -bis *f.* 都 (しばしばローマを指す)
ūrō, ussī, ustum, -ere *va.* 焼く, 熱する
ursa, -ae *f.* 牝熊
usque *adv.* ずっと, 続けて…まで usque adeō p.29 注2
ūsus, -ūs *m.* 使用, 用途 ūsuī esse 役に立つ §90
ut *adv. conj.* のように p.36 注3, p.112 注3; として §79 [注意]; なんと p.104 注2; …(する, した)時に §115; …でも §117 (2); 目的文句と. §§126〜7; 恐怖の文句と. §128; 結果文句と. §130; ut prīmum, ut semel §115; fore ut p.83 注1
uter, -tra -trum *adj.* (二つのうち)いずれの §92

uterque, -traque, -trumque *adj.* (二つのうち)いずれも §92
ūtilis, -e *adj.* 有用な, 役立つ (*c. dat.*) p.122 注4
utinam *conj.* でありますように §156
ūtor, ūsus sum, -ī *dep.* 用いる, 利用する, 享受する (*c. abl.*)
utrum *conj.* であるか(どうか) p.103 注2
ūva, -ae *f.* 葡萄(の房)
uxor, -ōris *f.* 妻 uxōrem dūcere めとる (aliquam)

V

vacō, -āvī, -ātum, -āre *vn.* …がない (*c. abl.*)
vacuus, -a, -um, *adj.* 空の, 一文無しの
vādō, vāsī, vāsum, -ere *vn.* 行く
vagor, -ātus sum, -ārī *dep.* 放浪する, さまよう
valeō, -uī, -itum, -ēre *vn.* 能力がある, 健康である
validus, -a, -um *adj.* たくましい, 強い
varius, -a, -um *adj.* 様々の
vātēs, -is *c.* 予言者, 詩人
-ve 或いは, …か §3(2)(D), p.60 注3
vector, -ōris *m.* 旅客, 航海者
vehementer, *adv.* すこぶる, 大いに
vehō, vexī, vectum, -ere *va.* 運ぶ
vel *conj. adv.* 或いは vel…vel p.60 注3
velim *etc. vid.* volō

velle, vellem *etc. vid.* volō
vēlum, -ī *n.* 帆
velut *adv.* のごとく，あたかも…のように
vendō, -didī, -ditum, -ere *va.* 売る
venēnum, -ī *n.* 毒
vēneō, -iī, -īre *vn.* 売られる p. 100 注 4
venia, -ae, *f.* 赦し，好意
veniō, vēnī, ventum, īre *vn.* 来る
ventus, -ī *m.* 風
Venusia, -ae *f.* ウェヌスィア（南伊の古都．今の Venosa）
vēr, vēris *n.* 春
verbum, -ī *n.* 言葉，単語
verēcundor, -ātus sum, -ārī, *dep.* はずかしがる
vereor, veritus sum, -ērī *dep.* 恐れる §128
Vergilius, -ī *m.* ウェルギリウス（ローマの有名な詩人．英 Vergil, Virgil）
versus, -ūs *m.* 行，詩句
vertō, vertī, versum, -ere *va.* 向ける sē vertere 赴く
vērus, -a, -um *adj.* 真の
vērē *adv.* 本当に
vērō *adv.* 実に，却って，**enim vērō** *vid.* enim
vērum *adv.* しかし
vescor, -ī *dep.* 食料とする (*c. abl.*)
vesper, -erī (-eris) *m.* 夕方 vesperī *adv.* 夕方に
vesperascō, -ere *vn.* 夕方になる
vester, -tra, -trum *adj.* 君たちの．O.O. と．§160(1)
vestīgium, -ī *n.* 足跡
Vesuvius, -ī *m.* ウェスウィウス火山
vetō, -uī, -itum, -āre *va.* 禁ずる §76, p. 104 注 3
vetus, -eris *adj.* 古い
vexō, -āvī, -ātum, -āre *va.* 悩ます，掠奪する
via, -ae *f.* 道
viātor, -ōris *m.* 旅人
vīc-ī *etc. vid.* vincō
vīcēnī, -ae, -a *adj.* 二十ずつの
vīcēsimus, -a, -um *adj. num.* 第20の
vīciēs *adv.* 二十度，二十倍
victor, -ōris *m.* 勝者
victōria, -ae, *f.* 勝利
vīcus, -ī *m.* 村
videō, vīdī, vīsum, -ēre *va.* 見る videor p. 59 注 4；vidētur（よいと）思われる，決める p. 61 注 1, §95(3)
vigilia, -ae *f.* 不眠，夜の時間区分 p. 65 注 1
vīgintī, *adj. num.* (数の)20, p. 98 注 6
vīlis, -e *adj.* 安い vīlī *abl.* 安く p. 100 注 4
villa, -ae *f.* 別荘
vim *vid.* vīs
vincō, vīcī, victum, -ere *va.* 勝つ
vinculum, -ī *n.* 紐 *pl.* 桎梏, 獄舎
vīnum, -ī *n.* 葡萄酒
viola, -ae *f.* すみれ
vir, virī *m.* 男
virgō, -inis *f.* 処女

virtūs, -ūtis *f.* 男らしさ, 勇気, 美徳

vīs *acc. sg.* vim *pl.* vīrēs, (vīrium) 力；**vī** *adv.*<*abl. sg.* 無理に, 力ずくで

vīs *vid.* volō

vīs-um *etc. vid.* videō

vīta, -ae *f.* 生命, 生活, 人生

vitium, -ī *n.* 悪徳, 欠点

vītō, -āvī, -ātum, -āre *va.* 避ける, 除く

vīvō, vixī, victum, -ere *vn.* 生きる, 暮らす

vīvus, -a, -um *adj.* 生きている

vix *adv.* ほとんど...ない. vix ...cum ...するや否や §115

vōbīs, vōbīscum *vid.* vōs

vocābulum, -ī *n.* 単語

vocō, -āvī, -ātum, -āre *va.* 呼ぶ, 招く

volitō, -āvī, -ātum, -āre *vn.* 飛びまわる

volō, voluī, velle *va.* 欲する 活用 §185 直・現・過・未 §72, 現分 §97(2); 接・現 §109(7), 過 §110(7), 用法 §73; velim §146(3), vellem §156(2)

volō, -āvī, -ātum, -āre *vn.* 飛ぶ

vōs *pron.* 君たち, あなたがた §50, §168; vestrī, vestrum §50 [注意] 2, p. 43 注 2; *O.O.* と. §160(1)

vōtum, -ī *n.* 誓願, 希い

vox, vōcis *f.* 声

vulgus, -ī *n.* 群衆, 俗衆

vulnerō, -āvī, -ātum, -āre *va.* 傷つける

vultus, -ūs *m.* 顔, 顔つき

索　　引

この索引は項目による索引であって，個々の単語の索引は巻末の単語集がこれを兼ねている．

(1) 字母・発音に関するもの
  字　母　§1　　　　　　　　　音　節　　§3 (1)
  発　音　§2　　　　　　　　　**アクセント**　§3 (2)

(2) 名詞に関するもの
  概　説　§12
  名詞の変化　第一　§13, §161; ギリシァ語源のもの p. 12 注 3
  　　　　　　第二　§18, §162; -ius に終るもの §18 [注意] 2
  　　　　　　第三　§§41〜2, §163
  　　　　　　第四　§80, §164
  　　　　　　第五　§82, §165
  性　§12　中性名詞の特徴 p. 16 注 3
  数　§12　複数形で用いる名詞と数詞 p. 98 注 1, p. 99 注 4
  格　§12, §14; 前置詞の格支配 §§33〜4
  　　　　　　　同格 §79

　主　格　§14
　呼　格　p. 12 注 1, §14, p. 16 注 2
　属　格　§14 (所有の)
　　　　　記述的属格　§39
　　　　　〈...のなすべきこと〉等を示す属格　p. 115 注 6
　　　　　配分的属格　§50 [注意] 2., §138 (1), §141 (1)
　　　　　評価の属格　p. 100 注 4, §141 (2)
　　　　　属格を取る形容詞　p. 28 注 6, p. 43 注 2, p. 61 注 3
　　　　　属格を取る動詞　p. 43 注 2, p. 75 注 3
　　　　　非人称動詞と属格　§95
　与　格　§14 (間接目的としての)
　　　　　利害の与格　§90 (1)
　　　　　所有の与格　§90 (1)
　　　　　関与者の与格　§90 (1)
　　　　　目的の与格　§90 (2)
　　　　　与格を取る形容詞　p. 22 注 3, §90 (3)

索　引

　　　　与格を取る動詞　p. 49 注 2, p. 71 注 2, §90 (3)
　　　　非人称動詞と与格　§95
　　　　gerundīvum の主語としての与格　p. 121 注 3
対　格　§14（直接目的としての）
　　　　方向の対格　§34 [注意] 3
　　　　ひろがりの対格　p. 65 注 2, p. 66 注 1
　　　　時の対格　§83 (2), p. 66 注 1
　　　　感嘆の対格　p. 113 注 4
　　　　対格＋不定法 → 不定法
　　　　非人称動詞と対格　§95
奪　格　§14（概観）
　　　　様態の奪格　§34 [注意] 1, p. 46 注 3
　　　　分離の奪格　§14, §34 [注意] 1, 3 (p. 84 注 2 は別)
　　　　手段の奪格　§14, §61 [注意]
　　　　時の奪格　§34 [注意] 2, §83 (1)
　　　　記述的奪格　§39
　　　　距離の奪格 → 差異の奪格
　　　　行為者の奪格　§61
　　　　観点の奪格　§61 [注意]
　　　　差異の奪格　§137, §139, (p. 41 注 7)
　　　　売買の値の奪格　p. 100 注 4, p. 111 注 5
　　　　比較の奪格　§136 (2)
　　　　Ablātīvus Absolūtus　§107
　　　　奪格を取る形容詞　p. 22 注 1, §34 [注意] 1, p. 115 注 5
　　　　奪格を取る動詞　§34 [注意] 1 ; *Dēpōnentia* と奪格　p. 51 注 2 ; opus est と奪格　p. 75 注 2
地　格　§14, §34 [注意] 3, §141 (2)
人　名　ローマの男の人名 p. 35 注 1 ; ローマの女の人名 §23 (2); 人名の略字 p. 41 注 1, p. 86 注 1, 2, 3 ; 〈...という名である〉等の表現　§90
場　所　（都市, 小島など）§34 [注意] 3
時間の表現　§83, p. 66 注 1（なお, 時間については「数詞に関するもの」の項参照）

(3) 代名詞に関するもの（単語集によって, 個々の語を引いた方が早い.）

　人称代名詞　§50, §168

索　引

再帰代名詞　§51, §168；間接話法における再帰代名詞　§77, p. 106 注 7
指示代名詞　§50, §64, §169
疑問代名詞　§86, §173
関係代名詞　§85, §172；英 '-ever' を示す関代　§89 (2)；īdem と関代　§65；次の文にわたる関代　p. 85 注 2；quō＝ut eō §143 [注意]；関代と接続法 → 接続法；先行詞の省略・後置　p. 67 注 2, p. 114 注 2
不定代名詞　§88, §89, p. 103 注 5, §174

(4) 形容詞・副詞に関するもの

形容詞の変化　第一・二　§20, §166
　　　　　　　第三　　　§53, §167
　　　　性　p. 18 注 5, p. 19, 注 4
　　　　用法概観　§23
　　　　位置　p. 20 注 1, p. 26 注 2
　　　　名詞化　§23 (2)
　　　　副詞的にはたらく形容詞　p. 21 注 4, 6
　　　　目的補語として　p. 21 注 7
　　　　属格・与格・奪格を取る形容詞 →「名詞に関するもの」の各格の項を見よ.
　　　　関代＋接続法を従える形容詞　p. 145 注 5
代名詞型形容詞　§92, §175
　所有形容詞　§22；meus の呼格　p. 19 注 5；meum est p. 21 注11；interest と所有形容詞　p. 76 注 4；所有形容詞の *m. pl.* p. 94 注 5
　指示形容詞　p. 42 注 4, §64, §169
　疑問形容詞　§86 [注意], §87, §172
　関係形容詞　§87, §89 (2), §172
　不定形容詞 → 不定代名詞
副　詞　形容詞からできた副詞　§54
　　　　対格からできた副詞　§54 (2) (A)
　　　　奪格からできた副詞　p. 22 注 4, §54 (2)(B)
　　　　場所の副詞　§67
　　　　関係副詞　§67, p. 92 注 1
比　較　比較級・最上級の作り方：形 §132（現分 p. 108 注 1）；副詞の §140；比・最の形容詞の変化 §133　劣等比・最 §134

索　引　179

　　　比較級・最上級の絶対的用法　§135
　　　英 'than' の表現　§136, p. 122 注 6 (B)
　　　〈のうちで〉　§138
　　　〈はるかに〉　§139
　　　〈...すればするほど，それだけ〉　p. 112 注 4
　　　quam＋最　p. 112 注 6
　　　最上級と関係節　p. 113 注 1
　　　quisque＋最　p. 113 注 7
　　　度数詞＋tantō＋比 → 度数詞，quō＋比 → quō

(5)　動詞に関するもの

　動詞の活用

　　(A)　活用形式による分類（別冊変化表）
　　　　第一活用　§177，　第二活用　§178
　　　　第三活用　§179，　第四活用　§180
　　　　第三活用変則　§181（ほかに capiō によって，記載箇所を求めよ.）
　　　　Dēpōnentia　§182
　　　　不規則動詞 → 各語によって求めよ.

　　(B)　法・時制等による分類
　　　第一〜四活用・*Dēpōnentia*

		能　相	所　相	*Dēp.*
直	現 過 未	§7 §25 §28	§59	§62
	完 過完 未完	§44 §46 §46	§70	§70
接	現 過 完 過完	§§109〜11	§§109〜11	§109 [注意]

命	現	§55	§60	p.51注1参照
	未	§57 [注意]	§60 [注意] 6	
不	現	§6	§60	
	完	§47, §105 (2)	§100	§100 (2)
	未	§102, §105 (3)	§103, p.51 注1	§104
分詞	現	§97 (1)		§97 (2)
	完		§69 (1)	§69 (3)
	未	§101		§101
ger.		§151		§151 [注意]
gdv.			§152	§152
sup.		§81		§182

Dēpōnentia *Semi-Dēp.* p.58 注1
奪格を取る *Dēp.* p.51 注2
合成動詞 §9
非人称動詞 §95, p.120 注2；天候・気象の. p.11 注1；命令 p.117 注3
不規則動詞 → 各語によって求めよ.
時制 現在 §8；歴史的現在 §8；英語なら現在完了の場合 p.17 注2, §83 (2)；現在形で未来を示す場合 §118 (1)
 過去 §27, §45；書簡上の. p.40 注2
 未来 §30；おだやかな命令に. p.24 注4；*O.O.* と. §160(5)
 完了 (直接法) §45, p.41 注6；書簡上の. p.40 注2；
  gnomic p.41 注3
  (不定法) §47
 過去完了 p.38 注3, §46；書簡上の. p.40 注2
 未来完了 §46；*O.O.* と. §160 (5)
 書簡上の時 → 上記各時制をみよ.
接続法 一般的な意味 §113, §155
 cum 等と. §§114～8
 間接話法中の §124
 ut, nē の句中の §§126～30
 関係詞と. §§143～4 (また特に p.115 注4 に注意)
 主文に用いられる接続法 §146

索　引

　　　　　quōminus, quīn の句の　§§ 148〜9
　　　　　非現実の，条件文の　§§ 155〜7
　　　　　O.O. と．§ 160 (3), (4), (5)
　　　　　fore ut＋接　p. 83 注 1
命　令　命令法　§ 57；非人称動詞の命令 → 非人称動詞；直・未・二
　　　　　によるもの　p. 24 注 4；fac ut p. 104 注 5；〈どうぞ〉の
　　　　　表現　§ 72 [注意]
　禁　止　nōlī によるもの　§ 74, p. 69 注 5；nē によるもの　§ 146
　　　　　(4), p. 47 注 2；　cavē p. 104 注 5
不定法　中性名詞として　p. 21 注 11
　　　　　不定法とともに用いられる動詞　p. 10 注 3, § 73, § 105,
　　　　　p. 104 注 3；非人称構文と．§ 95
　　　　　対格＋不定法　§ 76, § 77, § 105, § 160 (2), (3)
　　　　　不定法完了　§ 105, 未来　§ 105
　　　　　gerundium の主格に　§ 151 [注意]
分　詞　現在　§§ 97〜8
　　　　　完了　p. 38 注 1, § 69, § 98
　　　　　　完了分詞＋sum の現在が現在時制　p. 56 注 1
　　　　　　opus est 完了分詞　p. 75 注 2
　　　　　　比・最　p. 108 注 1
　　　　　未来　§ 101　　未来分詞＋sum　p. 83 注 2
　　　　　　　　　　　　未来分詞＋接・現　p. 106 注 1
gerundium　§ 151, § 153
gerundīvum　§§ 152〜3；〜の主語　p. 121 注 3；接続法の代りに
　　　　　　　　　　　p. 126 注 1
supīnum I　p. 38 注 1, § 81, § 103；**II**　§ 81
aspect　p. 83 注 1, § 113 (2), p. 94 注 1, p. 102 注 3, 4
時制の照応　§ 124, § 129, p. 106 注 1，第一・二時称 p. 102 注 1, 2

(6)　数詞に関するもの

　基数詞　§ 4, §§ 120〜1, § 176
　序数詞　§ 21, p. 73 注 2, § 120, p. 100 注 9
　度数詞　§ 122；＋tantō＋比較数　p. 113 注 6
　配分数詞　§ 122
　記述的属格と数詞　§ 39 [注意]；　数詞と比較級　p. 108 注 2 (B),
　　　　　　　　　　§ 136 [注意]
　〈丁度〉の表現　p. 100 注 5；〈約〉の表現　p. 72 注 5, p. 120 注 3

年令の表現　p.101 注 2, 7, §137
ローマの貨幣単位 sestertius　§122
尺度　p.100 注 7
時間の表現(名詞の項参照)　年代 §107;〈...して何年(月,日)にな
　　　　　　　　　　　　る〉,〈何年(月,日)前に〉の表現 p.100
　　　　　　　　　　　　注 6, p.101 注 4; 時刻の区分 p.65
　　　　　　　　　　　　注 1; 日付(暦日) p.101 注 3

(7)　前置詞　§§33～4

(8)　統辞法(シンタクス)に関するもの(アイウエオ順)
attractiō　p.98 注 6
Ōrātiō Oblīqua　§§159～60; *O. Recta* p.127 注 2
間接話法　平叙文の §77, §105; それを引き出す動詞 §77 [注意] 3;
　　　　　疑問文の §124; *O.O.* と. p.127 注 2
疑　問　§37; 間接疑問 §124, p.103 注 3; 二者択一の p.103 注 2
恐怖の文句　§128, p.106 注 6
結果の文句　§130, p.115 注 4
原因の文句　(理由文句) §116, §117 (1); 関代による p.115 注 1, 3
合成語　p.20 注 3
語　順　§16, p.44 注 6, p.101 注 4
主語の省略　§7
条件文　§157
讓歩の文句　p.116 注 1, §117 (2); 関代による p.115 注 2; 主文の
　　　　　　形式による §146 (1)
時の文句　§§114～5, §118
非人称構文　p.56 注 1, p.59 注 1, §95; *gerundīvum* による §153
　　　　　(2)
目的の文句　§§126～7, p.106 注 7; 関代による §143

KENKYUSHA

〈検印省略〉

詳解ラテン文法　新装版

1963 年 4 月 20 日　初版発行
2023 年 2 月 17 日　新装第 11 刷

著　　者　樋口勝彦・藤井　昇
発 行 者　吉　田　尚　志
印 刷 所　図書印刷株式会社

発 行 所　株式会社　研 究 社　　〒102-8152
　　　　　　　　　　　　　　　　東京都千代田区富士見 2-11-3
　　　　　　　　　　　　　　　　振　替　00150-9-26710

ISBN 978-4-327-39414-1 C3087

詳解ラテン文法
語尾変化表

〔付録〕 語尾変化表

名詞

§161. 第一変化 puella *f.* 〈少女〉(§13)

	単	複
主・呼	puella	puellae
属	puellae	puellārum
与	puellae	puellīs
対	puellam	puellās
奪	puellā	puellīs

§162. 第二変化 (§18)

(1) 男性名詞 dominus 〈主人〉, puer 〈少年〉, liber 〈本〉

単	主	dominus	puer	liber
	呼	domine	puer	liber
	属	dominī	puerī	librī
	与	dominō	puerō	librō
	対	dominum	puerum	librum
	奪	dominō	puerō	librō
複	主・呼	dominī	puerī	librī
	属	dominōrum	puerōrum	librōrum
	与	dominīs	puerīs	librīs
	対	dominōs	puerōs	librōs
	奪	dominīs	puerīs	librīs

(2) 中性名詞 dōnum 〈贈物〉

	単	複
主・呼	dōnum	dōna
属	dōnī	dōnōrum
与	dōnō	dōnīs
対	dōnum	dōna
奪	dōnō	dōnīs

§163. 第三変化 (§§ 41〜2)

(1) 第一類 **pēs** *m.* 〈足〉, **nōmen** *n.* 〈名前〉

単
- 主・呼　pēs　　　　　　　　nōmen
- 属　　　pedis　　　　　　　nōminis
- 与　　　pedī　　　　　　　 nōminī
- 対　　　pedem　　　　　　 nōmen
- 奪　　　pede　　　　　　　nōmine

複
- 主・呼　pedēs　　　　　　　nōmina
- 属　　　pedum　　　　　　 nōminum
- 与　　　pedibus　　　　　　nōminibus
- 対　　　pedēs　　　　　　　nōmina
- 奪　　　pedibus　　　　　　nōminibus

(2) 第二類 **nūbēs** *f.* 〈雲〉, **mare** *n.* 〈海〉

単
- 主・呼　nūbēs　　　　　　　mare
- 属　　　nūbis　　　　　　　maris
- 与　　　nūbī　　　　　　　 marī
- 対　　　nūbem　　　　　　 mare
- 奪　　　nūbe　　　　　　　marī, mare

複
- 主・呼　nūbēs　　　　　　　maria
- 属　　　nūbium　　　　　　(marium)
- 与　　　nūbibus　　　　　　maribus
- 対　　　nūbīs, nūbēs　　　　maria
- 奪　　　nūbibus　　　　　　maribus

§164. 第四変化 **exercitus** *m.* 〈軍隊〉, **genū** *n.* 〈膝〉 (§ 80)

単
- 主・呼　exercitus　　　　　　genū
- 属　　　exercitūs　　　　　　genūs
- 与　　　exercituī, exercitū　　genuī, genū
- 対　　　exercitum　　　　　 genū
- 奪　　　exercitū　　　　　　 genū

複
- 主・呼　exercitūs　　　　　　genua
- 属　　　exercituum　　　　　genuum
- 与　　　exercitibus　　　　　genibus
- 対　　　exercitūs　　　　　　genua
- 奪　　　exercitibus　　　　　genibus

§165. 第五変化　diēs *m.(f.)*[1] 〈日〉, rēs *f.* 〈こと, もの〉 (§82)

単	主・呼	diēs	rēs
	属	diēī	reī[2]
	与	diēī	reī
	対	diem	rem
	奪	diē	rē
複	主・呼	diēs	rēs
	属	diērum	rērum
	与	diēbus	rēbus
	対	diēs	rēs
	奪	diēbus	rēbus

1. 〈日〉以外の意味, 即ち〈日附, 猶予〉などの特殊な意味が加わってくると, *f.* として扱われる.　2. -ēī は前に子音があると -eī のように -e が短くなる.

形容詞

§166. 第一・二変化　bonus, -a, -um 〈よい〉, miser, -era, -erum 〈哀れな〉, piger, -gra, -grum 〈怠惰な〉 (§20)

		男	女	中
単	主	bonus	bona	bonum
	呼	bone	bona	bonum
	属	bonī	bonae	bonī
	与	bonō	bonae	bonō
	対	bonum	bonam	bonum
	奪	bonō	bonā	bonō
複	主・呼	bonī	bonae	bona
	属	bonōrum	bonārum	bonōrum
	与	bonīs	bonīs	bonīs
	対	bonōs	bonās	bona
	奪	bonīs	bonīs	bonīs
単	主・呼	miser	misera	miserum
	属	miserī	miserae	miserī
	与	miserō	miserae	miserō
	対	miserum	miseram	miserum
	奪	miserō	miserā	miserō

		男	女	中
複	主・呼	miserī	miserae	misera
	属	miserōrum	miserārum	miserōrum
	与	miserīs	miserīs	miserīs
	対	miserōs	miserās	misera
	奪	miserīs	miserīs	miserīs
単	主・呼	piger	pigra	pigrum
	属	pigrī	pigrae	pigrī
	与	pigrō	pigrae	pigrō
	対	pigrum	pigram	pigrum
	奪	pigrō	pigrā	pigrō
複	主・呼	pigrī	pigrae	pigra
	属	pigrōrum	pigrārum	pigrōrum
	与	pigrīs	pigrīs	pigrīs
	対	pigrōs	pigrās	pigra
	奪	pigrīs	pigrīs	pigrīs

§167. 第三変化 (§53)

(1) **prūdens** *m.f.n.* 〈先見の明ある〉(単主. 三性同形)

		男・女	中
単	主・呼	prūdens	prūdens
	属	prūdentis	prūdentis
	与	prūdentī	prūdentī
	対	prūdentem	prūdens
	奪	prūdentī, prūdente	prūdentī, prūdente
複	主・呼	prūdentēs	prūdentia
	属	prūdentium	prūdentium
	与	prūdentibus	prūdentibus
	対	prūdentēs	prūdentia
	奪	prūdentibus	prūdentibus

(2) **fortis** *m.f.* **forte** *n.* 〈強い〉(単主. 男女同形)

		男・女	中
単	主・呼	fortis	forte
	属	fortis	fortis
	与	fortī	fortī
	対	fortem	forte
	奪	fortī	fortī

	主・呼	fortēs	fortia
	属	fortium	fortium
複	与	fortibus	fortibus
	対	fortēs, fortīs	fortia
	奪	fortibus	fortibus

(3) **ācer** *m.* **ācris** *f.* **ācre** *n.* 〈鋭い〉（単主. 男・女・中別形）

		男	女	中
	主・呼	ācer	ācris	ācre
	属	ācris	ācris	ācris
単	与	ācrī	ācrī	ācrī
	対	ācrem	ācrem	ācre
	奪	ācrī	ācrī	ācrī
	主・呼	ācrēs	ācrēs	ācria
	属	ācrium	ācrium	ācrium
複	与	ācribus	ācribus	ācribus
	対	ācrēs, ācrīs	ācrēs, ācrīs	ācria
	奪	ācribus	ācribus	ācribus

代名詞　（およびこれに準ずる形容詞）

§168. 人称代名詞 (§50)・再帰代名詞 (§51)

	一人称		二人称		三人称(再帰)
	単	複	単	複	単・複
主	ego	nōs	tū	vōs	—
属	meī	nostrī, nostrum	tuī	vestrī, vestrum	suī
与	mihi, mī	nōbīs	tibi	vōbīs	sibi
対	mē	nōs	tē	vōs	sē, sēsē
奪	mē	nōbīs	tē	vōbīs	sē, sēsē

§169. 指示代名詞（形容詞）

(1) **hĭc**〈これ，この〉(§64)

		男	女	中
単	主	hīc	haec	hōc
	属	hūius	hūius	hūius
	与	huic	huic	huic
	対	hunc	hanc	hōc
	奪	hōc	hāc	hōc
複	主	hī	hae	haec
	属	hōrum	hārum	hōrum
	与	hīs	hīs	hīs
	対	hōs	hās	haec
	奪	hīs	hīs	hīs

(2) **ille** 〈あれ, あの〉 (§ 64) (**iste** 〈それ, その〉 も同じ)

		男	女	中
単	主	ille	illa	illud
	属	illīus	illīus	illīus
	与	illī	illī	illī
	対	illum	illam	illud
	奪	illō	illā	illō
複	主	illī	illae	illa
	属	illōrum	illārum	illōrum
	与	illīs	illīs	illīs
	対	illōs	illās	illa
	奪	illīs	illīs	illīs

(3) **is** 〈それ, その〉 (§ 50)

		男	女	中
単	主	is	ea	id
	属	ēius	ēius	ēius
	与	eī	eī	eī
	対	eum	eam	id
	奪	eō	eā	eō
複	主	eī, iī, ī	eae	ea
	属	eōrum	eārum	eōrum
	与	eīs, iīs, īs	eīs, iīs, īs	eīs, iīs, īs
	対	eōs	eās	ea
	奪	eīs, iīs, īs	eīs, iīs, īs	eīs, iīs, īs

§170. idem ⟨同じ(もの, 人)⟩ (§65)

		男	女	中
単	主	īdem	eadem	idem
	属	ēiusdem	ēiusdem	ēiusdem
	与	eīdem	eīdem	eīdem
	対	eundem	eandem	idem
	奪	eōdem	eādem	eōdem
複	主	īdem, eīdem	eaedem	eadem
	属	eōrundem	eārundem	eōrundem
	与	eīsdem, īsdem	eīsdem, īsdem	eīsdem, īsdem
	対	eōsdem	eāsdem	eadem
	奪	eīsdem, īsdem	eīsdem, īsdem	eīsdem, īsdem

§171. ipse (§66)

		男	女	中
単	主	ipse	ipsa	ipsum
	属	ipsīus	ipsīus	ipsīus
	与	ipsī	ipsī	ipsī
	対	ipsum	ipsam	ipsum
	奪	ipsō	ipsā	ipsō
複	主	ipsī	ipsae	ipsa
	属	ipsōrum	ipsārum	ipsōrum
	与	ipsīs	ipsīs	ipsīs
	対	ipsōs	ipsās	ipsa
	奪	ipsīs	ipsīs	ipsīs

§172. 関係代名詞 (§85), 関係形容詞, 疑問形容詞 (§87), qui

		男	女	中
単	主	quī	quae	quod
	属	cūius	cūius	cūius
	与	cuī	cuī	cuī
	対	quem	quam	quod
	奪	quō	quā	quō

		男	女	中
複	主	quī	quae	quae
	属	quōrum	quārum	quōrum
	与	quibus	quibus	quibus
	対	quōs	quās	quae
	奪	quibus	quibus	quibus

§173. 疑問代名詞 quis (§86)

		男	女	中
単	主	quis	**quis**	**quid**
	属	cūius	cūius	cūius
	与	cuī	cuī	cuī
	対	quem	**quem**	**quid**
	奪	quō	quā	quō
複	主	quī	quae	quae
	属	quōrum	quārum	quōrum
	与	quibus	quibus	quibus
	対	quōs	quās	quae
	奪	quibus	quibus	quibus

§174. 不定代名詞（形容詞) quis (quī) (§88)

			男	女	中
単	主	代	quis	quis	quid
		形	quī	qua	quod
	属		cūius	cūius	cūius
	与		cuī	cuī	cuī
	対	代	quem	quem	quid
		形	quem	quam	quod
	奪		quō	quā	quō
複	主		quī	quae	qua
	属		quōrum	quārum	quōrum
	与		quibus	quibus	quibus
	対		quōs	quās	qua
	奪		quibus	quibus	quibus

§175. 代名詞型形容詞　ūnus〈一つの〉ほか 9 語（§ 92）

		男	女	中
単	主	ūnus[1]	ūna	ūnum
	属	ūnīus	ūnīus	ūnīus
	与	ūnī	ūnī	ūnī
	対	ūnum	ūnam	ūnum
	奪	ūnō	ūnā	ūnō
複	主	ūnī	ūnae	ūna
	属	ūnōrum	ūnārum	ūnōrum
	与	ūnīs	ūnīs	ūnīs
	対	ūnōs	ūnās	ūna
	奪	ūnīs	ūnīs	ūnīs

1. ūnus の男性呼格として ūne の形が Plautus に見える．

数　詞　（2, 3 以外は § 121 参照）

§176. duo〈2〉, trēs〈3〉（§ 121 (2)）

	男	女	中	男・女	中
主	duo	duae	duo	trēs	tria
属	duōrum, duum	duārum	duōrum, duum	trium	trium
与	duōbus	duābus	duōbus	tribus	tribus
対	duōs, duo	duās	duo	trēs	tria
奪	duōbus	duābus	duōbus	tribus	tribus

動　詞

§177. 第一活用　amō〈愛する〉

(1) 直説法

能相　　　　　　　　　　　　　　所相

(A) 現　在（§§ 7, 59）

amō	amāmus	amor	amāmur
amās	amātis	amāris, -re	amāminī
amat	amant	amātur	amantur

(B) 過　去　(§§ 25, 59)

amābam	amābāmus	amābar	amābāmur
amābās	amābātis	amābāris, -re	amābāminī
amābat	amābant	amābātur	amābantur

(C) 未　来　(§§ 28, 59)

amābō	amābimus	amābor	amābimur
amābis	amābitis	amāberis, -re	amābiminī
amābit	amābunt	amābitur	amābuntur

完　了　幹　amāv-

(D) 完　了　(§§ 44, 70)

amāvī	amāvimus	amātus {sum / -a es / -um est	amātī {sumus / -ae estis / -a sunt
amāvistī	amāvistis		
amāvit	amāvērunt, -ēre		

(E) 過去完了　(§§ 46, 70)

amāveram	amāverāmus	amātus {eram / -a erās / -um erat	amatī {erāmus / -ae erātis / -a erant
amāverās	amāverātis		
amāverat	amāverant		

(F) 未来完了　(§§ 46, 70)

amāverō	amāverimus	amātus {erō / -a eris / -um erit	amatī {erimus / -ae eritis / -a erunt
amāveris	amāveritis		
amāverit	amāverint		

(2) 接　続　法

　　　　能　相　　　　　　　　　　　　　所　相

(A) 現　在　(§ 109)

amem	amēmus	amer	amēmur
amēs	amētis	amēris, -re	amēminī
amet	ament	amētur	amentur

(B) 過　去　(§ 110)

amārem	amārēmus	amārer	amārēmur
amārēs	amārētis	amārēris, -re	amārēminī
amāret	amārent	amārētur	amārentur

(C) 完　了　(§ 111)

amāverim	amāverimus	amātus -a -um	⎧sim ⎨sīs ⎩sit	amātī -ae -a	⎧sīmus ⎨sītis ⎩sint
amāveris	amāveritis				
amāverit	amāverint				

(D) 過 去 完 了　(§ 111)

amāvissem	amāvissēmus	amātus -a -um	⎧essem ⎨essēs ⎩esset	amatī -ae -a	⎧essēmus ⎨essētis ⎩essent
amāvissēs	amāvissētis				
amāvisset	amāvissent				

(3) 命 令 法

　　　　　　　能　相　　　　　　　　　　　所　相

(A) 現　在　(§§ 55, 60)

	能相	所相
単 2.	amā	amāre
複 2.	amāte	amāminī

(B) 未　来　(§§ 57, 60)

		能相	所相
単	2.	amātō	amātor
	3.	amātō	amātor
複	2.	amātōte	
	3.	amantō	amantor

(4) 不 定 法

	能　相	所　相
現在 (§§ 6, 60)	amāre	amārī
完了 (§§ 47, 100)	amāvisse	amātum, -am, -um esse
未来 (§§ 102, 103)	amātūrum, -am, -um esse	amātum īrī

(5) 分　詞

	能　相	所　相
現在 (§ 97)	amans	
完了 (§ 69)		amātus, -a, -um
未来 (§ 101)	amātūrus, -a, -um	(*gerundīvum*)

(6) **gerundium** (§ 151)　⎧属　amandī
⎨与　amandō
⎨対　amandum
⎩奪　amandō

(7) **gerundīvum** (§ 152)　amandus, -a, -um

(8) **supīnum** (§ 81)   {I amātum
                          II amātū

§ 178. 第二活用 **moneō** 〈忠告する〉

(1) 直 説 法

能 相   所 相

(A) 現　　在 (§§ 7, 59)

moneō	monēmus	moneor	monēmur
monēs	monētis	monēris, -re	monēminī
monet	monent	monētur	monentur

(B) 過　　去 (§§ 25, 59)

monēbam	monēbāmus	monēbar	monēbāmur
monēbās	monēbātis	monēbāris, -re	monēbāminī
monēbat	monēbant	monēbātur	monēbantur

(C) 未　　来 (§§ 28, 59)

monēbō	monēbimus	monēbor	monēbimur
monēbis	monēbitis	monēberis, -re	monēbiminī
monēbit	monēbunt	monēbitur	monēbuntur

完　了　幹 monu-

(D) 完　　了 (§§ 44, 70)

monuī	monuimus	monitus {sum	monitī {sumus
monuistī	monuistis	-a {es	-ae {estis
monuit	monuērunt, -ēre	-um {est	-a {sunt

(E) 過去完了 (§§ 46, 70)

monueram	monuerāmus	monitus {eram	monitī {erāmus
monuerās	monuerātis	-a {erās	-ae {erātis
monuerat	monuerant	-um {erat	-a {erant

(F) 未来完了 (§§ 46, 70)

monuerō	monuerimus	monitus {erō	monitī {erimus
monueris	monueritis	-a {eris	-ae {eritis
monuerit	monuerint	-um {erit	-a {erunt

(2) 接続法

能相 　　　　　　　　　　　　所相

(A) 現　在 (§ 109)

moneam	moneāmus	monear	moneāmur
moneās	moneātis	moneāris, -re	moneāminī
moneat	moneant	moneātur	moneantur

(B) 過　去 (§ 110)

monērem	monērēmus	monērer	monērēmur
monērēs	monērētis	monērēris, -re	monērēminī
monēret	monērent	monērētur	monērentur

(C) 完　了 (§ 111)

monuerim	monuerimus	monitus ⎧sim	monitī ⎧sīmus
monueris	monueritis	-a　　⎨sīs	-ae　⎨sītis
monuerit	monuerint	-um　⎩sit	-a　　⎩sint

(D) 過去完了 (§ 111)

monuissem	monuissēmus	monitus ⎧essem	monitī ⎧essēmus
monuissēs	monuissētis	-a　　⎨essēs	-ae　⎨essētis
monuisset	monuissent	-um　⎩esset	-a　　⎩essent

(3) 命 令 法

能相 　　　　　　　　　　　　所相

(A) 現　在 (§§ 55, 60)

単 2.	monē	monēre
複 2.	monēte	monēminī

(B) 未　来 (§§ 57, 60)

単 ⎧2.	monētō	monētor
⎩3.	monētō	monētor
複 ⎧2.	monētōte	
⎩3.	monentō	monentor

(4) 不 定 法

能相 　　　　　　　　　　　　所相

現在 (§§ 6, 60)	monēre	monērī
完了 (§§ 47, 100)	monuisse	monitum, -am, um esse
未来 (§§ 102, 103)	monitūrum, -am, -um esse	monitum īrī

(5) **分　詞**

	能　相	所　相
現在 (§ 97)	monens	
完了 (§ 69)		monitus, -a, -um
未来 (§ 101)	monitūrum, -a, -um	(*gerundīvum*)

(6) **gerundium** (§ 154)　　属　monendī
　　　　　　　　　　　　　与　monendō
　　　　　　　　　　　　　対　monendum
　　　　　　　　　　　　　奪　monendō

(7) **gerundīvum** (§ 152)　monendus, -a, -um

(8) **supīnum** (§ 81)　　I.　monitum
　　　　　　　　　　　　II. monitū

§ 179.　第三活用　**regō** 〈支配する〉

(1) **直　説　法**

能　相　　　　　　　　　　　　　　　所　相

(A)　現　　在　(§§ 7, 59)

regō	regimus	regor	regimur
regis	regitis	regeris, -re	regiminī
regit	regunt	regitur	reguntur

(B)　過　　去　(§§ 25, 59)

regēbam	regēbāmus	regēbar	regēbāmur
regēbās	regēbātis	regēbāris, -re	regēbāminī
regēbat	regēbant	regēbātur	regēbantur

(C)　未　　来　(§§ 28, 59)

regam	regēmus	regar	regēmur
regēs	regētis	regēris	regēminī
reget	regent	regētur	regentur

完　了　幹　rex-

(D)　完　　了　(§§ 44, 70)

rexī	reximus	rectus, -a, -um { sum, es, est	rectī, -ae, -a { sumus, estis, sunt
rexistī	rexistis		
rexit	rexērunt, -ēre		

語尾変化表

(E) 過去完了 (§§ 46, 70)

rexeram	rexerāmus	rectus -a -um	⎧eram ⎨erās ⎩erat	rectī -ae -a	⎧erāmus ⎨erātis ⎩erant
rexerās	rexerātis				
rexerat	rexerant				

(F) 未来完了 (§§ 46, 70)

rexerō	rexerimus	rectus -a -um	⎧erō ⎨eris ⎩erit	rectī -ae -a	⎧erimus ⎨eritis ⎩erunt
rexeris	rexeritis				
rexerit	rexerint				

(2) 接続法

能 相		所 相	

(A) 現 在 (§ 109)

regam	regāmus	regar	regāmur
regās	regātis	regāris, -re	regāminī
regat	regant	regātur	regantur

(B) 過 去 (§ 110)

regerem	regerēmus	regerer	regerēmur
regerēs	regerētis	regerēris, -re	regerēminī
regeret	regerent	regerētur	regerentur

(C) 完 了 (§ 111)

rexerim	rexerimus	rectus -a -um	⎧sim ⎨sīs ⎩sit	rectī -ae -a	⎧sīmus ⎨sītis ⎩sint
rexeris	rexeritis				
rexerit	rexerint				

(D) 過去完了 (§ 111)

rexissem	rexissēmus	rectus -a -um	⎧essem ⎨essēs ⎩esset	rectī -ae -a	⎧essēmus ⎨essētis ⎩essent
rexissēs	rexissētis				
rexisset	rexissent				

(3) 命 令 法

能 相		所 相

(A) 現 在 (§§ 55, 60)

単 2.	rege	regere
複 2.	regite	regiminī

(B) 未 来 (§§ 57, 60)

単 ⎧2.	regitō	regitor
⎩3.	regitō	regitor

詳解ラテン文法

複 { 2. regitōte
3. reguntō　　　　　　　　reguntor

(4) 不 定 法

　　　　　　　　　能　相　　　　　　　　所　相
現在 (§§ 6, 60)　　regere　　　　　　　　regī
完了 (§§ 47, 100)　rexisse　　　　　　　　rectum, -am, -um esse
未来 (§§ 102, 103) rectūrum, -am, -um esse rectum īrī

(5) 分　詞

　　　　　　　　　能　相　　　　　　　所　相
現在 (§ 97)　　regens
完了 (§ 69)　　　　　　　　　　　　　　rectus, -a, -um
未来 (§ 101)　rectūrus, -a, um　　　　　(*gerundīvum*)

(6) **gerundium** (§ 151) { 属 regendī
　　　　　　　　　　　　　 与 regendō
　　　　　　　　　　　　　 対 regendum
　　　　　　　　　　　　　 奪 regendō

(7) **gerundīvum** (§ 152)　regendus, -a, -um

(8) **supīnum** (§ 81) { I. rectum
　　　　　　　　　　　　II. rectū

§ 180. 第四活用　audiō 〈聞く〉

(1) 直 説 法

能　相　　　　　　　　　　　　　　　所　相

(A) 現　在 (§§ 7, 59)

audiō	audīmus	audior	audīmur
audīs	audītis	audīris, -re	audīminī
audit	audiunt	audītur	audiuntur

(B) 過　去 (§§ 25, 59)

audiēbam	audiēbāmus	audiēbar	audiēbāmur
audiēbās	audiēbātis	audiēbāris, -re	audiēbāminī
audiēbat	audiēbant	audiēbātur	audiēbantur

(C) 未　来 (§§ 28, 59)

audiam	audiēmus	audiar	audiēmur
audiēs	audiētis	audiēris, -re	audiēminī
audiet	audient	audiētur	audientur

完 了 幹 audīv-

(D) 完 了 (§§ 44, 70)

audīvī	audīvimus	audītus -a -um	sum es est	audītī -ae -a	sumus estis sunt
audīvistī	audīvistis				
audīvit	audīvērunt, -ēre				

(E) 過去完了 (§§ 46, 70)

audīveram	audīverāmus	audītus -a -um	eram erās erat	audītī -ae -a	erāmus erātis erant
audīverās	audīverātis				
audīverat	audīverant				

(F) 未来完了 (§§ 46, 70)

audīverō	audīverimus	audītus -a -um	erō eris erit	audītī -ae -a	erimus eritis erunt
audīveris	audīveritis				
audīverit	audīverint				

(2) 接 続 法

能 相 　　　　　　　　　 所 相

(A) 現 在 (§ 109)

audiam	audiāmus	audiar	audiāmur
audiās	audiātis	audiāris, -re	audiāminī
audiat	audiant	audiātur	audiantur

(B) 過 去 (§ 110)

audīrem	audīrēmus	audīrer	audīrēmur
audīrēs	audīrētis	audīrēris, -re	audīrēminī
audīret	audīrent	audīrētur	audīrentur

(C) 完 了 (§ 111)

audīverim	audīverimus	audītus -a -um	sim sīs sit	audītī -ae -a	sīmus sītis sint
audīveris	audīveritis				
audīverit	audīverint				

(D) 過去完了 (§ 111)

audīvissem	audīvissēmus	audītus -a -um	essem essēs esset	audītī -ae -a	essēmus essētis essent
audīvissēs	audīvissētis				
audīvisset	audīvissent				

(3) 命 令 法

	能 相	所 相
(A) 現 在 (§§ 55, 60)		
単 2.	audī	audīre
複 2.	audīte	audīminī
(B) 未 来 (§§ 57, 60)		
単 2.	audītō	audītor
単 3.	audītō	audītor
複 2.	audītōte	
複 3.	audiuntō	audiuntor

(4) 不 定 法

	能 相	所 相
現在 (§§ 6, 60)	audīre	audīrī
完了 (§§ 47, 100)	audīvisse	audītum, -am, -um esse
未来 (§§ 102, 103)	audītūrum, -a, -um esse	audītum īrī

(5) 分 詞

	能 相	所 相
現在 (§ 97)	audiēns	
完了 (§ 69)		audītus, -a, -um
未来 (§ 101)	audītūrus, -a, -um	(*gerundīvum*)

(6) **gerundium** (§ 151)　属　audiendī
　　　　　　　　　　　　与　audiendō
　　　　　　　　　　　　対　audiendum
　　　　　　　　　　　　奪　audiendō

(7) **gerundīvum** (§ 152)　audiendus, -a, -um

(8) **supīnum** (§ 81)　I.　audītum
　　　　　　　　　　　II.　audītū

§ 181. 第三活用変則　capiō 〈捕える〉

(1) 直 説 法

		能 相		所 相
(A) 現 在 (§§ 31, 59)				
capiō	capimus	capior	capimur
capis	capitis	caperis, -re	capiminī
capit	capiunt	capitur	capiuntur

§181) 語尾変化表

(B) 過　　去　(§§ 31, 59)

capiēbam	capiēbāmus	capiēbar	capiēbāmur
capiēbās	capiēbātis	capiēbāris, -re	capiēbāminī
capiēbat	capiēbant	capiēbātur	capiēbāntur

(C) 未　　来　(§§ 31, 59)

capiam	capiēmus	capiar	capiēmur
capiēs	capiētis	capiēris, -re	capiēminī
capiet	capient	capiētur	capientur

完　了　幹　cēp-

(D) 完　　了　(§§ 44, 69)

cēpī, cēpistī, cēpit *etc.*　　　　　captus, -a, -um sum, es, est *etc.*

(E) 過去完了　(§§ 44, 70)

cēperam, cēperās, cēperat *etc.*　　captus, -a, -um eram, erās, erat *etc.*

(F) 未来完了　(§§ 44, 70)

cēperō, cēperis, cēperit *etc..*　　captus, -a, -um erō, eris, erit *etc.*

(2) 接 続 法

　　　　能　相　　　　　　　　　　　所　相

(A) 現　　在　(§ 109)

capiam, capiās, capiat *etc.*　　　capiar, capiāris, -re, capiātur *etc.*

(B) 過　　去　(§ 110)

caperem, caperēs, caperet *etc*　　caperer, caperēris, -re, caperētur *etc.*

(C) 完　　了　(§ 111)

cēperim, cēperis, cēperit *etc.*　　captus, -a, -um sim, sīs, sit *etc.*

(D) 過去完了　(§ 111)

cēpissem, cēpissēs, cēpisset *etc.*　captus, -a, -um essem, essēs, esset *etc.*

(3) 命 令 法

　　　　能　相　　　　　　　　　　　所　相

(A) 現　　在　(§§ 55, 60)

単 2.	cape	capere
複 3.	capite	capiminī

(B) 未　　来

単 {2.	capitō	capitor
{3.	capitō	capitor

複 {2. capitōte
3. capiuntō   capiuntor

(4) 不 定 法

	能 相	所 相
現在 (§§ 31, 60)	capere	capī
完了	cēpisse	captum, -am, -um esse
未来	captūrum, -am, -um esse	captum īrī

(5) 分　　詞

	能 相	所 相
現在	capiēns	
完了		captus, -a, -um
未来	captūrus, -a, -um	(*gerundīvum*)

(6) **gerundium** (§ 151) { 属 capiendī
         与 capiendō
         対 capiendum
         奪 capiendō

(7) **gerundīvum** (§ 152) capiendus, -a, -um

(8) **supīnum** (§ 81) { I. captum
        II. captū

 1. **faciō** の命令二単は **fac**（能）が古典期の形．このように -e の脱落は他のいくつかの動詞にも見られる．faciō の所相の変化には所相は fīō のそれ (§ 188) を用いる．

§ 182.　Dēpōnentia

 I hortor 〈励ます〉
 II vereor 〈恐れる〉
 III loquor 〈話す〉 (morior〈死ぬ〉は capior (§ 181) の所相に準じて活用)
 IV mentior 〈嘘をつく〉

(1) 直 説 法

I	II	III	IV
	(A) 現	在 (§ 62)	
hortor	vereor	loquor	mentior
hortāris, -re	verēris, -re	loqueris, -re	mentīris, -re

hortātur	verētur	loquitur	mentītur
hortāmur	verēmur	loquimur	mentīmur
hortāminī	verēminī	loquiminī	mentīminī
hortantur	verentur	loquuntur	mentiuntur

(B) 過　去　(§ 62)

hortābar *etc.*　　verēbar *etc.*　　loquēbar *etc.*　　mentiēbar *etc.*

(C) 未　来　(§ 62)

hortābor *etc.*　　verēbor *etc.*　　loquar *etc.*　　mentiar *etc.*

(D) 完　了　(§ 70)

hortātus sum　　veritus sum　　locūtus sum　　mentītus sum
　　etc.　　　　　　*etc.*　　　　　*etc.*　　　　　　*etc.*

(E) 過去完了　(§ 70)

hortātus eram　veritus eram　locūtus eram　mentītus eram
　　etc.　　　　*etc.*　　　　　*etc.*　　　　　*etc.*

(F) 未来完了　(§ 70)

hortātus erō　　veritus erō　　locūtus erō　　mentītus erō
　　etc.　　　　*etc.*　　　　　*etc.*　　　　　*etc.*

(2) 接　続　法　(§ 109)

I	II	III	IV

(A) 現　在

horter *etc.*　　verear *etc.*　　loquar *etc.*　　mentiar *etc.*

(B) 過　去

hortārer *etc.*　　verērer *etc.*　　loquerer *etc.*　　mentīrer *etc.*

(C) 完　了

hortātus sim　　veritus sim　　locūtus sim　　mentītus sim
　　etc.　　　　*etc.*　　　　　*etc.*　　　　　*etc.*

(D) 過去完了

hortātus essem　veritus essem　locūtus essem　mentītus essem
　　etc.　　　　*etc.*　　　　　*etc.*　　　　　*etc.*

(3) 命　令　法

	I	II	III	IV
現	hortāre *etc.*	verēre *etc.*	loquere *etc.*	mentīre *etc.*
未	hortātor *etc.*	verētor *etc.*	loquitor *etc.*	mentītor *etc.*

(4) 不 定 法

	I	II	III	IV
(A) 現在 (§62)	hortārī	verērī	loquī	mentīrī
(B) 完了 (§100)	hortātum *etc.* esse	veritum *etc.* esse	locūtum *etc.* esse	mentītum *etc.* esse
(C) 未来 (§104)	hortātūrum *etc.* esse	veritūrum *etc.* esse	locūtūrum *etc.* esse	mentītūrum *etc.* esse

(5) 分 詞

	I	II	III	IV
現在 (§97)	hortāns	verēns	loquēns	mentiēns
完了 (§69)	hortātus *etc.*	veritus *etc.*	locūtus *etc.*	mentītus *etc.*
未来 (§101)	hortātūrus *etc.*	veritūrus *etc.*	locūtūrus *etc.*	mentītūrus *etc.*

(6) **gerundium**

I	II	III	IV
hortandī *etc.*	verendī *etc.*	loquendī *etc.*	mentiendī *etc.*

(7) **gerundīvum**

I	II	III	IV
hortandus *etc.*	verendus *etc.*	loquendus *etc.*	mentiendus *etc.*

(8) **supīnum**

	I	II	III	IV
I	hortātum	veritum	locūtum	mentītum
II	hortātū	veritū	locūtū	mentītū

§183. 不規則動詞 sum 〈ある,いる〉

(1) 直 説 法 　　　　　　　　(2) 接 続 法

(A) 現在 (§§9, 109)

sum	sumus	sim	sīmus
es	estis	sīs	sītis
est	sunt	sit	sint

(B) 過　去 (§§ 26, 110)

eram	erāmus	essem (forem)	essēmus (forēmus)
erās	erātis	essēs (forēs)	essētis (forētis)
erat	erant	esset (foret)	essent (forent)

(C) 未　来 (§ 29)

erō	erimus
eris	eritis
erit	erunt

完　了　幹　fu-

(D) 完　了 (§§ 48, 111)

fuī	fuimus	fuerim	fuerimus
fuistī	fuistis	fueris	fueritis
fuit	fuērunt, -ēre	fuerit	fuerint

(E) 過 去 完 了 (§§ 48, 111)

fueram	fuerāmus	fuissem	fuissēmus
fuerās	fuerātis	fuissēs	fuissētis
fuerat	fuerant	fuisset	fuissent

(F) 未 来 完 了 (§§ 48, 111)

fuerō	fuerimus
fueris	fueritis
fuerit	fuerint

(3) 命 令 法 (§§ 56〜7)

現在　単 2.　　es　　　　　　　　　複 2.　este

未来　単 $\begin{cases} 2. \\ 3. \end{cases}$ estō / estō　　　　複 $\begin{cases} 2. \\ 3. \end{cases}$ estōte / suntō

(4) 不 定 法　現在 (§ 9)　esse
　　　　　　　完了 (§ 48)　fuisse
　　　　　　　未来 (§ 102)　futūrum, -am, -um esse (fore)

(5) 分　　詞　未来 (§ 101)　futūrus, -a, -um

§ 184. 不規則動詞　possum 〈できる〉[1]

(1) 直 説 法　　　　　　　　　　(2) 接 続 法

(A) 現　在

| possum | possumus | possim | possīmus |

potes	potestis	possīs	possītis
potest	possunt	possit	possint

poteram, poterās *etc.*	(B) 過　去	possem, possēs, *etc.*
poterō, poteris *etc.*	(C) 未　来	

完　了　幹　potu-

potuī, potuistī *etc.*	(D) 完　了	potuerim, potueris *etc.*
potueram, potuerās *etc.*	(E) 過去完了	potuissem, potuissēs *etc.*
potuerō, potueris *etc.*	(F) 未来完了	

(2) 不 定 法　　現在 posse　　　完了 potuisse
(3) 分　　詞　　現在 potens (>*adj.*)

 1. possum は **sum** の群, adsum, prōsum などの一つであるが, やや不規則なので, ここに掲げる. adsum, dēsum, praesum などはそれぞれ ad-, dē-, prae- に, sum の活用形(§183)をつければよい. また, **prōsum**は, prō- に母音がつづくとき prōd- となる. 例: 直現三 prōdest, 単命現二単 prōdes *etc.*

§185. 不規則動詞　volō 〈欲する〉, nōlō 〈欲しない〉, mālo 〈むしろ...の方を欲する〉

(1) 直 説 法

(A) 現　　在　(§72)

volō	nōlō	mālō
vīs	nōn vīs	māvīs
vult	nōn vult	māvult
volumus	nōlumus	mālumus
vultis	nōn vultis	māvultis
volunt	nōlunt	mālunt

(B) 過　　去　(§72)

volēbam *etc.*	nōlēbam *etc.*	mālēbam *etc.*

(C) 未　　来　(§72)

volam, volēs *etc.*	nōlam, nōlēs *etc.*	mālam, mālēs *etc..*

完　了　幹

volu-	nōlu-	mālu-

(D) 完　　了　(§72)

voluī *etc.*	nōluī *etc..*	māluī *etc.*

語尾変化表

	(E) 過去完了 (§72)	
volueram *etc.*	nōlueram *etc.*	mālueram *etc.*
	(F) 未来完了 (§72)	
voluerō *etc.*	nōluerō *etc.*	māluerō *etc.*

(2) 接続法

	(A) 現在 (§109)	
velim	nōlim	mālim
velīs	nōlīs	mālīs
velit	nōlit	mālit
velīmus	nōlīmus	mālīmus
velītis	nōlītis	mālītis
velint	nōlint	mālint

	(B) 過去 (§110)	
vellem *etc.*	nollem *etc.*	mallem *etc.*
	(C) 完了 (§111)	
voluerim *etc.*	nōluerim *etc.*	māluerim *etc.*
	(D) 過去完了 (§111)	
voluissem *etc.*	nōluissem *etc.*	māluissem *etc.*

(3) 命令法 (nōlō のみ) (§72)

現在 単 2. nōlī　　　　複 2. nōlīte

未来 単 {2. nōlītō / 3. nōlītō}　　複 {2. nōlītōte / 3. nōluntō}

(4) 不定法 (§72)

	現在	
velle	nolle	malle
	完了	
voluisse	nōluisse	māluisse

(5) 分詞 (現在のみ) (§97)

volens　　　nōlens

§186. 不規則動詞 ferō 〈運ぶ〉

(1) 直説法

能　相		所　相	
	(A) 現去 (§§38, 59)		
ferō	ferimus	feror	ferimur

fers	fertis	ferris, -re	feriminī
fert	ferunt	fertur	feruntur

(B) 過　　去 (§§ 38, 59)

ferēbam, ferēbās *etc.*　　　　　ferēbar, ferēbāris, -re *etc.*

(C) 未　　来 (§§ 38, 59)

feram, ferēs *etc.*　　　　　ferar, ferēris, -re *etc.*

完　了　幹　tul- (§§ 44, 69)

tulī, tulistī *etc.*	(D) 完　了 (§ 44)	lātus, -a, -um sum *etc.*
tuleram *etc.*	(E) 過 去 完 了	lātus, -a, -um eram *etc.*
tulerō *etc.*	(F) 未 来 完 了	lātus, -a, -um erō *etc.*

(2) **接　続　法**

能　相　　　　　　　　　　　　　　　　　所　相

feram, ferās *etc.*	(A) 現在 (§ 109)	ferar, ferāris, -re *etc.*
ferrem *etc.*	(B) 過去 (§ 110)	ferrer *etc.*
tulerim *etc.*	(C) 完　　　了	lātus, -a, -um sim *etc.*
tulissem *etc.*	(D) 過 去 完 了	lātus, -a, -um essem *etc.*

(3) **命　令　法** (§§ 56, 60)

能　相　　　　　　　　　　　　　　　　　所　相

単 2.	fer	(A) 現在	単 2.	ferre
複 2.	ferte		複 2.	feriminī
単 {2.	fertō	(B) 未来	単 {2.	fertor
{3.	fertō		{3.	fertor
複 {2.	fertōte		複 {2.	
{3.	feruntō		{3.	feruntor

(4) **不　定　法**

能　相　　　　　　　　　　　　　　　　　所　相

ferre	現在 (§§ 38, 60)	ferrī
tulisse	完　　　了	lātum, -am, -um esse
lātūrum, -am, -um esse	未　　　来	lātum īrī

(5) **分　　詞**

能　相　　　　　　　　　　　　　　　　　所　相

ferēns	現在 (§ 97)	
	完了 (§ 69)	lātus, -a, -um
lātūrus, -a, -um	未　　　来	(*gerundīvum*)

(6) **gerundium**　　ferendī *etc.*
(7) **gerundīvum**　　ferendus, -a, -um
(8) **supīnum**　　I. lātum　　　II. lātū

§ 187. 不規則動詞　eō 〈行く〉

(1) 直説法　　　　　　　　　(2) 接続法

(A) 現　在　(§§ 35, 109)

eō	īmus	eam	eāmus
īs	ītis	eās	eātis
it	eunt	eat	eant

(B) 過　去　(§§ 35, 110)

ībam	ībāmus	īrem	īrēmus
ībās	ībātis	īrēs	īrētis
ībat	ībant	īret	īrent

(C) 未　来　(§ 35)

ībō	ībimus
ībis	ībitis
ībit	ībunt

完了幹　i- (īv-)　(§ 44)

(D) 完　了

iī	iimus	ierim	ierimus
īstī	īstis	ieris	ieritis
iit	iērunt, -ēre	ierit	ierint

(E) 過去完了

ieram, ierās *etc.*　　　　　　īssem, īssēs *etc.*

(F) 未来完了

ierō, ieris *etc.*

(2) 命令法　現在 (§ 56) 　単 2.　　ī
　　　　　　　　　　　　複 2.　　īte

　　　　　　　未来　単 {2. ītō / 3. ītō}　　複 {2. ītōte / 3. euntō}

(3) 不定法

現在 能相 (§ 35) īre　　　　　　　　所相 (§ 103) īrī

完了 (§47)　　　　īsse
未来 (§102)　　　itūrum, -am, -um esse

(4) 分　　詞　　現在 (§97)　　iens
　　　　　　　　未来 (§101)　itūrus, -a, -um
(5) **gerundium** (§151)　eundī *etc.*
(6) **gerundīvum** (§152)　eundum (p. 121, 注 2)
(7) **supīnum**　　　　　　I. ītum　　　II. ītū

§188. 不規則動詞　**fīō** 〈なる〉

(1) 直説法・接続法　　　　　　(2) 接　続　法
　　　　　　　　(A) 現　　在 (§§59, 109)

fīō	(fīmus)	fīam	fīāmus
fīs	(fītis)	fīās	fīātis
fit	fīunt	fīat	fīant

fīēbam *etc.*　　　　　(B) 過去 (§§59, 110)　fierem *etc.*
fīam, fīēs *etc.*　　　　(C) 未来 (§59)
factus, -a, -um sum *etc.*　(D) 完了 (§70)　factus, -a, -um sim *etc.*
factus, -a, -um eram *etc.*　(E) 過去完了　factus, -a, -um essem *etc.*
factus, -a, -um erō *etc.*　(F) 未来完了

(2) 命　令　法　　現在 (§60)　fī　　　　fīte
(3) 不　定　法　　現在 (§60)　fierī
　　　　　　　　完了 (§100)　factum, -am, -um esse
　　　　　　　　未来　　　　factum īrī
(4) 完了分詞　　　factus, -a, -um
(5) **gerundīvum**　faciendus, -a, -um